权威·前沿·原创

皮书系列为
"十二五""十三五"国家重点图书出版规划项目

BLUE BOOK

智库成果出版与传播平台

中国社会科学院创新工程学术出版资助项目

经济蓝皮书·春季号

BLUE BOOK OF
CHINA'S ECONOMY (SPRING)

2020年中国经济前景分析

ANALYSIS ON THE PROSPECT OF CHINA'S ECONOMY
(2020)

顾　问／李　扬
主　编／李　平
副主编／娄　峰

社会科学文献出版社
SOCIAL SCIENCES ACADEMIC PRESS（CHINA）

图书在版编目(CIP)数据

2020年中国经济前景分析／李平主编．――北京：社会科学文献出版社，2020.7
（经济蓝皮书春季号）
ISBN 978－7－5201－6743－7

Ⅰ.①2… Ⅱ.①李… Ⅲ.①中国经济－经济预测－研究报告－2020②中国经济－经济发展趋势－研究报告－2020　Ⅳ.①F123.24

中国版本图书馆CIP数据核字（2020）第092921号

经济蓝皮书·春季号
2020年中国经济前景分析

顾　　问／李　扬
主　　编／李　平

出 版 人／谢寿光
组稿编辑／邓泳红
文稿编辑／吴　敏

出　　版／社会科学文献出版社·皮书出版分社（010）59367127
　　　　　地址：北京市北三环中路甲29号院华龙大厦　邮编：100029
　　　　　网址：www.ssap.com.cn

发　　行／市场营销中心（010）59367081　59367083
印　　装／三河市东方印刷有限公司

规　　格／开　本：787mm×1092mm　1/16
　　　　　印　张：22　字　数：289千字
版　　次／2020年7月第1版　2020年7月第1次印刷
书　　号／ISBN 978－7－5201－6743－7
定　　价／128.00元

本书如有印装质量问题，请与读者服务中心（010－59367028）联系

▲ 版权所有 翻印必究

《2020年中国经济前景分析》编委会

顾　问　李　扬

主　编　李　平

副主编　娄　峰

撰稿人（以文序排列）

　　李　扬　李　平　娄　峰　万相昱　张延群
　　胡　洁　冯　烽　朱承亮　王喜峰　胡安俊
　　程　远　左鹏飞　白颜涛　祝宝良　陈　磊
　　王琳琳　孟勇刚　于　颖　郭　路　马　敏
　　陈玉新　刘艳芳　刘建颖　金柏松　李国祥
　　解三明　张亚丽　王业强　张　智　刘　强
　　陈秋霖　谈佳辉　蔡跃洲　罗　知　彭　战
　　徐奇渊　杨盼盼　崔晓敏　罗振兴

编辑组

组　长　彭　战

成　员　韩胜军　张　杰　陈星星　王喜峰　焦云霞
　　　　　白延涛

主要编撰者简介

李 扬 1981年、1984年、1989年分别于安徽大学、复旦大学、中国人民大学获经济学学士、硕士、博士学位。1998～1999年，美国哥伦比亚大学访问学者。

中国社会科学院原副院长。中国社会科学院首批学部委员、经济学部主任，国家金融与发展实验室理事长。研究员，博士生导师。十二届全国人大代表，全国人大财经委员会委员。中国博士后科学基金会副理事长。第三任中国人民银行货币政策委员会委员。2011年被评为国际欧亚科学院院士。

中国金融学会副会长，中国财政学会副会长，中国国际金融学会副会长，中国城市金融学会副会长，中国海洋研究会副理事长。

曾五次获得"孙冶方经济科学奖"著作奖和论文奖。已出版专著、译著23部，发表论文400余篇，主编大型金融工具书6部。主持国际合作、国家及部委以上研究项目40余项。

李 平 中国社会科学院数量经济与技术经济研究所所长、研究员，中国社会科学院重点学科技术经济学学科负责人和学科带头人。中国社会科学院研究生院教授、博士生导师，中国数量经济学会理事长、中国技术经济学会副理事长、中国区域经济学会副理事长。长期从事技术经济、产业经济等领域研究工作，主持参与多项国家重大经济问题研究和宏观经济预测，包括"我国未来各阶段经济发展特征与支柱产业选择（1996～2050）""中国能源发展战略（2000～2050）"等项目研究；参加"三峡工程""南水北调工程""京沪高速铁路工程"等国家跨世纪重大工程的可行性研究和项目论证。国家南水北调工程审查委员会专家，起草南水北调综合审查报告，国家京沪高速铁路评估专家组专家，代表作有《特大型投资项目的区域和宏观经济影响分析》《中国工业绿色转型》《"十二五"时期工业结构调整和优化升级研究》等。

娄　峰　金融学博士，研究员，教授，博士生导师，现任中国社会科学院数量经济与技术经济研究所经济预测分析研究室主任。主要研究领域：经济预测理论及应用、政策仿真模拟。在《中国社会科学》《经济研究》《世界经济》《中国工业经济》《数量经济技术经济研究》等核心期刊发表多篇论文；主持和参与几十项国家社科基金、国家自然基金及部委课题；多次获评部级优秀成果，其中一等奖2项、二等奖6项、三等奖10项，中国数量经济学年会一等奖2项。

摘 要

2020年，新冠肺炎疫情影响全球，各国因疫情"闭关锁国"，经济均受到严重冲击，全球化退潮加剧。由于中国对疫情管控措施得当，复产复工节奏稳健，中国经济最先触底反弹。但疫情等因素导致全球产业链、供应链"硬脱钩"，我国将面临诸多困难。2020年我国经济总体保持增长，经济结构继续优化，就业基本可以保持稳定。

预计2020年中国经济增速较上年出现较大幅度的回落，但相较于其他国家，仍然是世界经济的最重要引擎。中国经济增速下滑是由全球新冠肺炎疫情和复杂的国际经济政治因素共同造成的，而非内生增长动力问题。虽然疫情冲击很大，但是暂时现象，没有改变中国经济发展基本趋势，随着全球疫情不断好转、各种应对措施陆续实施，以及肺炎疫苗陆续成功研发，中国的投资、消费和国际贸易等将逐渐恢复到正常增长状态。

预计2020年投资结构进一步改善，消费增速总体平稳，进出口增速下降，贸易顺差基本稳定，居民收入继续平稳增长。

从目前的全球疫情影响来看，相较于全球经济增长，2020年我国经济依然可以保持一定增速，积极调整结构，保持就业、物价稳定，中国经济不会发生硬着陆。在"六稳六保"政策指引下，加大中小企业扶持力度，稳定就业，保障民生，助推经济高质量发展；优化财政政策，促进企业效益提升和激发市场潜在活力；实施积极的财政政策，适当提升财政赤字率，加强宏观审慎政策的逆周期调节作用。

关键词： 新冠肺炎疫情　经济增长　保民生　稳就业　国家治理

目 录

做好应对新型长期衰退的准备（代前言）……………… 李　扬 / 001

Ⅰ 总报告

B.1 中国经济形势分析与预测
　　——2020年春季报告
　　………………"中国经济形势分析与预测"课题组 / 001

B.2 中国经济形势分析与预测2020年春季
　　网络座谈会综述 ………《中国经济前景分析》编辑组 / 028

Ⅱ 宏观运行篇

B.3 新冠肺炎疫情冲击下的中国经济走势和建议…… 祝宝良 / 041

B.4 2020年经济景气与物价形势分析和展望
　　…………………………… 陈　磊　王琳琳　孟勇刚 / 051

B.5 夯实居民收入基础　打开效率之门……………… 于　颖 / 076

B.6 2019年物价运行特点回顾及2020年分析展望
　　………………………… 郭　路　马　敏　陈玉新 / 107
B.7 疫情因素对我国消费市场发展影响评估………… 刘艳芳 / 117
B.8 2020年中国对外贸易形势分析与展望
　　………………………………………… 刘建颖　金柏松 / 134

Ⅲ 产业行业篇

B.9 2020年主要农产品市场运行及农民增收形势…… 李国祥 / 148
B.10 2020年一季度工业运行分析及全年工业预测展望
　　…………………………………………… 解三明　张亚丽 / 160
B.11 中国房地产市场发展趋势及2020年主要指标预测
　　…………………………………………… 王业强　张　智 / 167
B.12 2020年能源经济：疫情危机下的全球经济危机与
　　油价波动及其对我国经济的影响 …………… 刘　强 / 194

Ⅳ 综合分析篇

B.13 突发公共卫生危机对经济的影响：逻辑与预测
　　…………………………………………… 陈秋霖　谈佳辉 / 208
B.14 疫情冲击下中国数字经济的挑战机遇及"十四五"
　　规模预测 …………………………………… 蔡跃洲 / 224
B.15 以危机思维打赢湖北民生保卫战、经济发展战
　　………………………………………………… 罗　知 / 242
B.16 疫情的影响与宏观政策调整
　　——2020年中国省域经济增长的目标与实现
　　………………………………………………… 彭　战 / 254

Ⅴ 国际背景篇

B.17 疫情蔓延严重冲击中国外部经济环境
　　　　………………………… 徐奇渊　杨盼盼　崔晓敏 / 269

B.18 新冠肺炎疫情对美国经济及中美经贸关系的影响
　　　　………………………………………… 罗振兴 / 284

Abstract ……………………………………………………… / 303
Contents ……………………………………………………… / 305

做好应对新型长期衰退的准备（代前言）[*]

李 扬[**]

我倾向于用"新型长期衰退"来概括当前全球经济的状况及发展趋势，这里表达了两层意思，一是我们将面临长期衰退，二是这种衰退非常特别，过去没有遇到过，当然也没有应对的经验。在这次疫情暴发之前，2019年全球经济和中国经济都已呈下行趋势。不幸的是，屋漏偏逢连夜雨，新冠肺炎疫情汹汹而来，整个经济的运行被推离了正常轨道，下滑到了更低一级的层次上。

应当清楚地看到，疫情对全球经济的冲击全面且巨大，概括起来，主要体现为：需求冲击、供应冲击、金融冲击、生命损失冲击、劳动力市场冲击、中小企业破产冲击以及全球产业链冲击。这些冲击中的任何一个都不易对付；七个冲击叠加，当然压力巨大。这些冲击将在中长期内影响和消蚀全球经济的增长动能和发展潜力，使得全球经济脱离常轨，滑向一个水平更低的增长轨道。2020年4月9日，IMF总裁克里斯塔利娜·格奥尔基耶娃在为IMF与世界银行远程春季会议发表揭幕演讲时说：受新冠肺炎疫情影响，2020年全球经济将急剧跌入负增长，全球预计将出现20世纪30年代大萧条以来最糟糕的经济后果。我基本认同她的看法。

---

[*] 本文根据4月10日作者在《财经》举办的"疫情下的全球经济信心指数发布"线上论坛讲话整理，并由作者审定、修改。

[**] 李扬，中国社会科学院学部委员，国家金融与发展实验室理事长。

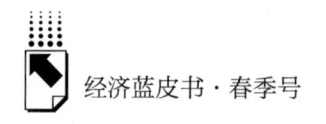

一 疫情下的经济形势：研究方法的选择

研究经济形势，最重要的是选择方法。各种各样的政策结论，都是运用某种方法对经济事实进行解析的结果；方法不同，可能产生完全不同的形势判断和政策结论。那么，面对疫情冲击这一新局面，怎样的分析框架是最适合的呢？最近我看了一些材料，也做了一点思考，比较下来，我认为，疫情经济学可能是最适合的分析方法。更准确地说，在各种分析方法中，疫情经济学可能是最具针对性的。基于此方法，分析疫情蔓延下的经济运行，有以下三个不可忽略的要点。

第一，疫情蔓延下，一切政策发挥作用的前提是疫情能得到控制。这是一个排他性的前提条件。就是说，如果不能优先应对这场公共卫生危机，如果不能有效控制疫情，切断其传染途径，包括货币政策和财政政策在内的所有政策都将归于无效。

第二，由第一点，自然得到这样的推论：目前应对新冠肺炎疫情的公共卫生措施可能会引发经济衰退。这是因为，我们所采取的所有措施，或是阻碍了生产要素的流动及其结合，从而加剧了供应端的衰退；或是减少了收入，阻碍了消费，从而加剧了需求端的衰退。这就意味着，在抗疫期间，经济衰退是正常的，是政策当局有意为之的，因而是不可避免的。这样，疫情下经济运行中的三项关键因素——医疗救助、人的生命保全、经济增长——就包含在同一个分析框架下了。

第三，疫情冲击下一些产业链的断裂，有些可事后修补或重续，有些则可能永远不能恢复。如果疫情持续时间较长，在"制度化"的作用下，不可恢复的断点增多，则疫情结束后经济运行将被全面拉至比疫情前更低的增长轨道。

基于以上三点，主要政策结论是：防疫是压倒一切的目标。在这里，不像其他领域，也不像正常时期，基本上不存在政策诸目标之间的权衡，亦不存在与其他经济政策目标的"替代"问题。因之，在保证控制住疫情这一目标的前提下，经济政策只能在有限的程度上，做到将防疫的时间拖长一些还是压缩短一些（这还要受制于疫情发展的科学规律），因而，经济政策的用武之地是聚焦于防止经济过度衰退。在这个意义上，目前各国采取的"刺激计划"，本质上都是"保护计划"。这些计划，需要为各类员工、企业、银行以及生产网络提供保护；需要增强人们对经济终将恢复正常的信心；同时，也需要为那些陷入困境的人们提供最基本的生活保障。

近来，国内很多地方开始复工，但是复产的情况并不乐观。有人评论说，不复产的复工还不如不复，而我认为，在防疫常态化的情况下，复工哪怕不复产，也是战胜疫情的一种必要姿态，灯亮着，说明单位还在，说明人还在，大家的希望就还在。这就告诉我们：在疫情蔓延期间，政策的主要指向并不是刺激经济，而是要维持企业生存和人口就业。活下来才有希望，活下来就有希望。因此，应尽可能维持企业运转，致力于恢复信心，致力于对贫困人口提供救助，是我们真正要做的事情。我认为，这是我们研究当前形势的分析方法。

细究 2020 年 4 月 9 日美联储发布的政策声明，有助于我们理解这种基于疫情的分析方法和由此形成的政策立场。美联储的声明称：当前最优先要解决的是公共卫生危机，货币政策的职责是在此经济受限时期，全力提供救援和保持稳定，所采取的措施要"强有力、积极主动甚至有攻击性"，确保经济在疫情结束后能够得以强有力的复苏。显然，其重点在于保持稳定和恢复信心。我们看到，从 3 月初采取规模空前的一体化救市措施以来，美国财政政策的触角伸至经济的每一个角落，救助对象包括住户、企业、州和地方政府等所有主体。这些举措的导向很明晰——维持生存是第一要务；放眼世界各国，莫不如此。这种政策逻辑，值得我们认真分析和借鉴。

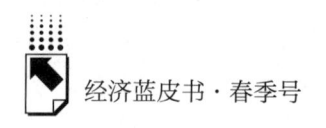

二 对策要点：就业优先、生存为要、民生为本

根据前文的分析方法，抗疫时期整体的政策要点可以概括为：就业优先、生存为要、民生为本。这几个要点，是基于前文讨论的疫情分析方法合乎逻辑的展开。我们看到，围绕这些要点，已经推出的政策堪称汗牛充栋，如财政政策方面的减免降税和各种补贴，社会政策方面的免租金、发救济金，货币政策方面的增加贷款额度、降低利率等，不一而足。我们认为，所有这些政策都十分重要，接下去的任务是抓紧落实。在我看来，在这些纾困救急的措施中，支持中小微企业和实施大规模公共工程最为重要。

（一）切实支持中小微企业

中小微企业关乎就业，间接地关乎社会稳定，其重要性无论如何强调都不过分。我们看到，疫情初期，从中央到地方，几乎每天都有支持中小微企业的措施推出。但是，客观地说，广大中小微企业仍然未获得太多的实惠。这种"好政策不落实"的情况，近年来广泛存在，其中的原因需要予以认真分析。我们认为，突出的问题有：一是制度、意识形态问题。凡是认真研究过中国中小微企业问题的学者和官员都知道，中小微企业大多是民营企业，它们得不到有力的支持，针对民营经济的"高门槛""玻璃门"等体制机制障碍长期难以破除，这是因为陈旧的意识形态仍在作祟，且有加剧之势。二是技术问题。中小微企业在发展进程中，信息、技术、信用、管理、人才、市场等都十分缺乏。从这些层面上给予中小微企业支持，可能比提供资金更重要。三是资金支持的形式问题。大部分中小微企业对投资的需求更大，而对于贷款的需求则排在其次。因此，在广大企业都遇到生存问题的当下，政策的着眼点主要是向它们提供贷款，让它们承担额外的债务负担,岂非文不对题?所以,我国支持中小微企业发展的体制机制,到了需要改革的时候,而疫情的蔓延,使得这一需求更为紧迫。

(二)就业优先

在讨论疫情下振兴经济的方略时,大家对"老基建"和"新基建"的兴趣很大。我以为,这确实是应对之策的要点。在可预见的未来,在经济增长的需求面,出口负贡献、国内消费负贡献都将成为长期现象。为此,增加投资,势必成为拉动经济增长的唯一途径。无论我们对投资拉动型经济有多少臧否,这个事实在短期内都难以改变。并且,投资拉动与创新驱动并不矛盾。这是因为,任何创新,无论技术过程如何千差万别,促使其转向经济过程的第一个环节都是投资。然而,如今依赖投资来拉动经济,必须解决好两大问题,一是投什么,二是钱如何筹?

投资领域的选择,核心原则是要确定增长优先还是就业(民生)优先。长期以来,我国的经济发展和发展计划都是增长优先,所以,投资的主要领域是"铁公基"。2008~2009 年应对全球危机时,走的仍然是这个路子。很长时间以来,主管当局的主导看法是,有增长就有就业,因此,就业目标可以被增长目标覆盖。应当说,在高速工业化过程中,这样处置两者的关系是可以理解的,也有一定的合理性,但是,在工业化基本完成,服务业在国民经济中占比不断提高之后,增长和就业的关系就不能相互覆盖了。普遍的情况是:有就业就一定有增长,反过来,有增长却并不一定有就业。实践中的反转,终使"就业优先"被写进了中央文件,成为我国经济发展和宏观调控的主导目标。

抗疫期间,更要不折不扣地贯彻就业优先原则,重点解决多数企业的生存问题和大多数人的吃饭问题。此次疫情以冷静的事实告诉我们：原来，社会上有那么多的人是挣一文吃一文的，中国的绝大多数人是基本没有财产收入的——对于这些人来说，没有就业就可能没有收入，就可能饿肚子，当然，这些人群中也包括广大的城市"月光族"和工薪阶层。面对这种冷酷的事实，施行广义的以赈灾为内容的公共工程，无疑应当成为安排投资战略的主导性政策取向。

（三）聚焦公共工程

在具体讨论这个问题之前，我们可以一起学习几年前习近平主席关于产能过剩、国土整治和城市基础设施问题的重要讲话。习主席讲话的大致意思是，如果我们致力于像欧洲各国那样将国土整治一番，如果我们致力于全面完善城市基础设施特别是地下基础设施，中国的投资将还会延续几十年。由于国土整治、完善城市基础设施所需的实体材料，主要是钢筋、水泥等"过剩"产品，因而，如果我们启动大规模的国土整治和基础设施建设，则根本就不存在产能过剩问题了。这里的关键是投融资体制不相适应的问题，是基于资金筹集、转换、配置、运行的狭隘逻辑，阻隔了在实体经济领域中均已客观存在的供应和需求，使得它们在现实中难以配对，从而，一方面生造出大规模的产能过剩局面，另一方面我国广大的城市基础设施和国土面貌长期处于不发达的境地。现在，到了我们认真解决高强度工业化之后大规模城乡一体化过程中的投融资体制改革和建设问题的时候了。

在公共工程建设这个总方向下，有四个领域特别值得关注。一是基建，特别是"新基建"，应当成为投资的重点。这关乎中国未来的发展，关乎中国发展的科技含量，一点都松懈不得。二是围绕城乡一体化和乡村振兴战略，大力进行国土整治和城乡基础设施建设。这里的核心是改变传统的城市化理念，以城乡一体化为发展目标，建立城乡统一的土地市场，推行城乡公共服务均等化。三是在城市特别是特大和超大型城市，以公共卫生和防疫为突破口，全面提升和完善城市基础设施。这次疫情让我们看到了城市发展中的不足和短板。例如，新加坡人口不足600万，共有889间发热门诊。这使得它面对疫情，能够"佛性"地应付裕如。相比而言，上海人口2000多万，却只有117间发热门诊，抗疫期间紧急增设了182间社区哨点诊室，加起来也仅及新加坡的1/3。北京人口也超过2000万，发热门诊数量比上海还少。须知，人口超千万，密度超一定阈值，客观上可能会产生多种我们并不了解的公共卫生和公共安全问题，新冠肺炎只是这些风险中的一例。为应对这些我们完全陌生的风险，我们必须按照现代化城市发展的要求，全面提升城市基础设施的数量和质量。四是全面提升城乡教育水平。2019年世界银行的《工作性质的变革》阐述了科技已经改变了企业形态和就业格局，"打零工"成为社会的常态。该报告强烈建议：为了跟上这个变化，各国应集中经济资源，改革现有的教育体制，建立终身学习机制，而发展中国家更应以强烈的紧迫感投资于人民，特别是投资于健康和教育这两类人力资本的基石。毋庸讳言，在这两个领域，我国可以说刚刚起步；投资于此，当有广阔的空间和无穷的获益。

三 财政政策与货币政策

采取更为积极的财政政策和货币政策，并且使得两大政策体系更为协调配合，方能有效应对疫情的蔓延及其对国民经济产生的不利冲击。

（一）财政政策走上前台

财政要做的事很多。面对疫情，财政政策应当发挥更大的且常常是主导性作用，这一点已基本没有疑问；财政支出的细节也有大量文章可做。2020年4月17日中央政治局会议，对今后一段时期的财政政策给出了基本部署："积极的财政政策要更加积极有为，提高赤字率，发行抗疫特别国债，增加地方政府专项债券，提高资金使用效率，真正发挥稳定经济的关键作用"。这段重要表述中所列的要做的事情有四件，三件关乎筹资，即提高赤字率、发行抗疫特别国债、增加地方政府专项债券；一件涉及支出，强调了提高资金使用效率。在社会经济发展最需要政府增加支出之时，政府的财政收入却相对下降了。依据2019年全国财政统计数据，28个省区市的财政收入增长率大部分是下降的。依据已经公布的2020年2月的数据：28个省区市中只有浙江和云南是正增长，其他都是负增长。其严重性在于，这恐怕又是一个长期趋势，也就是说，今后在一个相当长的时期，我们要面对越来越大的财政收支缺口。

面对长期收支缺口，出路也很清楚，就是发债，越来越大规模地发债。中央政治局2020年4月17日的会议就列出了赤字债、抗疫债和地方债三大类。这样，从中央到地方，政府债务管理问题便以前所未有的尖锐形式提到我们面前。我作为财政和金融问题的研究者，从来不反对政府举债，长期以来，我的这种看法在国内只能屈居少数。如今，实践的发展使得结论从天而降，作为研究者，我已经转向研究债务管理问题了。应当看到，举债筹资，在我国尚有大量的基础性工作要做，其中，针对地方政府举债问题，更亟须解决体制性问题。且不说根据法律，我国地方政府不能安排赤字，即便能够安排，它们也承受不了规模如此巨大、增长如此迅速的债务扩张，而地方政府的财政管理能力更令人担忧。应当看到，政府作为融资主体，融资方式多种多样，赤字融资自不必说，非赤字融资也有很大的空间，如今我国地方政府的专项债多数属于后者。大致说来，赤字融资是用来弥补政府的公共消费性支出，而非赤字融资则广泛地服务于各种公共投资项目，这些项目可能会产生现金流，并能够积累资产，但既然是公共设施投资，其商业可持续性便不那么完备。因此，管理此类政府融资活动，对我国财政政策乃至宏观调控政策来说，都构成严峻的挑战。应当看到，政府用发债方式筹集资金，进行投资，虽然具有极大的"政策性"，但是，在社会主义市场经济的大背景下，它们本质上还须遵循市场机制。我以为，正因为如此，所有围绕这些项目展开的投融资活动，大都从概念上可归为政策性金融活动。这就意味着，在抗疫过程中，随着政府投融资活动发挥的作用越来越重要，以及政府债务迅速扩张为金融市场上的第一大券种，财政政策和货币政策协调配合问题，也无争议地成为关乎宏观调控机制建设和宏观调控效率的关键。

（二）货币政策：创造有利的货币金融环境

金融的作用当然不可或缺，可以做的事情也很多。概括起来，就总量而言，我主张比较快地把利率降下来，在这个过程中，应减少利率的种类，强化"一价"机制。就数量而言，货币和信贷的供应当然也要增加。同时，我国金融体系中"价"与"量"的动态长期相互隔离的局面也亟须改变。总之，完全没有必要在全球低息和量宽的大"放水"环境下，刻意独自保持某种状态。这既无必要，事实上也做不到；勉强去做，宏观效果也并不理想。

应当清楚地认识到，货币政策的效力，多年来已经弱化。从世界范围看，标志性事件就是1991年时任美联储主席格林斯潘在国会银行委员会就货币政策发表证词。那个著名的证词，宣告了以"单一规则"为主要内容的传统货币政策范式已经过去，货币政策以调控利率为主的新时代开启。对于这种转变，很多人比较偏重于分析其从直接调控转向间接调控、从数量调控转向价格调控的一面，强调调控机制的转变，并不太关注这种转变宣告了货币政策调控效率递减的事实。从目前的情况看，货币政策，无论是其数量还是其价格，都难以做到"精准调控"，其主要作用是非常宏观地为实体经济的运行创造一个合适的货币金融条件。近两个月来，美联储连续颁布了很多政策，其利率接近零，货币的投放也没了底线。这样做的目的和作用是什么？我以为，其主要目的是在向全社会宣布：为了战胜疫情，为了便利实体经济进行结构性调整，货币当局提供了一个不对实体经济运行造成任何障碍的宽松环境。这种以创造环境为第一要务的政策导向及其背后的宏观调控哲学，值得我们认真琢磨。

在金融政策的结构上，我特别强调三点。一是对中小微企业提供信贷支持的同时，更应当有效增加形成权益的投资。前文已经讨论过，在生存都是问题的条件下，仅仅发放贷款，广大中小微企业是不愿意接受的。因此，我们应当认真考虑，通过改革，创造向中小微企业提供资本、提供筹措权益资本的机制。在这方面，德国、日本和美国都有成熟的经验可资借鉴。二是发展各种各样的政策性金融业务。从2007~2008年金融危机以来，政策性金融业务就重新获得了各国货币当局的青睐，甚至一些政策性金融机构也重登舞台。据此可以认为，至少在抗疫和经济恢复期间，政策性金融业务将发挥更为重要的作用。事实上，前文提及的社会基础设施投资，其大部分也只能靠政策性金融机制予以支持。三是改造现有的三线以下城市中小金融机构，使之成为满足地方经济发展需求、满足中小微企业对投资和债务资金的需求、满足普惠金融发展需求的机构。这当然也意味着，这些机构的未来发展中政策性业务将占有相当的比重。在这方面，美国的《社区再投资法》提供了大量有益的体制机制安排，并且其他发达国家也有成熟的经验。提出这一改革方向，还有一个重要原因，那就是，几年来，我国中小金融机构已经积累了大量的不良资产，并已达到危及金融稳定的程度。借抗疫之机，将广大中小金融机构引导到与大机构差异化发展的路径上，将为疫情后我国经济的发展奠定较好的金融基础。

（三）协调配合最重要

讨论了财政政策和货币政策之后，两大政策体系协调配合问题便呼之欲出。我们注意到，近年来，国内针对这一问题，不时有所讨论，但总体趋势还是要将两套体系区分开来。并且，囿于研究者的立场，综合地从体制机制层面探讨两大政策体系的关联研究的，并不多见。危机到来，一下子使财政政策和货币政策协调配合问题成为极具紧迫性的实践问题。社会科学工作者特别关注对危机的研究。这是因为，社会科学不能像自然科学那样，以受控试验为主要手段，我们之所以关注危机，是因为危机用最极端的、最惨烈、最具破坏性的方式，把社会经济运行最深层、最本质的因素和关联性揭示出来。因此，认真剖析危机，便成为社会科学研究中一项不可或缺的功夫。我们看到，在美国，针对20世纪30年代大危机的研究，已经形成了一个庞大的经济学科，甚至被认为是经济学研究体系中的"圣杯"。也正是因为对历史上的危机有持续深入的研究，美联储和美国财政部针对2007~2008年危机以及此次危机采取对策时，可以做到全面、迅速、果断，正因为"心中有数"，应对危机的政策才更有现实针对性。就此而论，我们关于历次经济波动所做的研究太缺乏了，以至于我们常常"在同一块石头上跌两跤"。

  本文不拟更全面、更深入地讨论这个宏大的论题，我只想说明一点，危机告诉我们，财政与金融是内在地密切联系在一起的，总体来说，是国家财政的需要（代表国家意志）决定了金融的走势。在这个意义上，我们再回头看最近几年在国际社会上被广泛讨论的"现代货币理论"（MMT）就绝非臆断，它道出了问题的本质，在危机中，人们逐渐认识到它的实践意义和理论价值。在这里，我无意对这样一个涉及财政和金融最基础理论的题目做结论，而是希望指出，为了有效应对疫情，我们必须认真研究财政和金融两大政策体系的协调配合问题，其中，关于债务货币化的机制以及整个过程中的风险管理问题，更应当提上议事日程了。

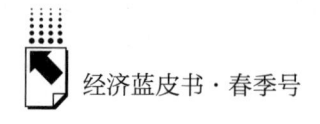

（四）债务危机深化

毋庸讳言，应对疫情的各项政策的综合结果，便是将全世界的债务提高到一个新的水平。债台高筑，是 21 世纪以来全球金融乃至全球经济中的一个突出现象。这种现象，与全球应对 2008 年债务危机的机制有关。2008 年债务危机以及全球应对机制，出现了很多与以往不同的特征，其中最重要的就是：危机的进程，一方面，在实体经济层面，没有出现典型的经济萧条阶段；另一方面，在金融层面，则是没有伴随出现一个金融"瘦身""缩水"阶段，相反，债务只增不减，金融持续繁荣，以至于全世界都落入债务膨胀的大泡沫之中。这又是一个值得认真分析的事实。2008 年危机以来，在各国共同努力下，全球经济下行趋势有所缓和，动荡没有那么剧烈。这是近几十年来各国宏观调控技术日趋娴熟的结果，是危机之后各国携手采取措施共克时艰的结果。但是，我们也清楚地看到，各种调控只能消除或平滑危机之果，但未能消除危机之因。因而，有得必有失，经济衰退固然不再表现为实体经济的剧烈波动，但却留下巨额的债务在时时困扰我们。

在这个意义上可以说，债务积累便是救市之代价。2008 年的危机显然是一个债务危机，克服危机的必要条件便是减债和降杠杆，但是，截至 2019 年末，全世界债务总额高达 355 万亿美元，全球 70 亿人，人均高达 3.15 万美元。此次疫情汹汹而来，各国又都祭起了应对 2008 年危机的方式。在短短的两个月内，全世界的货币发行洪水滔天，同时看到了利率重新被压至零甚至零以下的流动性陷阱之中。

各国当局竞相放水，产生了一系列深远的后果，特别值得关注的有三点。一是金融与经济的关系越来越疏远，货币政策的效力进一步递减。大量投放的货币并不为实体经济服务，而是在为货币和金融运行的自身服务，在"自娱自乐"。在这种状况下，货币金融政策便只能退而求其次，致力于在为实体经济运行创造合适的宏观环境方面产生作用。二是经济运行的周期越来越成为纯粹的金融周期，随着金融创新的全面开展并导致经济"金融化"或"类金融化"，经济运行显著受到金融的"繁荣—萧条"周期的影响。巨量的货币和信用源源不断地注入并滞留于金融体系，不仅加大了金融体系对实体经济的偏离程度，而且使得金融方面的扭曲往往先于实体经济的扭曲而发生。这意味着，在现代金融体系下，危机的发生可直接经由资产价格路径而非传统的一般物价和利率路径。这对于货币政策、金融监管，乃至金融理论均提出了严峻挑战。三是如果债务长期化，那么负利率有可能长期化。我们不妨想一想这样的问题：在债务长期化的情况下，要想使得债务可持续，必要条件是什么？研究显示，必要条件就是使债务利息支出与 GDP 之比持续地低于债务总额与 GDP 之比。要达成这一目标，实施负利率自然就有了必要性。在这个分析中，我们不仅找到了货币和财政政策领域的高额债务和数量宽松与负利率的内在一致性，也发现了一系列需要进一步探讨的新问题。

四 警惕金融"去中国化"

在疫情的冲击下，我们忧虑地看到了金融"去中国化"的新动态。如果说 2018 年中美贸易摩擦以来，金融"去中国化"就在某些大国的主导下或明或暗地展开着，那么，疫情更使得这个趋势公开化了，集团化了，加速了。

（一）"去全球化"

借疫情全球蔓延之机，污名中国，孤立中国，是舆论上"去中国化"。而各国相继"封国",无论主观意图如何,客观上均产生了切断供应链、产业链和"去全球化"的效果。如此发展下去,封国若达3个月左右,这个世界可能回到"城堡经济"时代。

国际社会也强烈表达了对"去全球化"的担忧,在最新一期的《世界经济展望》中,国际货币基金组织将现在发生的事情称为"大封锁",有些学者希望减少封锁的"阴谋论"色彩,将此称为"大关闭"。即便如此,这一概念也指出了这样的事实:即便政策制定者没有主观实施封锁的动因,防疫的客观要求和集体行动,都将产生关闭各国国境和产业链脱离的结果,于是,全球经济同样会崩溃,并且,由于"体制化"过程的存在,在封锁结束后,有些断裂可能永远无法修复,世界经济将在"去全球化"的轨道上低位运行。

(二)金融领域中的"去中国化"

值得关注的是,在实体经济"去全球化"的同时,货币金融领域似乎在展开一个相反的过程,即将中国和人民币排除在外的新的全球货币金融的一体化步伐似乎从未停止,甚至更有加快之势,代表性现象有二。

一是,在新冠肺炎疫情全球加速蔓延的背景下,3月19日,美联储与澳大利亚、巴西、韩国、墨西哥、新加坡、瑞典、丹麦、挪威和新西兰等9家中央银行建立了临时的美元流动性互换安排,总计4500亿美元。不止如此,还不到半个月,2020年3月31日,美联储进一步宣布设立海外央行回购工具,在已有的美元互换工具的基础上,进一步加码向全球提供美元流动性。可以说,一个以美元为核心,明确排除人民币,联合各主要经济体的新的国际货币金融网络已呈雏形,在这个新网络中,美元借助"美元荒"的蔓延,使其国际地位得以进一步巩固和提升。

回溯历史，央行间的货币互换协议始于2007年12月。当时，次贷危机的冲击导致全球金融市场的风险溢价迅速拉升，为应对流动性休克所带来的冲击，美联储与澳大利亚、巴西、加拿大、丹麦、英国、日本、韩国、墨西哥、新西兰、挪威、新加坡、瑞典、瑞士的央行和欧央行等14家中央银行达成货币互换协议，同意在需要的时候，各国央行可以用各自本币进行即期兑换，并约定在未来以固定的汇率水平重新换回各自本币。显然，2020年3月设立的各国央行货币互换机制，正是与2007年同样的基础、相同目的的互换机制的继续和延展。只不过，在此次央行互换安排中，美元的地位进一步突出了。深入分析便可清楚地看到，疫情冲击在国际金融领域产生的综合结果，便是使得全球出现了新的"美元荒"，这使得美国仍然保持了世界救世主的独享地位。仅此一点就说明，此次全球危机，至少在金融领域，相对获益的仍然是美国。

二是，虽然新冠肺炎疫情在中国率先得到控制，但人民币的对外价值略有下降，与此同时，美元却比较坚挺且稳定。这说明，危机期间，货币的避险价值凸显。所谓避险货币，指的是投资者风险偏好下降或者经济前景不明时，对外价值会有所升值的货币。一般认为，低利率、拥有高额海外净资产和高度发达的金融市场，是一国货币成为避险货币的必要条件。对照这三条，美元显然独占鳌头，日元和瑞士法郎紧随其后，其他货币，包括欧元，均不具有避险功能。同样，对照这些条件，人民币也远远不具备避险货币的功能。

总结以上，我们认为，中国作为最大的发展中国家，作为经济总量世界第二的大国，不可不重视这样的事实：一个将人民币排除在外的新国际货币体系正在形成。2019年Libra的推出，明确将人民币排除在外，也可视为这个趋势的佐证。

总之，此次疫情，再次向我们提出了大量的严峻挑战。应对这些挑战，是我们今后的主要任务。我们要认真落实2020年4月8日、4

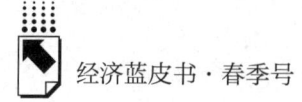

月17日中央政治局会议精神,"面对严峻复杂的国际疫情和世界经济形势,我们要坚持底线思维,做好较长时间应对外部环境变化的思想准备和工作准备",以十八届三中全会精神为指引,深入推动国内改革;以建设人类命运共同体为旗帜,推进"一带一路"倡议落实,应当成为我们应对新挑战的两大战略体系。

总 报 告

General Reports

B.1
中国经济形势分析与预测
——2020年春季报告

"中国经济形势分析与预测"课题组*

要点提示

2020年，在新冠肺炎疫情下，世界各国经济均受到严重冲击，各国"闭关锁国"，全球产业链硬脱钩，大批外贸订单被取消，重创原本正在退潮的全球化，进一步加剧实体经济衰退、企业倒闭及工人失业，再次将世界经济锁定在低增长区。由于有力管控，我国国内疫情相对较轻，但依然面临产能过剩、企业利润率下滑、内需动力不足、金融风险不断积聚等诸多困难，2020年我国经济总体保持相对平稳较快增长，经济结构继续优化，就业基本保持稳定。

---

* 课题总负责人：李平；执笔人：李平、娄峰、万相昱、张延群、胡洁、冯烽、朱承亮、王喜峰、胡安俊、程远、左鹏飞等。

预计2020年中国经济增长3.2%左右,增速比上年大幅回落2.9个百分点。值得说明的是,2020年中国经济大幅下滑是由突然暴发的新冠肺炎疫情造成的,并非内生经济增长动力问题,这没有改变我国经济发展基本面和基本趋势。虽然这次疫情对我国的冲击很大,但只是暂时现象,随着疫情逐渐得到控制和各种有效应对措施的实施,我国的投资、消费和国际贸易等将逐渐恢复到正常增长状态。

预计2020年第一产业和第三产业增加值占比有所提高,固定资产投资增速大幅回落,但投资结构有所改变,消费增速总体平稳,进出口增速下降,贸易顺差基本稳定,CPI与PPI背离的剪刀差有所扩大,居民收入继续平稳增长。预计2020年居民消费价格上涨2.6%,工业品出厂价格下降0.9%。

总而言之,2020年,相较于全球经济增长,我国经济仍将保持较快增速,依然在新常态下运行,结构调整取得积极进展,就业、物价保持基本稳定,经济不会发生硬着陆。2020年,从政策上加大中小企业扶持力度,稳定就业;继续加快消费升级助推经济高质量发展;优化财政政策,促进企业效益提升和激发市场潜在活力;实施积极的财政政策,适当提升财政赤字率,加强宏观审慎政策的逆周期作用;坚持疏堵并举,有效防控金融系统风险和地方债务风险。

一 当前国际经济环境分析

2020年新冠肺炎疫情(以下简称"疫情")暴发并在全球快速蔓延,东亚、西欧、北美等200多个国家和地区先后成为重灾区,数百万人被感染。疫情的危害性和传染性加剧了恐慌情绪,许多国家被迫采取了"封关锁国"的应对措施,并按下经济"暂停键",这对全球经济运行将产生前所未有的深刻影响,国际贸易、产业格局、企业运行、金融市场、国家财政、民生就业以及全球政治格局面临巨大的结构性冲击，在当前全球供需双向冲击不断加剧的背景下，全球经济进入衰退几乎是难以避免的，预计2020年全球经济增速为-1%，而全球贸易增速也会出现5%左右的萎缩。更为严重的是，单个风险点经过相互叠加和效应放大，更有可能衍生出重大次生灾害，而防范次生危害所导致的全球大萧条甚至更为剧烈的非经济冲突，是未来人类必须共同面对的重大挑战。

从区域看，疫情的突发打断了美国经济在数据方面的良好势头，疫情的蔓延和国际市场的波动打乱了美国的再工业化进程，而美国的应对措施对于其经济总量中占比最大的消费具有巨大冲击，预计全年美国经济增速为-1%。另外，美国面临财政整顿、货币刺激政策和贸易策略全方位压力，疫情和美国股市的剧烈反应，给了特朗普政府和美联储快速应对的借口，而经验表明，突发重大应急响应条件下，美国民众更趋向于政策层面的稳定，巨量的宽松刺激政策将可能推动新一轮国际投资，但也加剧了市场风险。

欧洲目前是疫情的重灾区，多年来一轮轮的量化宽松政策没有使欧元区整体摆脱困境，欧元区货币政策一体化而各国财政独立的相互掣肘局面，不断加剧各国之间的政策分歧，"实体经济空心化""民粹主义和极右翼势力抬头""难民危机和宗教问题""货币刺激政策趋于失效"等一系列问题没有得到解决，而疫情又加剧了欧元区经济的脆弱性和内需疲软。欧元、欧盟、欧洲经济一体化都面临前所未有的巨大挑战。预计2020年欧元区经济增速-1.5%，并陷入较长时间的低增长。

日本和韩国采取了一系列积极有效的疫情应对措施，疫情均得到控制。其中，日本经济在宽松货币政策和积极财政政策的交互发力下，保持了相对平稳的态势，而国际避险资金可能会对冲日本财政政策改革所带来的短期负面影响，但整体潜在增速依然低迷，预期未来经济保持在1%以下的正增长。韩国的外向型经济受疫情影响较大，

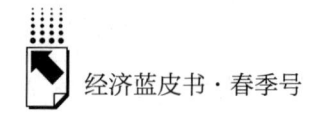

国内经济方面没有突出增长点，预期未来维持1%左右的低速增长。寻求区域深度合作是两国未来战略转向的重点。

预计新兴市场国家和发展中经济体受全球供需双向萎缩的影响，整体经济增速将出现较大幅度的下滑，2020年经济增速为2.0%，另外，其内部分化可能继续加剧。对于过度依赖发达国家的经济需求、货币政策和贸易格局的部分国家而言，应重点审慎防范当前国际大宗商品结构的剧烈波动和未来相当长一段时间内的系统性金融风险。积极主动地参与到国际经济秩序和贸易环境的重构进程中，是新兴市场国家和发展中经济体当前的核心要务。

二 2019年中国经济主要指标分析

国民经济运行平稳，经济增速稳中略降。世界经济增速下滑，国外有效需求放缓，中美贸易摩擦尚未停息，国际环境不确定不稳定因素明显增多。中国统筹推进稳增长、促改革、调结构、惠民生、防风险、保稳定，出台稳就业、稳金融、稳外贸、稳外资、稳投资、稳预期系列举措。紧紧抓住新工业革命机遇，深入践行新发展理念，推动经济高质量发展，锐意改革创新，充分发挥人力资源、市场规模等优势，着力培育壮大新动能，推动新旧动能加快接续转换，狠抓减税降费政策落实，为企业减负担、为发展增动能。2019年全年国内生产总值为990865亿元（现价），按可比价格计算，比上年增长6.1%。人均国内生产总值70892元，按年平均汇率折算达到10276美元，首次突破1万美元。经济运行继续保持在合理区间，经济基本面延续良好态势，发展水平迈上新台阶，发展质量稳步提升。

产业结构继续优化，服务业支撑作用显著。2019年，第一产业增加值70467亿元，增长3.1%；第二产业增加值386165亿元，增长5.7%；第三产业增加值534233亿元，增长6.9%。三次产业对GDP

增长的贡献率分别为3.8%、36.8%和59.4%，分别拉动GDP增长0.2个、2.3个和3.6个百分点。三次产业中，第三产业对GDP增长的支撑作用进一步强化。2019年装备制造业和高技术制造业增加值增速分别快于规模以上工业1.0个和3.1个百分点；服务业增加值占国内生产总值比重为53.9%，比上年提高了0.6个百分点，供给结构持续优化。

固定资产投资增速下滑，投资结构不断优化。2019年，全年全社会固定资产投资678604亿元，比上年增长5.1%。其中，固定资产投资（不含农户）551478亿元，增长5.4%。在固定资产投资（不含农户）中，第一产业投资12633亿元，比上年增长0.6%；第二产业投资163070亿元，增长3.2%；第三产业投资375775亿元，增长6.5%。民间固定资产投资412571亿元，增长4.7%。基础设施投资增长3.8%。制造业投资比上年增长3.1%，科学研究和技术服务业投资比上年增长17.9%，教育投资比上年增长17.7%，卫生和社会工作投资比上年增长5.3%，文化、体育和娱乐业投资比上年增长13.9%。建筑业投资比上年下降19.8%，批发和零售业投资比上年下降15.9%。高技术产业和社会领域投资增势良好，分别增长17.3%和13.2%。面对经济下行压力的加大，政府稳增长的意愿提升。为加快地方政府专项债券发行使用进度，带动有效投资支持补短板扩内需，财政部提前下达了2020年部分新增专项债务限额1万亿元，占2019年当年新增专项债务限额2.15万亿元的47%。重点用于铁路、轨道交通、城市停车场等交通基础设施，城乡电网、天然气管网和储气设施等能源项目，农林水利、城镇污水垃圾处理等生态环保项目，职业教育和托幼、医疗、养老等民生服务，冷链物流设施、水电气热等市政和产业园区基础设施等关键领域和薄弱环节，稳定有效投资，发挥有效投资对优化供给结构的关键作用，保持国民经济平稳健康发展。

消费增速放缓，消费升级态势延续。受占零售总额比重较大的出行类商品增速回落影响，消费需求增速放缓。2019年，全国居民人均消费支出21559元，比上年增长8.6%，扣除价格因素，实际增长5.5%，增速较上年下降0.7个百分点。其中，人均服务性消费支出9886元，比上年增长12.6%，占居民人均消费支出的比重为45.9%。社会消费品零售总额411649.0亿元，比上年增长8.0%，增速较上年回落1个百分点。全国居民恩格尔系数为28.2%，比上年下降0.2个百分点，其中城镇为27.6%，农村为30.0%。可穿戴智能设备、智能家用电器和音像器材、新能源汽车等智能类商品增速同比加快。在农村居民收入增长、线上消费渠道向乡村市场下沉以及农村消费市场环境改善等因素的带动下，农村市场消费潜力持续释放，乡村消费品零售额保持较快增长。全年最终消费支出对国内生产总值增长的贡献率为57.8%，明显高于资本形成总额及货物和服务净出口对经济增长的贡献率。受国内消费品市场规模不断扩大、个人所得税抵扣政策落实以及促消费政策逐步显效等因素的带动，消费对经济发展的"压舱石"和"稳定器"作用将持续增强。

对外贸易稳中提质，共建"一带一路"成效凸显。自2018年特朗普政府单方面引发中美贸易摩擦以来，其对世界经济的影响持续发酵，2019年世界经济和国际贸易增长也因此放缓。2019年，货物进出口总额315505亿元，比上年增长3.4%，增速较上年下降6.3个百分点。对"一带一路"沿线国家进出口总额92690亿元，比上年增长10.8%，其中，出口增长13.2%，进口增长7.9%。2019年，"一带一路"沿线国家对华直接投资新设立企业5591家，增长24.8%；对华直接投资金额（含通过部分自由港对华投资）576亿元，增长36.0%，折84亿美元，增长30.6%。全年高技术产业实际使用外资2660亿元，增长25.6%，折391亿美元，增长21.7%。在全球经济下行和贸易疲软的背景下，2018年以来世界贸易增速持续下降，在这种状况下，中国的出口表现好于预期。未来，中美经贸摩擦的影响还存在很大的不确定性，中国将通过进一步扩大对外开放，持续推进"一带一路"建设，扩大对非美国家的进口；对传统贸易伙伴国的出口增速下降有望通过扩大对新兴市场尤其是"一带一路"沿线国家的出口来对冲。

物价基本稳定，就业有所扩大。2019年，全国城镇新增就业1352万人，连续7年保持在1300万人以上；农民工总量29077万人，比上年增长0.8%。月度全国城镇调查失业率保持在5.0%~5.3%，低于5.5%左右的预期目标。市场价格涨幅总体温和。受非洲猪瘟的影响，禽肉、鸡蛋等替代品价格都出现不同程度上涨，2019年居民消费价格比上年上涨2.9%，低于全年预期目标。其中，扣除食品和能源的核心CPI上涨1.6%，涨幅比上年回落0.3个百分点。全国城镇调查失业率为3.6%，比上年下降0.2个百分点。党中央、国务院高度重视就业，出台了一系列稳就业的政策举措，加之经济保持稳定增长，服务业吸纳就业能力增强，创业带动就业效果持续显现，就业状况整体较好。

新动能持续发力，经济效益继续提高。"放管服"改革深入推进，优化了营商环境，激发了市场新活力，也促进了经济高质量发展。根据世界银行发布的报告，与2014年相比，中国营商环境综合排名从第96位跃升至第31位。营商环境的显著提升，有效激发了创业创新热情，市场主体大量涌现；高技术制造业、战略性新兴产业都保持了较快的增速，战略性新兴服务业、高技术服务业营业收入都保持了较快的增速。2019年工业战略性新兴产业增加值比上年增长8.4%，快于规模以上工业2.7个百分点；战略性新兴服务业企业营业收入增长12.7%，快于规模以上服务业3.3个百分点；服务机器人产量增长38.9%。线上线下两翼齐飞，网络新势力加速形成。2019年实物商品网上零售额比上年增长19.5%，占社会消费品零售总额比重达20.7%。随着供给侧结构性改革的不断推进，新产业新模式新产品快速发展，新动能将持续发力。

尽管新冠肺炎疫情对2020年一季度的经济运行造成了比较大的冲击，但是在党中央的坚强领导下，全国上下齐心协力，疫情防控已经取得了阶段性的重要成果。疫情对当前中国经济的影响是短期的，也是外在的，对中国经济的影响总体来看是可控的。

三　2020年中国经济预测

2020年是我国全面建成小康社会和"十三五"规划收官之年，也是布局"十四五"规划的承上启下的关键之年。虽然年初暴发的疫情对我国社会经济产生了重大的负面冲击，但随着国内强有力且有效的疫情管控措施及"复工复产"的快速推进，我国经济逐步恢复，市场信心上升。同时国家及时制定了"稳就业、扩信用、降成本"应对措施："新基建"投资政策、央行实施"定向降准"和释放长期资金、减税降费及缓缴社保等，为我国经济的迅速回升奠定了坚实的基础，一季度不断向好的经济指标显示了中国经济较强的发展韧性和内生动力。特别地，在疫情背景下，我国经济和金融运行出现新的下行压力，需要应对供需两侧产业链和需求链的双重冲击，在立足扩大内需、增强经济发展的内生动力的同时，要利用这次疫情机会，进一步深化体制改革、推动制度型开放。

根据中国宏观经济系统模型预测，2020年，我国GDP增长为3.2%，虽然比上年大幅下降2.9个百分点，但相对全球经济平均增速[①]，仍然保持平稳较快增长。值得说明的是，2020年中国经济大幅下滑是由突然暴发的新冠肺炎疫情造成的，并非我国内生经济增长动

---

① 根据最新IMF的预测，2020年全球经济同比下降3%。

力问题，这没有改变我国经济发展基本面和基本趋势，虽然这次疫情对我国的冲击很大，但是暂时现象，随着疫情逐渐得到控制和各种有效应对措施的实施，我国的投资、消费和国际贸易等将逐渐恢复到正常增长状态。另外，从中国社会科学院数量经济与技术经济研究所的中国经济先行指数（该指数由24个子指标构成）来看，我国GDP增速呈现逐季上升的趋势。

2020年初，地方专项债发行进度加快，债券利息有所降低，债券期限有所延长，国家发改委密集批复了多个基础设施建设项目，铁路运输业、生态保护和环境治理等基础设施领域的投资增长趋势显著，国家通过加强基础设施投资应对疫情冲击和促进经济增长的政策信号清晰可见，同时，在积极的财政政策和适度宽松的货币政策配合下，2020年基础设施投资将成为带动我国固定资产投资增长的主要动力之一；随着地方政府对房地产政策的适度调整，以及房地产市场的逐步回暖，2020年房地产投资将继续保持快速增长，同时也会对家电、家具、建材等行业起到拉动作用；对于制造业投资，有利因素是2020年政府推出减税、清费、降低社保缴费率，以国资充实社保，降低宏观税负的政策。从方向上看，该政策将有效提高企业利润，激发企业投资热情。不利因素是，受疫情影响，国外订单大幅减少，尤其是外向型企业经营困难，企业利润增速大幅下降，工业产能利用率呈现下滑趋势，这将会对制造业固定资产产生一定遏制作用，使得2020年制造业固定资产投资增速将有所回落。整体而言，2020年固定资产投资仍将保持平稳发展，成为有效拉动经济增长的重要手段。2020年全社会固定资产投资将达到70.1万亿元，名义增长3.4%。从投资结构上看，2020年，制造业固定资产投资、基础设施固定资产投资、房地产固定资产投资名义增长率分别为1.2%、3.2%、8.4%，因此2020年固定资产投资结构继续变化，房地产固定资产投资仍将成为2020年我国经济增长的主要动力之一。另外，2020年，民间固定资产投资增速为3.2%，说明虽然全球疫情对民间投资产生较大的影响，但民间固定资产投资信心依然有所恢复，加上国家一系列减税降费、调整社保等政策，对提振民营资本发展信心、激发实体经济投资热情起到一定积极作用。

2020年受疫情影响，我国消费增速明显回落，但消费升级趋势仍将继续，政府更加重视发挥消费对经济发展的拉动作用。消费升级过程中各种资源要素融入实体经济，促进存量资源进一步优化配置、优质增量资源进一步扩充，将靶向破解实体经济发展难题，从而熨平疫情以及经济结构调整升级带来的负面冲击。2020年社会消费品零售总额将达到43.1万亿元，名义增长4.8%，实际增长3.4%，增速分别比上年大幅回落3.2个和2.6个百分点。

目前，影响物价变动的主要因素如下：一是较大的CPI涨幅仍然是由猪肉价格上涨引起的，其他类商品和服务微涨或微跌，面临通缩的压力。二是国内大部分商品供过于求，需求不足，存在较大负向产出缺口。三是国际原油和大宗商品价格出现了大幅下跌，2020年3月以来美国WTI原油和布伦特原油价格均下跌50%以上，价格在低水平大幅波动。四是受疫情影响，一些国家出台了限制粮食出口的政策，为国际粮食价格的上涨增加了不确定性。五是受新冠肺炎疫情的拖累，国内外需求增速大幅放缓，对2020年物价产生向下的压力。

从物价主要因素来看，①猪肉价格开始回落，对CPI同比涨幅的影响将逐渐降低直至消失。2019年下半年国家明确提出对生猪市场和销售实现"保价稳供"的政策，采取多种措施促进生产，生猪基础产能恢复，效果开始显现。在平抑市场价格方面，一系列减税降费措施也降低了猪肉的流通成本。仔猪及冷鲜猪肉运输被纳入绿色通道的政策范围，进一步降低了物流成本，同时，国家加大了猪肉进口力度，从2020年1月1日起，中国对850余种商品实行低于注册国税率的进口暂定税率，其中，对10个税目用于猪饲料的杂粕继续实行零关税，也对促进生猪生产和进口、成本合理回落产生了重要作用。向市场持续投入较大数量的中央储备肉也有效缓解了猪肉价格的上涨压力。猪肉价格大幅上涨的情况应当是暂时的，在国家各项措施的作用下，猪肉价格涨幅将会明显收窄。特别是由于国内猪肉价格远远高于国际市场价格，加大进口等措施可以有效抑制猪肉价格的进一步大幅上涨。随着生产秩序的恢复，猪肉价格开始回落，2020年3月环比下跌6.9%。受翘尾因素的影响，在今后一段时间猪肉价格同比增幅将维持在高位，但环比增长将出现下降的走势。猪肉价格的上涨对CPI的影响会逐渐减弱，对2020年全年CPI的影响将逐渐减少，直至消失。②2019年全国工业产能利用率为76.5%，总体水平仍然较低，存在负的产出缺口，表明我国工业整体仍然处于去产能去库存的调整阶段，负产出缺口对CPI增长有向下的推动力。③国际原油和大宗商品价格下跌，推动PPI涨幅收窄并传导至国内CPI。受国际原油供求关系的影响，2020年3月以来美国WTI原油和布伦特原油价格均下跌50%以上，国际大宗商品市场价格持续低迷。虽然重要产油国之间能否达成石油限产协定的不确定性会导致原油价格大幅波动，但是考虑到近期石油和大宗商品供过于求的局面不会改变，石油价格维持在较低水平是大概率事件。原油和大宗商品价格的下跌已经引起国内PPI，特别是PPI中生产资料价格环比下降，PPI下降将逐渐从上游向下游传导，对CPI价格变动产生向下的压力。④国际粮食价格可能出现波动，其对CPI的影响值得关注。受疫情影响，一些国家出台了限制粮食出口的政策，这会在一定程度上造成国际市场上粮食供给减少，以及因抢购而造成的短期价格上升，从而有可能推高国内粮食的进口价格。但是总体来看，我国粮食自给率高、储备充足，国际粮价波动对国内粮价的影响应当是可控的。⑤海外新冠肺炎疫情拐点出现的时间尚存在很大的不确定性，各国纷纷采取措施应对疫情，造成本国经济增长减缓、失业率上升，同时也会通过全球供应链、出口、金融、外资等传导渠道，对我国经济产生负面影响，进一步加大我国负向产出缺口，对CPI产生向下的作用。

综合以上影响物价变动的各个因素，2020年CPI涨幅会保持在较低水平，通缩压力不容忽视，全年CPI涨幅为2.6%左右。

预计2020年农村居民人均纯收入实际增长和城镇居民人均可支配收入实际增长分别为3.1%和2.4%，农村居民人均纯收入实际增速连续十年高于城镇居民人均可支配收入实际增速；财政收入19.3万亿元，比上年增长1.2%，财政支出24.8万亿元，比上年增长4.0%，财政收支差额突破5.5万亿元。

总之，2020年虽然中国经济受疫情影响增速出现大幅回落，但相对于世界平均水平而言依然保持较高的增长速度，就业、物价保持基本稳定，产业结构继续优化，增长质量继续提高。表1列出了2020年国民经济主要指标的预测结果。

表1 2020年中国经济主要指标预测

指标名称	2019年统计值	2020年预测值
1. 总量		
GDP增长率(%)	6.1	3.2
2. 产业		
第一产业增加值增长率(%)	3.1	2.4
第二产业增加值增长率(%)	5.7	2.9
第三产业增加值增长率(%)	6.9	3.5
第一产业对GDP增长的拉动(百分点)	0.2	0.2
第二产业对GDP增长的拉动(百分点)	2.3	1.1
第三产业对GDP增长的拉动(百分点)	3.6	1.9
第一产业贡献率(%)	3.8	5.6
第二产业贡献率(%)	36.8	36.1
第三产业贡献率(%)	59.4	58.3

续表

指标名称	2019年统计值	2020年预测值
3. 投资		
全社会固定资产投资(亿元)	678604	701405
名义增长率(%)	5.1	3.4
房地产固定资产投资(亿元)	132194	143259
房地产固定资产投资名义增长率(%)	9.9	8.4
基础设施固定资产投资(亿元)	186490	192476
基础设施固定资产投资名义增长率(%)	3.8	3.2
制造业固定资产投资(亿元)	218641	221297
制造业固定资产投资名义增长率(%)	3.1	1.2
民间固定资产投资(亿元)	412571	425780
民间固定资产投资名义增长率(%)	4.7	3.2
4. 消费		
社会消费品零售总额(亿元)	411649	431307
名义增长率(%)	8.0	4.8
实际增长率(%)	6.0	3.4
城镇社会消费品零售总额(亿元)	347180	367640
名义增长率(%)	7.8	4.7
农村社会消费品零售总额(亿元)	64469	63730
名义增长率(%)	9.3	5.5
5. 外贸		
进口总额(亿美元)	20769	20250
进口增长率(%)	-2.8	-2.5
出口总额(亿美元)	24984	23708
出口增长率(%)	0.5	-5.1
货物贸易顺差(亿美元)	4215	3458
6. 价格		
工业品出厂价格指数(PPI)上涨率(%)	-0.3	-0.9
居民消费价格指数(CPI)上涨率(%)	2.9	2.6
核心CPI上涨率(%)	1.6	1.1
投资品价格指数上涨率(%)	2.6	1.8
GDP平减指数(%)	1.6	1.3

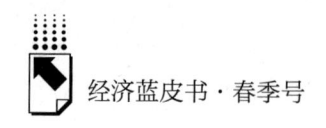

续表

指标名称	2019年统计值	2020年预测值
7. 居民收入		
城镇居民人均可支配收入实际增长率(%)	5.2	2.4
农村居民人均纯收入实际增长率(%)	6.1	3.1
8. 财政收支		
财政收入(亿元)	190382	192676
财政收入增长率(%)	3.8	1.2
财政支出(亿元)	238874	248454
财政支出增长率(%)	8.1	4.0
财政收支差额(亿元)	-48490	-55778
9. 货币金融		
新增贷款(亿元)	168100	200043
各项存款余额(亿元)	1928785	2107478
各项存款余额增长率(%)	8.7	9.3
M2(亿元)	1986489	2203016
M2增长率(%)	8.7	10.9
各项贷款余额(亿元)	1531123	1730269
各项贷款余额增长率(%)	12.3	13.0
社会融资总额(亿元)	255753	320402
10. 运输与能源		
全社会用电量(亿千瓦时)	72255	74326
全社会用电量增长率(%)	5.6	2.9
铁路货运量(亿吨)	43.2	44.9
铁路货运量增长率(%)	7.2	4.0

四 经济运行主要风险分析

2020年，受疫情影响，我国经济发展面临国内外风险和挑战明显上升的复杂局面。国内疫情的传播途径已经基本被阻断，生产生活秩序加快恢复，取得的成绩弥足珍贵。国内产业发展、城市运行、社会生活完全回归常态似乎尚需等待一段时间,而就宏观经济而言,疫情影响可能是一个中长期过程。总体而言,我国目前存在以下主要风险。

第一,境外疫情影响未完全显现。国外疫情没有呈现控制的态势,其影响的效果尚未完全显现,除了对我国出口有直接影响之外,还在利用外资和全球产业链上对我国产生影响。一是对外资的影响,一方面,疫情对全球外国直接投资总额的影响,根据联合国贸易和发展会议的预测,全球下降5%~15%,为2008年最低点;另一方面,疫情可能加剧机电产品、纺织产品和塑料制品方面的外资向其他国家转移的趋势,特别是向东南亚和印度疫情相对较为轻微、劳动力成本低廉的国家转移。二是对全球产业链的影响。受境外疫情快速蔓延的影响,全球产业链和供应链面临新的形势。现代全球产业链和供应链提高了经济效率,但也具有不可预测的脆弱性,当链条上任何一个环节断裂时,上游和下游的供应商和消费者都会被波及。联合国贸发会议报告显示,供应链中影响力最大的是欧盟的机械、汽车和化工环节,美国的机械、汽车和精密仪器环节,日本的机械和汽车环节,韩国的机械和通信设备,越南的通信设备。

第二,国际金融市场大幅波动,冲击国内经济。受疫情影响,各国相继宣布进入紧急状态,全球避险情绪快速升温,全球股市、大宗商品市场出现暴涨暴跌,风险资产收益大幅下挫,导致财富大幅缩水;全球金融市场出现流动性紧张局面,美元指数急剧上扬,资金回流美国,人民币汇率和外汇储备稳定承压,由汇率引发的外债风险上升。境外金融市场的巨幅波动、资本外流加速,将对我国股票市场和房地产市场等资产价格造成极大的冲击,破坏正常的市场秩序,影响经济宏观层面的稳定,由此对经济形成负反馈,进一步加剧恐慌情绪的蔓延,促使金融危机与经济危机相互传导强化。另外,为维护全球金融体系稳定,支持全球经济增长,各国相继出台了一系列货币和财政政策,各国央行推出降低利率、向金融体系提供额外流动性、扩大货币互换额度，以及重启2008年国际金融危机时期计划等举措，但市场依然脆弱，投资者的风险偏好在短期内难以快速修复，全球金融环境仍然严峻。长期来看，无限度量宽和超低利率的刺激政策将导致资产价格泡沫、债务杠杆上升，全球债务负担持续增加，金融市场脆弱性不断提高。

第三，需求侧拉力不足。对于"三驾马车"而言，出口和消费受到极大的影响，投资动力有限。首先，根据统计数据，受疫情影响，第一季度，社会消费品零售总额减少超过1.5万亿元，其中旅游、住宿、交通、文化娱乐等服务消费减少超过1万亿元。其次，受全球疫情的影响，全球需求与贸易收缩，势必影响我国的出口，1~2月我国出口金额按美元计同比下降17.2%。最后，就投资而言，制造业投资难以单独逆势向上；房地产投资增速在2019年为9.9%，投资周期基本达到顶点，2020年基本处于回落周期；基础设施成为投资的必选项，但规模只占25%左右。

第四，经济停滞引发债务违约风险。随着经济活动骤停，公司和家庭的大量借款可能引发债务困境。疫情蔓延和防控措施导致经济休克式停摆，企业经营受损，经济大幅下行，尤其是大量中小企业和受疫情影响严重行业的企业陷入困境，资产负债表失衡，陷入技术性破产的窘境，如果不能及时补充流动性，可能引发企业债务违约。居民债务也同样存在违约风险。经济的大幅下滑不可避免会引起失业率的大幅攀升，居民收入大幅下降。中国虽然有效控制了疫情且生产恢复，但在全球化的大背景下，难以独善其身。随着海外疫情持续蔓延，各国经济停摆，直接导致全球总需求的急剧收缩，全球产业链的崩溃，将通过贸易、外需、产业链、资本流动、金融市场、外汇、房地产等途径向中国传导，消费、投资、需求、进出口均受冲击，加剧国内经济下行压力，进一步促使国内企业偿债压力上升。如果疫情迟迟没有得到控制或持续时间过长，那么对企业债务的影响，会向金融领域蔓延，一个个局部的危机，最终将会传导到金融系统，汇聚成更大的金融风险，甚至演变成金融危机。

第五，就业和中小企业的风险。稳就业是我国2020年面临的突出问题，2020年高校毕业生874万名，为历史新高，在疫情的影响下，其就业压力非常大，就业问题对经济运行的影响是多层次的，对产业链和供给链的稳定、消费、中小企业等带来直接的影响。疫情直接冲击消费，进而影响中小企业经营和产业链运作，在缺少外部支撑的条件下，中小企业面临的生存问题非常严峻，进而直接影响宏观经济运行。

五 政策建议

2020年，疫情对世界经济增长产生了很大的负面冲击，使得全球经济增速进一步下滑，因此需要有效发挥宏观调控政策的逆周期调节作用，积极财政政策要大力提质增效并更加注重结构调整，稳健货币政策要大力改善其与宏观审慎政策的逆周期组合和结构调整有效性，并健全积极财政政策、稳健货币政策与就业政策的协同机制。

（一）适度宽松货币政策和宏观审慎政策逆周期有效组合

1. 加大政府财政金融支持力度，充分发挥政策性金融的先导作用

政府应加大对中小微企业和低收入群体的直接财政补贴力度，帮扶受疫情冲击的家庭和中小微企业，拉动消费和投资需求；适当提高政府赤字率和专项债额度，支持中小企业和新旧基建投资，从而稳定总需求和提振企业信心。金融政策重点将放在提供流动性支持、加大资产购买力度、扩大央行资产负债表、支持银行为实体经济提供信贷支持。央行小步幅继续全面降息的动能增加，以对冲国内外不确定性；继续定向或全面降准，增强中小银行信贷供给能力和降低资金成

本，以缓解国内信用收缩压力；增加再贷款、再贴现等结构性定向信贷工具力度，适度扩大央行资产负债表，精准滴灌、支持不同特定主体的流动性需求，特别是民营和中小微企业。

央行进一步采用结构性定向工具向实体经济提供低成本流动性。首先，对于符合国家政策导向但需资金扶植或者补贴的重要投资项目，应由政策性金融覆盖。为进一步发挥政策性金融的作用，建议扩大政策性贷款的规模，放宽融资条件，对于经济效益好、商业担保措施完善的项目应给予积极支持。其次，发挥政策性担保机构的作用，为中小微企业融资提供政策性担保，发挥融资促进和风险分担作用。

2. 夯实资本市场基础，稳妥应对外部冲击，防范金融市场异常波动风险

一方面，抓紧构建更加成熟、更加定型的资本市场基础制度体系，不断提升资本市场治理能力；坚守科创板定位，加快推进创业板改革并试点注册制，深化新三板改革，促进健全具有高度适应性、竞争力、普惠性的现代金融体系。加快债券市场产品工具创新，加大针对危机应对产品、中小企业债券产品的供给；大力发展私募股权投资，完善创新资本形成机制。另一方面，进一步扩大与有关国家双边本币互换协议的规模，开展与"一带一路"沿线国家的本币结算；积极探索实现人民币资本项目可兑换的多种途径，推动境内银行为境外项目提供人民币贷款业务等；研究探索人民币回流机制，允许符合条件的合格机构以人民币为计价货币。加快外汇外债管理方式改革，研究推进外汇储备多元化运用，扩大银行业支持"走出去"的外汇资金来源。加强征信管理部门之间的交流和合作，建立信息交流机制、区域征信体系、区域金融信息披露管理系统。

同时，密切关注国际经济金融形势变化，加强对股市、债市、汇市的实时监测，维护金融市场平稳运行，阻断跨市场、跨区域、跨境风险传染，防范金融市场异常波动和共振。保持人民币汇率在合理均

衡水平上的基本稳定，切实防范跨境资本异常流动风险。同时，随着经济下行压力加大，加强对未来可能发生的"黑天鹅"和"灰犀牛"事件的日常监管和评估，并制定应急预案。做好金融市场舆情监测，健全重大舆情快速响应机制；加强预期管理和舆论引导，加强与市场沟通，快速回应舆论关切，稳定市场情绪，切实防范金融市场异常波动和外部冲击风险。

3.继续完善利率市场化改革和人民币汇率形成机制，在保持人民币币值稳定的基础上降低实际利率、稳定汇率合理均衡

金融市场有效引导资源配置的一个基础是金融价格合理反映风险溢价和在均衡水平附近波动，利率应符合保持经济围绕潜在产出水平的要求，而汇率应在合理均衡水平上保持基本稳定。我国目前的实际利率偏高，这是由其包含的风险溢价决定的，需要深化利率市场化改革。在我国经济增速面临下行压力、通胀率预期稳定的条件下，我国货币政策利率且实际利率也存在降低空间。同时，美联储等发达国家央行降低利率也从利率平价机制方面对我国降低政策利率形成压力。汇率作为人民币的外部价格，影响着国内均衡和国外均衡的平衡及金融配置效率。要结合金融市场对外开放，进一步完善我国人民币汇率形成机制，保持人民币汇率在合理均衡水平上的基本稳定，促进内外部之间的合理均衡。

（二）采取更加积极有为的财政政策，注重提质增效和结构调整

1.提高赤字率，稳定经济增长

从国内外形势来看，我国2020年需要采取比2019年更加积极有为的财政政策。一方面，我国处于换挡升级、高质量发展的关键阶段，需要发挥财政政策在激发市场经济微观主体活力、培育经济内生增长动力方面的重要作用；另一方面，疫情对国内生产及国际贸易产生了重

大影响，造成经济增速下降以及企业经营困难和失业问题。为了缓解突发疫情造成的不利冲击，稳定经济形势，在政策取向上应当采取积极的财政政策。特别是在我国疫情得到基本控制之后，经济上所面临的困难更多的是疫情前期造成的国内收入降低以及国外疫情暴发冲击了国际贸易从而导致国内外需求下降，因此应当更加发挥积极的财政政策在扩需求、降成本方面的作用。

实施扩张性财政政策会扩大财政收支缺口，进一步推高财政赤字，造成一定的财政压力。弥补财政资金缺口，一方面可以通过提高国有企业上缴利润、使用财政结转结余及调入资金等方式，另一方面还需要通过提高债务的方式。总体来看，我国赤字率和债务水平较低，特别是债务形成的资产中有一些资产还有较好的盈利能力，因此我国还有一定的财政政策实施空间。

因此，为了抵御疫情对全球经济的冲击，推动国内社会经济发展，2020年需要采取更加积极有为的财政政策，加大逆周期调节力度。适度增加赤字规模，将赤字率提高到3.5%以上。提高政府部门负债率，增加一般债、专项债的发行规模，为扩张性财政政策提供资金。

2. 提质增效，提高财政资金使用效益优化

为了增强财政政策的逆周期调节效应，有效推动经济增长，实施积极的财政政策不仅需要扩大财政支出规模，还需要大力提质增效，更加注重结构调整。通过定向发力、精准施策增强政策的针对性和有效性。优化财政支出结构需要在支出方向上有增有减。第一，压减一般性财政支出，中央本级要压减非刚性、非重点项目支出，削减民生社保之外的开支，精简机构人员，取消低效无效支出，将财政资金更多投向供需共同受益、具有乘数效应的先进制造、民生建设、基础设施等领域。第二，推动对包含5G基建、特高压、城际高速铁路和城际轨道交通、新能源汽车充电桩、大数据中心、人工智能和工业互联

网等内容的新型基础设施投资。传统基建投资拉动经济的边际效应逐渐下降，新基建具有鲜明的科技特征和科技导向，不仅可以为产业转型升级和高质量发展打下基础，也具有较强的经济带动作用。第三，增加对中心城市群、中西部等地区的基础设施投资，完善我国铁路、公路、航空线路等交通网络。城镇化水平的提升和城市间人口流动的增加对基础设施建设产生了较大的需求。完善相关基础设施不仅可以提高人民生活质量，还提高了地区经济的发展潜力。基础设施建设可以适当超前于当前需要，不仅可以利用当前价格较为低廉的生产要素节省整体建设成本，还可以增强对经济的带动作用。第四，我国先进制造业与国外先进水平相比仍存在较大差距，科研创新能力较为薄弱，特别是半导体、装备制造等产业的技术水平和研发投入与世界先进水平相比尚存在较大差距，如要加快提升科研技术水平需要增加财政资金支持力度。此外，对传统企业高端化、绿色化、智能化、融合化的技术改造升级予以资金支持。第五，我国在民生事业领域尚存在短板，需要针对性地增加脱贫攻坚、现代公共卫生医疗体系、"三农"、托幼养老等方面的财政投入。

具体而言，优化财政支出结构需要：调减一般性支出以压低公共产品供给成本，控制"三公"经费预算；增加新型基础设施建设投资；继续增加科技创新投入；加大对先进制造业和战略性产业的支持力度，提高企业技术水平和创新能力；对传统企业技术改造升级提供资金支持；完善铁路、公路与水运、机场、水利等基础设施；继续加大扶贫、社保、教育、现代公共卫生医疗体系等投入来提升民生保障水平。

3. 完善财税体制，实行结构性减税降费

为了提质增效，充分发挥积极财政政策的实施效果，在财税领域的政策着眼点应该关注以下问题：第一，需要实施结构性的减税降费政策，增强政策针对性和有效性。继 2019 年实施的大规模、普遍性减税降费之后，企业税费负担大幅降低，进一步的减税方向

应该更加关注重点行业的税费负担,做到稳增长和调结构并重,切实推动产业转型升级。此外,小微企业很大程度上承担着创造收入和吸收就业的任务,需要落实好针对小微企业的减税降费政策。第二,为了减缓疫情对企业生产的影响,为企业复工复产提供一定的财政补贴及税收减免支持。第三,深化财税体制改革,理顺中央与地方的财政关系。目前地方政府存在财权和事权不匹配的问题,地方政府财政支出较大而财政收入较低,恶化了地方财政状况,降低了地方政府进行经济建设和民生保障的能力。因此要增强积极财政政策效果,需要推进中央与地方财政事权和支出责任划分改革,缓解地方财政运行困难。第四,加大对地方转移支付力度,保障基层的工资和基本运转支出。第五,构建全方位、全过程、全覆盖的预算绩效管理和监督体系,建立政府投资绩效管理体系,提升财政管理效能和资金绩效。第六,主动挖潜,盘活各类存量资金和国有资源资产,扩大可用财政资金规模。

具体而言,在财税领域的政策措施需要:切实降低科技创新、先进制造等重点行业企业的税费负担,增强企业竞争力和发展后劲;鼓励企业进行科技研发活动,推动我国企业转型升级;落实小微企业减税降费政策;落实企业复工复产的财政补贴和税收减免政策;改革财政体制,适当增加地方政府财权和财力,健全地方税收体系;加大对地方转移支付力度,保障基层的工资和基本运转支出;完善预算执行管理和监督体系,建立政府投资绩效管理体系;盘活存量资金和国有资源资产。

(三)多种政策相结合,有效减缓疫情对实体经济的不利影响

1. 分区域分阶段复工复产,确保供应链和产业链稳定

一是各级政府在疫情得到控制的基础上,落实好分区分级的精准

疫情防控政策，分阶段、分地区促进劳动力、物资、资金的正常流动，放开物流限制，确保原材料和产品正常流动。二是多方面加大复工复产力度。确保打通原材料、零部件等供给渠道，强化各区域间上下游产销的对接，通过支持龙头企业带动配套企业，多方面加大复工复产力度，确保主流产业链稳定。三是强化全球合作。加大与贸易伙伴间的合作力度，加强国际供应链和产业链的国际合作与交流对接，保障全球供给链和产业链的稳定。四是鼓励部分企业短期转型生产世界各国所需的医疗防护等物资，支持转型企业网上洽谈、网上办展，主动抓订单、促合作。

2. 确保就业形势的稳定，将其放在"六稳"工作首位

一是利用网络、直播、视频招聘等新形式帮助企业和劳动者双方，实现更多劳动者就业，全力促进就业形势的稳定。二是在毕业生就业方面，利用多重手段扩大企业吸纳规模、进一步扩大基层就业规模、扩大招生入伍规模、增加就业见习机会，各高校适当延迟录用接收时间。三是持续推进"互联网+"行动，加快培育一批吸纳就业能力强的数字经济产业，加快改造传统产业，促进平台经济、直播经济、共享经济持续健康发展，培育高质量、多种形态的经济和就业新增长点。

3. 深化改革创新提高全要素生产率

深化户籍制度改革，加快推进市民化，不断缩小常住人口与户籍人口城镇化率差距。大力推进市场化进程，使市场在资源配置中真正起基础性作用，促进城乡之间人员、土地、资金等要素双向流动。加快放开放宽石油天然气、电力、铁路、通信、金融等基础产业领域市场准入，加大市场竞争力度，促进效率改进。加大基础研究投入力度，加强颠覆性技术创新，促进科技成果转化，提升科技实力和创新能力。通过中心城市和城市群的集聚和带动效应，支撑和服务全国高质量发展。

（四）挖掘并发挥超大规模市场优势，唤醒并激活中国经济发展潜能

1. 完善复工复产与扩大内需相结合的体制机制，确保实现今年经济社会发展目标任务

新冠肺炎疫情对我国消费市场造成非典型、非传统型的突发冲击，要加快完善复工复产与扩大内需相结合的体制机制，推动复工复产与居民消费之间形成紧密联系的有机链条：一是多措并举"促复工"。要精准对接企业复工复产需求，切实解决企业面临的各种困难和问题，满足企业复工复产需要的防疫物资、水电能源、生产设备等各项保障条件，分类分批有序恢复正常生产，充分做到因地施策、因疫施策；要推动上下游产业链企业协同复工，协调解决用工、运输、原材料供应等相关问题，尽快破解产业链条中某些环节仍然存在的停摆或阻塞；加大各类扶持政策落实力度，激励和引导企业变压力为动力，危中寻机、化危为机，推动生产流程再造、组织结构变革和商业模式创新，增强企业应对消费需求变化的快速反应能力和适应调整能力，加速数字化、网络化、智能化转型升级。二是多点发力"促消费"。要抓紧落实2020年已出台的一系列稳消费、促消费政策措施，有效激发居民多层次多样化消费需求，积极有序推动各类商场、市场全面复工复市，加强帮助受疫情影响较大的餐饮酒店、文化旅游、商贸零售等重点服务行业止损回补，加大对"宅经济"、生鲜电商、无人零售、直播带货等新型消费热点的培育力度，加速恢复市场活力；要深挖消费者的实际需求，进一步优化城市消费环境，大力发展夜间经济、小店经济、假日经济等，把蕴藏在民众间的消费潜力和受疫情抑制的消费热情释放出来；要把乡村振兴与农村市场建设结合起来，鼓励农村电商平台走特色化本地化发展道路，加快推进农村电子商务与快递物流协同发展，培育和扩大农村居民消费服务热点。三是多管

齐下"促基建"。要以经济社会效益最大化为导向，加速推进5G网络、智慧城市、人工智能、工业互联网等领域新基建项目布局，注重新基建的质量与效益，推动新基建并行发挥投资拉动作用与消费升级作用，实现刺激短期有效需求和培育长期升级需求的统筹兼顾；要推动新基建与新型城镇化融合发展，新基建项目应重点投向区域中心城市、城市群等人口密度较高的地区，做好前瞻性和战略性设计部署，避免因大规模基建产生的资源闲置、浪费等问题，有效发挥新基建的网络效应、规模效应、辐射效应；要适度放开新基建领域的市场准入，通过扩大投资主体范围、创新融资模式等方式吸引民间资本进入，通过优化政府公共服务、提升政务服务水平等方式营造良好的营商环境，积极引入各类市场主体，有效壮大新基建力量。

2. 发挥超大规模市场优势和内需潜力，巩固消费对经济发展的基础性作用

总体来看，疫情在我国已经得到有效控制，对我国经济的冲击是短暂的、局部的、有限的，我国经济稳中向好、长期向好的基本趋势不会改变。并且，在境外疫情加速蔓延、全球经济面临衰退、逆全球化暗流涌动等不利影响下，中国经济大概率成为2020年世界经济"稳定之锚"，这是因为中国经济具有强劲韧性，而这韧性来自"超大规模的市场优势和内需潜力"，也是我国"疫后"经济快速重启和恢复的有力支撑，更是我国经济稳中向好、长期向好的重要保障。应加快构建把超大规模的市场优势和内需潜力转为经济增长动力的长效机制，进一步增强消费促进经济发展的基础性作用：一是要深化改革"促增收"。深化收入分配制度改革，进一步夯实居民增收基础，加快建立对重点群体的收入监测体系，密切关注中低收入群体的社会安全感和对未来的心理预期，强化收入分配政策的激励导向，着力拓宽技能人才、科研人员、企业管理者等多个群体增收渠道，加速推动

"零工经济"健康有序发展。二是强化保障"解民忧"。要加强公共服务体系建设，丰富和完善城乡基本公共服务评估内容和指标体系，坚持和完善统筹城乡的民生保障制度，加快实现城乡基本公共服务普惠共享，进一步完善社会保障体系，逐步消除居民养老、医疗等方面的后顾之忧，增强居民消费意愿。三是优化政策"促创新"。要进一步优化创新扶持政策，加大对科技企业特别是中小企业的普惠性政策扶持力度，提升制造业关键核心技术创新力，构建产学研深度融合的技术创新体系，推进基础科学研究和产业技术创新深度融合，构建与国际接轨、与市场需求接轨的科研成果研发体系，有力发挥消费升级对我国高新技术领域创新的倒逼作用。

3. 加大力度营造新消费环境，加快促进消费扩容提质

近年来，我国市场消费环境持续向好，消费环境评价指数逐年提高，为进一步拓展消费空间和推动消费升级提供了有利条件。据全国消协统计，2019年我国投诉解决率达到75%，挽回消费者经济损失超11.7亿元。但是，当前我国消费环境建设中仍存在一些需要完善之处：第一，相关消费硬件设施有待进一步提升。由于城市的商业网点、商圈、大型超市、菜市场等消费场所缺乏前瞻性规划和深入调研，我国部分城市消费基础设施与居民实际需求的衔接匹配存在一些问题，尤其是便利店网点分布、菜市场便民性、步行街设计等方面仍存在较大优化提升空间。第二，市场监管体系有待进一步完善。目前市场监管体系建设滞后于消费提质扩容的发展需要，行政许可、行政处罚、行政强制等传统监管方式已经难以达到预期效果，然而部分市场监管仍以单向式、惩戒式的行政手段来达到管理目标，运用大数据、人工智能等技术实行科技监管还不充分，这在一定程度上对我国消费升级造成阻滞。第三，消费信用体系建设有待进一步加快。从一定意义上说，现代市场经济本质上是一种信用经济。近几年，我国社会信用体系建设取得显著进步，但一些产品"低价又低质"的现象

依然严重，一些经营者缺乏法律意识、诚信意识的问题依旧存在，同时，消费者维权意识和能力也相对不足，当前的消费领域信用体系建设滞后于我国市场化的进程。

对此，要建设释放消费潜力的长效机制，进一步完善消费市场环境，营造有利于消费潜力释放的良好氛围：一是靶向发力"补短板"。进一步加快传统消费基础设施的升级改造，加快新型消费基础设施的规划和布局，强化5G、人工智能等信息技术在商业载体中的应用，推进新型商业综合体与群众生活密切相关的生活服务业融合，加快可快速响应的现代化供应链基础设施建设，加快打造"一刻钟便民生活服务圈"。二是持续发力"提效能"。以提升监管效能为导向推动监管方式创新，促进新型市场监管体系建设，加强信息监管、平台监管等新兴监管方式的运用，注重监管手段的多元协同，进一步提升监管的科技性和动态性。三是强势发力"促诚信"。加快完善消费投诉信息公示系统，推动消费投诉公示工作在全国范围内展开，强化信用约束和社会监督。深入开展消费教育和消费引导工作，进一步完善守信激励和失信惩戒机制，推进建立消费纠纷多元化解决机制，强化消费者权益保护体制机制建设。

B.2
中国经济形势分析与预测
2020年春季网络座谈会综述[*]

《中国经济前景分析》编辑组[**]

2020年3月20日中国社会科学院中国经济形势分析与预测春季座谈会举行。受新冠肺炎疫情影响，本次座谈会采用在线视频的方式。座谈会召开时，经济运行数据只有2020年1月和2月部分行业的，整体的经济运行数据未公布。在此背景下与会专家基于各自的研究领域，对当前经济形势进行了分析和研判。

座谈会上专家预测新冠肺炎疫情对经济的影响巨大，2020年第一季度经济将出现负增长，预计在-40%～-10.6%。会议还特别邀请处于疫情防控重灾区湖北的学者介绍湖北省情况。来自国家发改委、国务院发展研究中心、国家信息中心、商务部研究院、国家税务总局、中国国际电子商务中心，以及部分高校、地方社会科学院和科研机构等的学者参加了座谈会。会议由中国社会科学院数量经济与技术经济研究所编辑部主任彭战主持。

一 新冠肺炎疫情对中国经济的影响

2019年的经济增长延续了前几年的基本走势，总体增长比较平

---

[*] 座谈会是中国经济形势分析预测项目自1990年设立以来的第57次，也是首次在线召开。
[**] 执笔人：白延涛，中国社会科学院数量经济与技术经济研究所。

稳，增速较快，产业结构继续优化，经济发展质量不断提高，物价和就业保持稳定。但是，进入2020年，受新冠肺炎疫情的影响，整体经济运行运营形式和统计数据都发生了巨大变化。

总体来说，疫情对第一产业的影响相对有限，但总体影响是负面的。第一产业增速为3%左右，疫情引发人们对食品安全问题的关注，从而影响消费，尤其是在农畜牧产品出口方面可能会遭遇订单大幅减少的冲击；疫情对第二产业的影响巨大，根据国家统计局公布的数据，2020年1~2月累计工业增速为-13.5%，制造业增速为-15.7%，工业和制造业增速都出现大幅下滑。从实际情况来看建筑业所受影响大于工业；疫情对第三产业的影响特别严重，2020年1~2月，限额以上企业零售额累计增速为-22.2%；住宿餐饮业收入累计增速为-39.7%；进出口也出现大幅下滑。总体来说，一季度人均损失GDP可能是1000~2000元。

专家针对不同领域进行了详细的分析和解读。就对疫情的整体认知来看，部分专家认为疫情得到了有效控制，但是远没有结束，可能会有反复，疫情的影响将是长期的。疫情对经济形势的影响要比2008年国际金融危机严重。同时，与2008年相比世界经济目前缺乏协调机制，这对世界经济的恢复很不利，从而会影响各国经济。大国领导人之间应建立一个协调机制，解决公共卫生资源问题，实现国际联防联控，从而促进世界经济恢复。

来自国家信息中心的专家认为，短期来看疫情对市场的冲击是非对称的，1~2月的数据显示，需求端消费下降23%，生产端产出下降13%，这可能对第二季度及以后的经济增长带来影响，全年不能保证GDP增长6%，GDP翻两番的目标难以实现。但这并不影响全面建成小康社会的总目标实现，GDP翻两番只是全面建成小康社会指标体系中的一个，把2020年扶贫的目标完成，加上其他实际已经完成的目标，即使全年GDP达不到翻番的目标，全面建成小康社会也能实现。

就疫情对消费的影响而言，来自中国国际电子商务中心的专家认为可从以下三个方面来看，一是整体商品消费方面，生活必需品消费持续旺盛，日化和药品消费出现爆发式增长，居住类和出行类消费降幅明显，1~2月房地产销售额同比下降39.9%，全年销售额可能下降15%。二是线下服务业方面，线下服务所受影响巨大。1~2月餐饮消费同比下降43.1%，创有月度统计以来的历史新低。烹饪协会估算2020年年夜饭的退单率达到95%，1~2月80%的餐饮企业收入较上年下降100%以上。从供给来看，疫情期间93%的餐饮企业都选择了关门，其中73%的企业关闭了旗下所有门店。大众娱乐方面，因为公园、博物馆、科技馆、展览馆、图书馆、电影院等关闭，大众娱乐消费下降非常明显。例如，春节全国票房收入同比下降99.7%。旅游产业受到重创，在国内，春运25天全国铁路发送旅客同比下降80%以上，春节期间，我国旅游业收入预计损失5100亿元，国际旅游下降也非常明显，截至1月底携程网机票改退量增长了10倍以上。住宿、家政、沐浴、美容、美发、家电维修、摄影等居民服务业都出现了大幅的萎缩。三是线上渠道消费方面，情况相对乐观。2月全国网上零售额同比增长1.5%~2%。除餐饮业外，生鲜电商发展迅速，如盒马鲜生网上订单数量比上年增长220%，每日优鲜交易额比往年增长了3~4倍。美团的米、面、油、生鲜、蔬菜等交易额同比增长400%。在线教育市场规模快速扩大，部分增长10倍以上。在线医疗健康市场规模增长明显。

就疫情对进出口的影响而言，来自商务部研究院的专家认为疫情期间我国进出口额可能为负值，进出口贡献率也可能为负值。关于疫情后的进出口重建，部分专家认为，世界各国都在同一起跑线上，疫情对我国原有的外贸优势不会造成根本性影响，我国外贸竞争优势仍在，对外贸出口形势看好。同时，我国外企出口占比逐步下降，民企出口逐步上升，且首次超过50%。在出口方面，电商发挥了决定性作用。预计中国2020年出口下降7%~10%，进口下降约10%。

疫情对湖北省的影响巨大。来自武汉大学的专家在疫情期间对湖北省企业进行了调研，企业方面，疫情影响到企业的生存，很有可能会引发大面积的破产潮。部分专家基于对573家企业的调查认为，97.21%的企业已经完全停产，或者绝大部分已经停产，95.64%的企业认为疫情对经营的影响非常大，57.59%的企业认为如果停产三个月以上就很可能破产。就湖北省整体而言，很多企业反映2020年营收基本上只可能达到2019年的50%，营收可能需要2~3年的时间才能恢复至正常水平。企业的经营危机在整个湖北省内有很强的传染性，甚至会出现大面积的危机潮。调研中发现，湖北省很多企业70%的产业链都在省内，同时中小企业实际上吸收了80%的就业，企业的经营危机会被乘数放大。消费方面，疫情使整个湖北省武汉市居民收入下降20%左右，收入下降会通过消费的乘数效应放大。地方财政方面，湖北省在2020年前三个月的财政收入是"零星收入"，这必然导致政府财政支出下降，而财政支出一旦下降就会通过财政乘数放大，使得整个湖北省的经济增速进一步下滑。专家认为受疫情影响湖北省GDP损失在1万亿元以上。

总体来看，2020年一季度的经济增长将是负值。但随着复工复产的稳步推进，预计2020年3月以后经济下行趋势将逐步扭转。与会专家认为，考虑到疫情影响及众多不确定因素，2020年全年经济同比增速将会降低，但仍可以保持在5.3%左右。

二 同期中国经济的外部环境

新冠肺炎疫情期间，中国经济的外部环境发生了巨大变化，与会专家从国际环境和新冠肺炎疫情的特性等方面展开了深入分析。

新冠肺炎疫情对世界的影响在时间方面，前期西方发达国家对疫情都是以流感来判断。以流感判断，一方面是出于治疗上的自信，因为其有较好的治疗能力；另一方面是政治考虑，当时除了有中国的数据，没有其他的数据可参考。随后，美国政府的评估报告指出，疫情的紧急应对计划是18个月，也就是说，从现在开始到2021年秋季都是在疫情覆盖的范围内；并认为疫情会有反复。疫情可能只有通过疫苗和特效药才能够基本被控制。疫情期间即便患者暂时性康复了，人与人之间的接触也受到很大的限制，不敢很密切的接触，而这种不密切地接触，对经济发展造成影响。欧洲各国对疫情影响时间的判断大致也是18个月。

在新冠肺炎疫情对世界经济的冲击和影响方面，来自商务部研究院的专家认为，首先，中国是中等收入国家，个人消费对经济增长的拉动占60%~70%，服务业占比超过50%，而在疫情期间，个人消费不能正常，对经济影响巨大。在欧美、日本这些发达国家服务业占比超过70%，个人消费占60%~70%，疫情对发达国家的影响，甚至比我国还大。我国受影响程度都已经这样了，发达国家受影响程度可想而知，所以疫情对经济的影响是很大的。其次，没有这次疫情冲击的话，世界也是处于经济复苏10年的后期，进一步地说，实际上进入经济衰退，从短周期来讲，是自然而然的事，是很正常的现象，所以这次疫情对经济的冲击叠加了经济自身运行周期进入衰退期这个因素，对世界经济发展不利。最后，世界经济处于从第二次世界大战以来的超长周期，2008~2009年进入了一个既有周期正在结束、新的一轮超长周期还没有到来的过渡时期。通过研究世界经济超长周期，我们可以看到，在过渡时期经济、贸易增长速度都放慢了。新一轮超长周期将会怎么启动？历史上每次都是基于科技产业革命，现在我们看到世界科技产业革命正在到来，但还未大规模带动世界经济增长，仍在运行过程中，在这种情况下，劳动生产率的提高速度低于以往水平，这些因素导致世界经济、贸易增速都处于比较低的状态，世界经济受到巨大的冲击。

同期在世界政治格局对中国的影响方面，首先，大国的复兴，世界政治百年变局，正在使全球秩序重建。美国从2017年底发布把中国作为战略对手的研究报告以来，逐步推行中美之间的经济脱钩。美国采取的这样一种战略转变，打压中国经济，使得中美之间经济脱钩，是违反市场经济规则的，是违反市场经济运行轨迹的。美国使市场经济运行脱离正常轨道，走到政治轨道上。这种状态下世界经济、贸易必然受到冲击，因此世界经济面临叠加起来的四重打击。其次，美国发布的瓦森纳协定，实际上发达国家基本都能加入。在美国的坚持之下，凡是有可能涉及军用的技术或军民两用的技术的出口都要受到管制，并禁止对中国出口，而这当中涉及相当部分的先进技术、先进设备等。中国的发展更多地需要先进技术，却碰到了这样的禁令，我国必须增强自身发展实力。

同期在美国的金融经济状况方面，美国金融领域近期动荡明显，股市连续多天出现熔断的情况。部分专家认为，疫情实际上是一个短期因素，压倒美国股市和美国金融体系的是沙特原因。沙特事件直接导致美国的债务链条出现问题，出现流动性危机。这实际上就是由原油的重要性导致的，美国企业间的盈利表现不佳，最终导致债务链条断裂，流动性风险也就显示出来。沙特大量的投资撤回实际上是在跟美国较量，美联储看到流动性风险，所以提前降息，但是依然没有阻止股市下跌势头。美国股市蕴藏的风险实际上来自两年来通过公司回购造成的股市泡沫，其内涵是企业资产负债表恶化，再加上美国国债的负债率一直维持在110%，是全球最高的国家中央政府负债率，这导致美国本身的救助能力不够，所以那么着急。同时，美元锚定货币的位置会对全球的需求链条产生影响。

在对新冠肺炎疫情的判断方面，来自中国社会科学院劳动经济与人口研究所的专家认为,中国从武汉开始到湖北整个抗疫再到全国抗疫,和现在国际上各国的抗疫情况是不一样的,因为中国当时实实在在面临着一个非常具有不确定性的疾病。也就是说,那个时候的不确定性和现在各个国家所面临的情况是不一样的。中国疫情防控政策面临更多的不确定性。新加坡和韩国刚开始对我国的疫情防控措施有所反思,随着欧美疫情有严峻化的趋势,其好像对采取的疫情防控措施更有信心,但实际上所有这些都是会影响到中国复工、复产等相关政策。所以对此次疫情要有一个更客观的判断。

首先,在对新冠病毒的相关判断方面,从传播途径来看,现在虽然越来越清晰了,但实际上这种传播途径还是具有风险的,连病毒所研究员也不能完全说清楚中间传播主体的问题,这会是一个比较麻烦的问题。从临床表现来看,随着病理解剖等工作的启动,基本可以判定这个疾病会跟人们长期共存。实际上,如果按这个标准,加上比较高的自愈率,重症率为20%~30%,防控措施要有所调整。其次,关于疫苗的判断。短期内疫苗是不会有的,因为疫苗研发是有周期的,最快要半年,理论上应该是9~12个月。疫苗实际上对信心的提振是有很大帮助的。但不是说疫苗就一定能解决所有问题,如果疫苗研发成功再加一个特效药,应该说新冠病毒是可防可控的。再次,对输入性风险的判断。现在中国的疫情防控进入了第三个阶段。第一个阶段,武汉暴发,第二个阶段,湖北以外地区基本都是防止输入型疫情,我国并没有出现大面积的社区性暴发,第三个阶段,防止境外输入。现在比较麻烦的是如何实现国际疫情的联防联控,如果做不起来是最可怕的。与"非典"期间相比,甚至与前几次疫情相比,WHO的作用减弱。中国在这个时期应在自身严防严控的基础上,少说多做,尽力提供帮助。最后,在疫情防控信息的宣传方面,实际上我国在此次疫情的处理上最大的一个问题是波动性太强,传统上中国百姓最朴素的想法就是留得青山在，不怕没柴烧。所以人们不愿意冒风险，造成了现在部分地区复工复产进度缓慢。

三 新冠肺炎疫情期间中国经济的特征

突如其来的新冠肺炎疫情对我国经济运行造成了较大的影响。尽管疫情冲击严重，但是基础工业保持正常增长，防疫物资供应和生活必需品供应得到有力的保障，14亿人的基本民生得到了较好保障，社会大局保持稳定。

（一）经济社会发展大局和国计民生的重点行业保持了稳定

2020年是全面建成小康社会和"十三五"规划的收官之年，是实现第一个百年奋斗目标的决胜之年，是脱贫攻坚战的达标之年，也是保障"十四五"顺利启航的奠基之年，民生是起点和归宿。2020年以来，尽管经济运行受到了较大的冲击，但14亿人的生活必需品、医疗物资、电气、水热等基本供应得到了有力的保障。食品、药品、工业品这些重点行业企业有序运行，也表明我国前期在保证民生方面经受住了一次大考。

（二）大国经济的韧性，为应对疫情提供了一定的支撑

中国作为世界第二大经济体，雄厚的物资技术基础和超大规模的市场优势，使我国在短期内经受住了这次疫情的考验。疫情期间人们的需求得到了满足，供给能力也很快得到了提升，说明我国供给方面的自我修复和适应能力较强。

（三）复工复产进度加快，推动经济增长信心

目前除湖北省等个别省份以外，全国其他省份的复工率都超过了

90%,其中浙江、江苏、上海、山东等经济大省接近100%。从电网企业监测的用电情况来看,一些行业的用电情况,如有色金属行业的用电情况已经达到了上年的正常水平。医疗、化工、电子行业的用电水平也接近正常水平的9成以上。铁路、银行、港口、水运等领域都正常运行。同时也要看到经济运行中还有一些新的亮点,包括电商、在线教育、远程办公等,在疫情期间发展较好。商品网上零售额增速和占比都在提高。在新兴领域,3D打印设备、智能手表等的增速都在100%以上。从各方面的情况看,企业家信心也在逐步提升,国际社会对中国的信心也在增强。

四 当前中国经济运行中的几个问题

2020年,我国经济发展面临国内外风险和挑战明显增加的复杂局面,要充分认识到外部环境的复杂性明显加剧。

(一)中国经济运行的外部风险陡增

全球经济增长疲软加剧了单边主义和贸易保护主义,部分主要经济体的脆弱性持续上升,经济增长面临更多的不确定性和挑战。中国境内疫情逐步得到有效控制,其他国家疫情却越来越严重,其中意大利、伊朗、德国、美国等都处于失控状态,并且短期来看难以得到明显改善。未来影响中国经济的主要不确定因素是疫情的发展态势,国内疫情不能有反复,国外疫情需要得到快速控制,否则,疫情将影响国内复工复产,而国外需求疲弱也会影响中国的出口。

与此同时,针对中国复工复产率的逐步提高使得中国经济在全球经济中处于什么样的地位,在此次疫情引发的危机中世界经济缺乏协调机制,世界各国应如何合作等问题,专家认为,一是,疫情危机阶段我国经济在世界经济中处于什么样的地位是需要我国研究人员进一步研究的，中国经济离开世界经济是不能独善其身的。二是，在疫情危机中世界经济的协调方面，中国在国内疫情得到有效控制、不出现反复的情况下可以予以海外援助，提升中国的国际形象，同时大国领导人之间应该建立一个协调机制，解决公共卫生等问题。

（二）疫情危机期间的企业债务违约率加大

2019年以来债务市场违约事件频发，引发了人们对信用风险的高度关注。违约风险事件密集发生，市场机构对发债主体持谨慎态度，导致发债困难。自2018年以来，信用债券市场净融资大幅萎缩，尤其是中低等级信用债接近冻结，债券市场流动性不足、融资功能下降，表明货币政策传递通道不畅，中低等级信用债发行主体即民营企业及中小企业难以从债券市场获得资金，由此增加了民营及中小企业的信用风险。加之疫情发生以来的停工停产，企业债务违约率显著上升。在此背景下如何应对企业债务危机进而促进复工复产值得进一步研究。

（三）就业风险问题

多位专家认为就业问题是2020年特别值得注意的。新冠肺炎疫情对第三产业的影响巨大。我国服务业占比超过50%。2019年城镇新增就业1352万人，连续第七年新增就业保持在1300万人。而此次新冠肺炎疫情将引起城镇新增就业（尤其是第三产业）大幅减少或延后。2020年就业问题值得我们关注，专家建议可以从以下几个方面来促进就业：一是鼓励继续扩招学生，包括技校的扩张、技校改读大专、大专改读本科等；二是为保证在服务业部门暂时找不到工作的人员的生活基本不受太大影响，可以采取发放消费券的办法来予以应对。

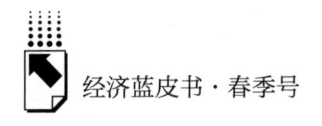

五 2020年中国经济走势及政策建议

2020年宏观经济形势不确定性陡增，前期情况不容乐观，后期在政策支持下将出现转机。2020年中国经济将面临各种困难，国内治理能力现代化仍需加强，世界各国地缘政治、贸易保护主义等不确定性因素将增加。

专家认为，在这种情况下，积极财政政策、稳健货币政策，总体来说可以短期内促进经济增长，但是也会带来一系列问题，如宽松的货币政策，虽然会对经济产生刺激作用，但是也会导致通货膨胀、人民币贬值、银行坏账增加。实施这个级别政策短期内会拉动经济的增长，尤其是与基建相关的投资，但是也会产生负效应，如增加地方债务。专家建议财政政策、货币政策都是利市政策，关键要靠科技创新和制度改革，并且深化体制改革。

（一）深化财税制度改革，实行结构性减税

加快构建新的地方税体系，适度扩大地方财政税源；做好地方政府债券置换工作，认真防范地方债务风险。要切实减轻中小企业的宏观税负或增加中小企业的财政补贴。因为在疫情冲击下，中小企业面临较大的收入和利润压力，模拟结果也显示疫情下中小企业债务的违约率会显著上升，这次疫情可能是压倒一些民营企业的最后一根稻草，这将冲击我国新增就业。要进一步降低融资成本和房屋租金，提高中小企业生存和发展能力。

（二）实施积极的财政政策，稳定经济增长趋势

受新冠肺炎疫情的影响，2020年我国经济面临着更大的减速压力，短期内减缓经济波动的有效手段主要来自需求侧。建议在2020

年采取积极的财政政策,适度扩大赤字规模,可以考虑将赤字率提高到3%以上,加大逆周期调节力度;提高政府部门负债率,扩大一般债、专项债的发行规模,为扩张性财政政策提供资金。以更大的宏观政策力度对冲疫情影响。提高资金使用效率,真正发挥其稳定经济的关键作用。稳健的货币政策要更加灵活适度,运用降准、降息、再贷款等手段,保持流动性合理充裕,引导贷款市场利率下行,把资金用到支持实体经济特别是中小微企业上。

(三)积极培育壮大经济增长新产业

坚持需求侧管理和供给侧改革并重、以供给侧改革为主线的原则推动动能转换,培育壮大经济增长新动能和新领域。促进为应对疫情而催生的许多新产业发展,如生鲜电商、3D打印、线上教育、远程办公等。这些产业在疫情期间发展迅速,对稳定民生起到极大的促进作用,也改变了人们的生活习惯。建议在既有动能逐渐恢复的同时,保持新产业对经济的促进和拉动作用。

(四)继续深化治理体系改革,统筹"稳增长"和化解风险的关系

1. 提升差异化服务实体经济的能力,围绕供给侧改革的要求提升服务实体经济的质量和效用

继续加大对外开放力度,统筹对内改革与对外开放的各项政策。发挥对内、对外开放的"鲶鱼效应",倒逼经济效率和经济活力的提升。以有利于产业转型升级、高质量发展为目标,有序实施知识产权保护、转让技术、市场开放、产业政策等方面的改革措施。

2. 夯实资本市场基础,稳妥应对外部冲击,防范金融市场异常波动风险

密切关注国际经济、金融形势变化,加强对股市、债市、汇市的

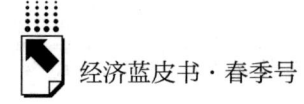

实时监测，维护金融市场平稳运行，阻断跨市场、跨区域、跨境风险传染，防范金融市场异常波动和共振。保持人民币汇率在合理均衡水平上的基本稳定，切实防范跨境资本异常流动风险。同时，随着经济下行压力加大，加强对未来可能发生的"黑天鹅"和"灰犀牛"事件的日常监管和评估，并制定应急预案，切实防范金融市场异常波动和外部冲击风险。

宏观运行篇

Macroeconomy Operation Reports

B.3 新冠肺炎疫情冲击下的中国经济走势和建议

祝宝良*

摘　要： 新冠肺炎疫情对我国经济和世界经济造成了严重影响，2020年一季度我国经济增速下降6.8%，国际货币基金组织4月估计乐观情景下全年世界经济将出现-3%的衰退。新冠肺炎疫情将如何发展仍存在不确定性，我国应在继续防控疫情的同时，采取更加积极的财政政策和灵活适度的货币政策，纾解企业和家庭困难，扩大内需，稳定就业。同时要深化改革开放，保护好生产力，努力保持经济健康发展。宏观调控政策更应未

---

* 祝宝良，国家信息中心首席经济师。

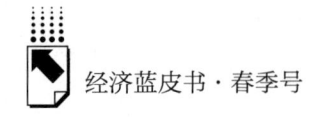

雨绸缪，保持必要的力度，着力刺激消费需求，稳就业、稳投资、稳外贸、稳外资。

关键词： 疫情　经济政策　就业

新冠肺炎疫情对我国经济和世界经济造成了严重影响，2020年一季度我国经济增速下降6.8%，国际货币基金4月乐观情景估计2020年世界经济将出现-3%的衰退。疫情如何发展仍存在不确定性，我国应在继续防控疫情的同时，采取更加积极的财政政策和灵活适度的货币政策，纾解企业和家庭困难，扩大内需，稳定就业。同时要深化改革，稳定生产，努力保持经济健康发展。

一　新冠肺炎疫情对我国经济的影响

2019年12月初湖北武汉出现新冠肺炎疫情后，1月23日武汉封城，2月中旬我国疫情开始从高峰回落，3月我国进入既防控疫情又复工复产阶段。3月底，规模以上工业和建筑业企业复工率超过90%，中小企业复工率超过80%。面对疫情冲击，我国及时采取多项经济政策，通过减税降费、降低融资成本、增加流动性等，着力减轻企业困难，保障困难家庭基本生活，稳定就业。3月我国主要经济指标降幅相对于1~2月明显收窄，但新冠肺炎疫情仍对我国经济造成巨大影响。

（一）疫情对经济冲击较大

2020年一季度，我国经济增速下降6.8%，其中一产下降3.2%，二产下降9.6%，三产下降5.2%。和没有发生疫情的情况（假定2020

年一季度现价 GDP 增长 8% 左右）相比，一季度我国经济损失约 2.9 万亿元，其中预算收入减少约 8000 亿元，企业利润损失 2.1 万亿元左右。疫情冲击导致经济出现负增长是改革开放以来从未有过的。

（二）疫情既冲击供给又冲击需求

与一般的自然灾害和公共卫生事件主要冲击供给侧不同，新冠肺炎疫情既冲击了供给侧又冲击了需求侧，且对需求侧冲击大于供给侧。从需求侧看，内需受到较大影响，"封城"和保持社交距离，导致2020年一季度，社会消费品零售额下降19%，餐饮收入下降44.4%，汽车销售额下降30.3%，房地产销售面积下降24.7%。很多在建项目暂停，计划新开工项目推迟，城镇投资下降16.1%，其中基建投资下降19.7%，制造业投资下降25.2%，房地产投资下降7.7%。人员国际交流大幅减少，出口订单难以完成，全球产业链和供应链出现断裂，影响了贸易和跨国投资。一季度，我国出口下降11.4%，进口下降0.7%，商品贸易顺差同比下降81%，外商直接投资下降12.8%。

从供给侧看，疫情导致大部分企业不能正常开工，生产停顿。复工复产后，由于各地疫情情况不同，工人返城延期和职工到岗率低造成开工不足的现象较为普遍，生产难以迅速恢复。一季度，规上工业增加值下降8.4%，其中3月下降1.1%。制造业产能利用率为67.3%，低于上年同期8.6个百分点。住宿、餐饮、旅游、娱乐、物流、居民服务等服务业生产下降11.7%，其中3月下降9.1%。居民消费、投资、出口下降幅度明显大于生产下降幅度，其中原因：一是政府的医疗等支出因抗击疫情大幅度增加，政府消费和政府提供的公共服务相对稳定。一季度，公共财政收入下降14.3%，公共财政支出下降5.7%，财政赤字同比增加4300亿元。二是一些行业一旦运转就不能停工，钢铁、有色、化工、石油、煤炭等的产量降幅较小，产成品库存有所增加，一季度规上企业产成品库存增长14.9%。

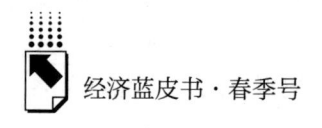

（三）失业率上升，失业状况好于预期

受疫情冲击最大的是餐饮、旅游、娱乐、文化、家政、物流等劳动密集型行业和个体经营，这些行业就业减少、失业增加。疫情造成农民工延期返城、企业开工不足以及新成长经营主体减少，新增就业量减少。一季度，城镇新增就业为229万人，低于上年95万人。2月，我国城镇失业率为6.2%，3月失业率为5.9%，失业压力有所缓解，但实际就业压力加大。一是，外出农民工减少，到2月末，外出农民工为12251万，同比减少30.6%，约减少5400万。3月，我国就业人数比1月减少6%，据此估计，3月底，仍有约2600万外出农民工没有开启返程。二是，18.3%的就业人员在职但未上班，估计总量为7600万人左右，这些人员中存在部分失业。

（四）物价涨幅回落

短期内我国的供给曲线和需求曲线都突然向左上方移动，既有通胀压力，也有通缩压力。供给不足、需求增加的商品如农副产品、抗疫物资的价格上升，而需求下降、库存增加的商品和服务价格下降。但居民消费、投资、出口下降幅度均明显大于生产下降幅度，总体通胀压力不大。一季度，我国居民消费价格上涨4.9%，核心价格上涨1.3%，工业生产者价格下降0.6%。

（五）居民收入降幅小于支出降幅，居民预防动机增强

一季度，居民人均可支配收入8561元，名义增长0.8%，实际下降3.9%，居民收入降幅明显小于经济降幅（一季度GDP名义增速下降5.3%）。人均居民支出名义下降8.2%，实际下降12.5%。由于收入降幅明显小于支出降幅，居民储蓄增加。一季度，住户存款

增加6.47万亿元，同比多增4000亿元。居民预防动机增强，为疫情过后的消费反弹提供了保障。但也要看到，居民收入缓降，意味着企业利润和财政收入降幅较大。

二 中国经济发展面临的主要问题

疫情是外部性冲击，对经济的影响取决于疫情的持续时间，为此，控制疫情至关重要。疫情既冲击了供给侧，也冲击了需求侧，这种巨大的、同时冲击供求两侧的经济现象在近代经济史上十分少见。新冠肺炎疫情仍存在不确定性，对我国经济的影响尚难预料，叠加我国长期存在的结构性和体制性问题，我国经济发展面临的形势更加严峻复杂。

（一）企业经营更加困难

2019年，我国减税降费超过23000亿元，2019年实行的增值税降税和社保减费理论上在2020年仍有5000亿元。减税降费最多的是制造业和小微企业，但规上工业企业利润仍然出现负增长，民间投资和制造业投资增速仍然低于全国固定资产投资。受疫情的影响，企业在需求下降、没有营业收入、开工不足的情况下，面临着厂房租金、设备闲置成本、原材料占用、财务成本等方面的压力，还要支付未到岗职工工资和社会保险缴费，疫情防控支出也是一笔不小的开支，为此，企业经营更加困难，一季度规上工业企业利润36.7%。餐饮、旅游、娱乐、文化、物流等行业的企业和个体工商户受到的冲击可能最大。各国从3月开始陆续实行社交隔离，生产出现停滞，需求出现下降，从二季度起我国出口会进一步下降，出口企业开始受到第二轮外部需求下降的冲击。一些关键设备、零部件、重要原材料进口也可能出现中断，进而影响我国产业链和供应链，给企业生产经营带来影响。此外，近几年，企业特别是制造业企业留抵税额（增值税征收过程中，进项税额大于销项税额时，出现了留抵税额）仍然超过1万亿元，增加了企业财务成本。

（二）就业压力加大并影响居民收入

企业经营困难，中小微企业吸纳就业能力减弱，就业压力加大。在我国4.43亿城镇就业存量中，餐饮、旅游、娱乐、家政服务等行业仍会有大量人员失业，突出表现为在这些领域农民工就业难。在农村从事非农工作如农家乐等约1.2亿农业就业人员也会减少或出现就业不足。2020年城镇新增劳动力会超过1300万人，其中高校毕业生约874万人，中职毕业生478万人，这部分人群就业也会出现困难。由于企业经营困难和失业增加，居民收入会有所下降，居民资产负债表会恶化，部分家庭生活出现困难，农村返贫人口会增加。据调查，我国20%左右的家庭基本没有金融资产，对这些家庭和失业家庭需要提供必要的救助。

（三）财政金融风险不断积累

2020年，减税降费叠加经济下行，财政收入增速会明显减缓，预计全年公共财政减收1.5万亿元左右，而地方政府为应对疫情支出会有所增加。与此同时，为减轻企业资金压力，鼓励企业特别是制造业企业投资，应加快增值税留抵税额（增值税征收过程中，进项税额大于销项税额时，出现了留抵税额）退税进程，也需要增加地方政府财政支出。地方政府特别是县级政府财政困难加剧。地方财政困难会导致融资平台偿债压力加大，企业和家庭的资产负债表恶化，债务违约频发，金融机构不良贷款率上升，并通过金融同业融资影响大型金融机构的资产质量，金融风险不断积累。

(四)世界经济出现严重衰退

目前,各国政府采取隔离措施,经济活动处于停滞状态。疫情会对世界经济产生怎样的影响,对此人们看法并不一致。乐观者认为,疫情对经济是短期的、外部性的冲击,世界经济会出现衰退,但不会出现大萧条和金融危机。悲观者认为,在全球经济处于低增长、低通胀、低利率、高债务的背景下,疫情会严重冲击实体经济导致金融危机并出现大萧条。根据国际货币基金组织4月的预测,假设主要发达国家疫情在二季度达到峰值并在下半年消退,2020年世界经济下降3%,其中发达国家经济下降6.1%,新兴国家和发展中国家(不包括中国)经济下降2.2%,中国经济增长1.2%。2021年,世界经济增速将回升到5.8%。如果疫情持续更长时间,2020年世界经济将下降6%左右。总的来看,世界经济仍处于金融危机后的深度调整期,经济、政治、社会矛盾相互关联交织,逆全球化趋势强化,各国协调困难,在这种情况下任何国家都难以独善其身。世界经济对我国经济的影响包括:一是出口下降,影响我国需求;二是进口中断,影响我国供应链安全;三是部分国家特别是一些发展中国家债务违约,增加我国的金融风险;四是"去全球化"趋势加剧,不利于我国稳定利用外资。

三 2020年我国经济政策

尽管疫情仍存在不确定性,但其是外部性冲击,对经济的影响不会持续很长时间。因此,当前最迫切的任务就是保基本民生、保企业、保基层政府运转,一旦疫情得到控制,生产生活可得以较快恢复。宏观调控政策应未雨绸缪,保持必要的力度,着力刺激消费需求,稳就业、稳投资、稳外贸、稳外资。

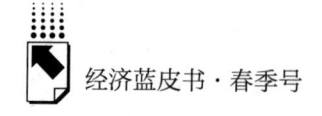

（一）实施积极的财政政策

积极的财政政策要加力增效。应对疫情冲击主要依靠财政政策，通过扩大财政支出帮助企业、居民和地方政府渡过难关。扩大中央财政赤字，增加转移支付力度，支持基层政府保工资、保运转、保基本民生。发行抗击疫情特别国债，设立企业纾困基金，保护好企业生产能力，保证产业链和供应链稳定；注资中小银行和政策性银行，增加银行资本金，提高银行融资能力。扩大地方政府专项债发行额度，支持基础设施建设。继续落实好减税降费政策，切实减轻企业税收、社保负担，通过财政担保、贴息或免息等，降低企业融资成本。地方政府要调整财政预算支出结构，加大民生支出力度，可给农村中低收入家庭每人每月发放500元现金，暂定发放半年。数量经济模型测算表明，发放消费券的乘数效应约为1.3，扩大财政支出和发行国债（包括地方债）的乘数效应约为1.2。

（二）实施稳健偏松的货币政策

稳健的货币政策要灵活适度。疫情发生以来，货币政策及时发力，对稳定资本市场、支持防疫物资生产、保证经济运转发挥了积极作用。可继续运用降准、降息等工具，保持流动性合理充裕，使货币信贷、社会融资规模增长同经济发展相适应。要深化利率市场改革，疏通货币政策传导机制，增加制造业中长期融资，缓解民营和中小微企业融资难、融资贵的问题。推动银行通过发行永续债等方式多渠道补充资本金，保证银行体系的放贷能力。压实各方责任，防范和化解部分市县政府的隐性债务风险。

（三）稳定内需特别是消费需求

主要通过刺激消费需求保就业。各地区可根据实际情况，发放消费券，参照南京、杭州、青岛等城市的做法，可在全国290多个城市发放5000亿元左右，用于食品、日用品、旅游、文化等领域的消费。减免汽车购置税，汽车限购城市可阶段性放宽购车数量。在坚持房子是用来住的、不是用来炒的定位，全面落实因城施策和稳地价、稳房价、稳预期的长效管理调控机制的同时，适度放松开发贷款融资和限价，按照认房不认贷的原则，鼓励居民换购住房，稳定房地产投资。与我国经济发展水平相适应，确定基础设施投资和投向。支持战略性、网络型基础设施建设，推进川藏铁路等重大项目建设，加快自然灾害防治重大工程实施，加强市政管网、城市停车场、冷链物流等建设，加快农村公路、信息、水利等设施建设。民间投资和制造业投资受到的影响明显大于房地产和基础设施。要鼓励民间投资和制造业投资，企业技改投资可纳入研发加计扣除，土地等生产要素要跟着企业投资项目走。

（四）保障困难群众的基本生活

可通过三个渠道保障困难家庭和群众的基本生活。一是通过农村扶贫系统，给农村中低收入家庭每人每月发放500元现金，暂定发放半年。二是在城镇利用失业登记系统，对失业居民及时发放失业金，把没有多少营业收入的个体户暂时纳入失业人员管理。三是对退休职工、在校学生、贫困人群等关键人群实行价格补贴和现金补助。要积极稳定现有岗位，努力创造新就业岗位，增加研究生、技校生招生数量，鼓励专升本，扩招200万名研究生和技校生，适当推迟就业，减轻就业压力。加强城市困难群众住房保障，加快城市更新和存量住房改造提升，做好城镇老旧小区改造工作。加大公租房建设力度，逐步解决农民的住房问题。

（五）深化经济体制改革和对外开放

要加快国资国企改革，推动国有资本布局优化调整，推出国资国企改革三年行动计划，着力解决国资经营、混合所有制、激励机制等问题。放开文化、教育、医疗、养老等行业的市场准入，给民企和外资企业留出更大的发展空间。政府采购和补贴对国企、民企、外资企业要一视同仁。推动土地制度改革取得实质性突破，改革土地计划管理方式，建立土地市场，逐步释放出农村约4200万亩集体建设用地，允许城市资本进入农村建设用地市场，一方面可增加农民财产性收入，另一方面可扩大城市土地供给，降低土地价格，稳定房地产市场，降低企业生产成本。要更大范围、更宽领域、更深层次地对外开放，加强外商投资促进和保护，继续缩减外商投资负面清单，扩大自贸区先行先试的自主权，发挥好自贸试验区改革开放试验田作用。打造好长三角、大湾区、京津冀、成渝等地区增长极，促进生产要素向优势地区集聚。

（六）合理确定经济社会发展目标

考虑到疫情存在很大的不确定性，预测2020年我国经济和社会发展面临较大困难。如果全球疫情能够在5~6月得到有效控制，疫情对各国经济活动和国际贸易的影响主要体现在二、三季度。考虑到餐饮、旅游、娱乐等服务业难以完全恢复，民营投资会低迷不振，出口和利用外资会继续下降，二季度我国经济增长速度预计在3%左右，即使三、四季度恢复到潜在水平6%左右，2020年全年经济增速也就3%左右。建议2020年不必明确设立经济增长速度目标，但必须坚持2020年全面建成小康社会目标不动摇。全面建成小康社会是一个全面性、综合性目标，经济增长速度只是其中一个数量指标。按照25个量化指标测算，我国已基本实现了全面建成小康社会的目标。2020年要对照相关有差距的定量指标，补短板，强弱项，确保全面建成小康社会目标的实现。脱贫目标是我国弱项指标，这一指标必须完成，实现现行标准下的剩余农村贫困人口全部脱贫，贫困县全部摘帽。

B.4
2020年经济景气与物价形势分析和展望*

陈 磊 王琳琳 孟勇刚**

摘 要： 2020年一季度新冠肺炎疫情给经济和社会带来前所未有的冲击，使经济景气出现了断崖式下降，警情指数罕见发出"过冷"信号。初步判断，此轮经济短周期已经在2020年2月形成改革开放以来的最低收缩谷底，从3月开始经济景气将进入新一轮周期的扩张期。在全球疫情防控和经济衰退形势具有较大不确定性的情况下，预计全年GDP增长2.3%～3.1%（中位数2.7%），CPI上涨3.5%左右。建议宏观政策超常规调整以应对疫情危机，加大力度及时出击，以"保就业、保民生、促消费、稳投资"为主要政策发力点，使经济尽可能回归潜在增长水平。

关键词： 经济周期 景气分析 物价 监测预警

2019年下半年，随着政府加大"稳增长"的逆周期调控力度效果的逐渐显现，经济景气出现企稳态势，经济运行稳中向好。可是，2020年一季度，突如其来的新冠肺炎疫情给国内和全球经济带来了

---

* 本项研究得到国家社科基金重大项目（15ZDA011）的资助。
** 陈磊，东北财经大学经济学院教授；王琳琳，东北财经大学经济学院博士研究生；孟勇刚，东北财经大学经济学院讲师。

巨大的冲击。一季度国内GDP增速大幅下降至-6.8%，改革开放以来首次出现负增长，而CPI涨幅接近5%，为2012年以来的最高增速。我国经济面临史无前例的结构性矛盾、周期性问题和突发公共卫生事件的多重压力。3月以来，国内疫情防控形势明显好转，但其他国家疫情蔓延态势愈演愈烈。在此特殊情况下，当前及全年的经济景气状况和经济增长速度，以及政府的应对政策成为人们关注的热点问题。

本报告利用改进的"经济景气分析系统"和"宏观经济监测预警信号系统"，基于截止到2020年3月的宏观数据，对经济周期态势、经济景气状况和物价走势进行监测和分析；并结合先行指标方法、多种经济计量模型和政府近期采取的应对措施，对主要经济指标的走势进行分析和大致预估；在此基础上，对政府下一步的宏观调控提出政策建议。

一 利用景气分析法对经济周期态势和景气状况的分析与预测

我们在仔细考查景气指标的基础上，继续沿用近两年使用的一致和滞后景气指标，其中，一致指标由工业增加值、累计固定资产投资（不含农户）、社会消费品零售额、财政收入、进口商品总值和国房景气指数6个指标组成；滞后指标包括CPI、PPI、出口商品价格指数、工业企业产成品库存和货运量合计等5个变量。在先行指标方面，考虑到统计部门停止公布若干固定资产投资类先行指标，经过筛选，补充狭义货币供应量M1和汽车产量为新的先行指标。结合此前采用的人民币贷款余额、人民币各项存款余额、广义货币供应量M2、房地产开发企业商品房销售额（累计）和水泥产量等指标，构建由7个指标组成的先行指标。此外，将制造业采购经理人指数（PMI）作为短先行指标单独进行考查。

根据国内通常考查的经济增长率周期波动，各景气指标均为同期比增长率序列[①]，大多数指标经季节调整并消除不规则因素。利用美国全国经济研究所（NBER）方法，形成一致合成指数和先行合成指数（各指数均以2000年平均值为100）。基于各指数的重要性及统计和周期特征，在构建先行、一致、滞后合成指数时，分别对相关指标赋予不同的权重。

（一）基于景气合成指数对经济总体走势和经济周期态势的分析

根据一致合成指数所反映的宏观经济总体走势和对经济短周期转折点[②]的测定结果（见图1，其中阴影部分为短周期的收缩阶段，下同），按"谷—谷"的周期测算方法，始于2015年12月的本轮经济短周期，在低位经过16个月的小幅回升于2017年3月到达波峰后，受投资、消费和工业生产增速下滑影响，经济景气出现波浪形回落态势，进入本轮短周期的收缩期。到2019年9月，景气收缩在持续30个月以后于低位出现企稳迹象。此时，本轮短周期已经持续了45个月，刚刚超过近20年来我国经济短周期的平均长度（44个月）。

结合截止到2019年9月一致与先行合成指数的走势（见图1），我们在当时做出判断，本轮景气收缩有望在2019年四季度结束，2019年全年景气水平将低于上年。2019年四季度至2020年，经济运行大体平稳、稳中略升的可能性较大，或进入新一轮短周期的温和扩张期。实际上，2019年四季度，工业生产、投资、进口、财政收入增速等主要经济指标均出现了一定程度的向好局面。

[①] 数据来源：中国经济信息网宏观月度库和国家统计局网站，数据截止到2020年3月。
[②] 我们曾从实证测量角度对经济波动、经济短周期和中周期的划分提出了相应的判别准则，参见陈磊、孔宪丽《转折点判别与经济周期波动态势分析》，《数量经济技术经济研究》2007年第6期。

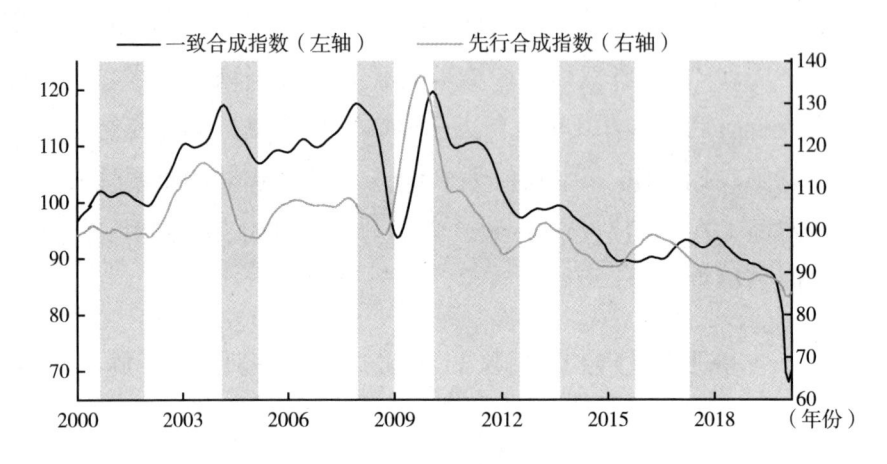

图1 一致合成指数和先行合成指数

然而，受新冠肺炎疫情和为此采取的严格防控措施所导致的供需两端"急刹车"影响，2020年一季度，工业生产、投资、消费和财政收入增速以及房地产景气均出现了罕见的断崖式下滑，导致总体经济景气出现了前所未有的急速下降，下降速度和幅度超过2008年全球金融危机时期。2020年2月的景气指数降至68.1附近，远低于全球金融危机和1997年亚洲金融危机爆发时的波谷，创1997年以来的最低水平，并使经济周期收缩期延长，同时也破坏了本轮短周期此前低位小幅波动的周期形态。

在党中央的领导下，各级政府部门及时采取强有力的防疫措施，3月国内疫情得到有效控制，企业逐步复产复工，工业生产、投资、消费等主要经济指标出现明显改善。一致合成指数在3月触底回升，反弹至70.1。随着全面推进复工复产工作的落实，我们判断，经济景气已经在2月形成周期谷底。这意味着，始于2015年12月的本轮经济短周期在此结束。此轮短周期持续了51个月，呈现小幅短扩张（16个月）、大幅长收缩的非对称形态。从2020年3月开始经济景气将从历史低位进入新一轮经济短周期的上升期。

滞后合成指数下的工业企业产成品库存增速（剔除季节和不规则因素）自2018年9月至2019年11月出现下降态势，反映库存周期进入下降期，企业从"稳库存"转入"去库存"阶段，从2019年12月开始，受疫情影响，企业停产，工业产成品同比增速出现快速反弹，2月末同比增速达到8.7%，已经大体回到"稳库存"时期的平均增长水平。

应该看到，截止到2020年2月此轮景气收缩是在经济由高速增长阶段向高质量发展阶段转变过程中、在供给侧结构性改革的背景下展开的，内部原因在于"转方式、调结构、防风险"，是解决深层次结构性问题的阵痛期表现，同时也反映了近十年我国人口结构发生了重要阶段性转变等导致潜在经济增长率逐渐下移；外部原因则是2018年下半年以来包括中美贸易摩擦在内的全球贸易形势恶化，以及2020年初的新冠肺炎疫情。

（二）对先行指标和先行景气合成指数的分析

由7个指标构成的先行合成指数变动情况图1所示。该指数2000年以来具有比较稳定的先行变动特征，平均领先一致合成指数7个月。该指数最近一轮短周期的转折点较一致合成指数平均提前10个月出现。2016年5月以后，该指数进入小幅下滑的周期收缩阶段，2018年下降势头趋缓，并于2019年1月初步形成波谷。截止到2019年9月，该指数在低位呈稳中趋升走势。因此，当时我们初步判断先行景气变动很可能从2019年2月开始转入新一轮的温和扩张期。

受新冠肺炎疫情影响，先行合成指数下各指标的变化（剔除季节和不规则变动）出现了两种不同的走势。从货币金融类先行指标来看，M1、M2和人民币各项存款余额增速在2018年四季度触底后，呈先小幅反弹后大体平稳运行的态势。2020年3月，受为应对疫情的超常规货币政策刺激的影响，这3个指标均出现不同程度的回升，特别是M2增速达到10.1%，时隔3年后重新回到两位数水平。人民币贷款余额增速从2019年4月开始出现回落走势,我们在10月曾建议相关部门对此应予以关注。2019年末贷款余额增速回落到12.3%,2020年1~2月增速仅为12.1%,为2003年以来的最低水平。但3月末贷款余额增速明显回升至12.7%,从而扭转了近10个月的下滑走势,并有望进入新一轮扩张期。

与货币金融类先行指标不同,水泥产量、汽车产量和房地产开发企业商品房销售额(累计)增速在2019年多数时间基本呈上行态势,但在疫情冲击下2020年1~2月均出现大幅跳水,累计增速分别下降29.5%、45.8%和35.9%,均创造了1997年以来的最低水平,从而使各指标的变动趋势从2019年四季度开始出现不同程度的快速下滑,也影响了各指标的先行变动特征。但随着工业生产和房地产市场的逐渐恢复,这3个先行指标在3月的下降幅度均有不同程度的收窄,出现触底回升迹象。

图1显示,由7个指标构成的先行合成指数从2019年7月开始出现回落,但由于指数下两类指标的走势出现分化,先行合成指数下降速度较缓,幅度相对较小。2020年3月先行合成指数触底后有所回升。根据目前应对疫情冲击的强力宏观政策和企业生产的较快恢复,先行合成指数大概率开始进入新一轮扩张期,这同样预示经济景气从3月开始在年内保持扩张的可能性很大。

经过测算,制造业PMI和非制造业PMI商务活动指数与经济景气变动基本同步。制造业PMI从2019年3月至2020年1月在50%附近走势比较平稳。受疫情影响,2月指数大幅回落到35.7%,创有记录以来的最低值,显示制造业景气受到严重冲击。随着企业逐步复产复工,3月制造业PMI大幅回升到52%,反映制造业景气有所回暖。以此类似,非制造业PMI商务活动指数由1月的54.1%大幅降到2月的29.6%,3月反弹回到52.3%,显示商务活动在2月受到疫情的冲击后有所恢复。

二 基于监测预警信号系统对经济景气状况的监测和分析

下面根据由 10 个预警指标[①]（见图 2）构成的"宏观经济监测预警信号系统"对各指标的警情和总体经济景气状况及变动趋势做进一步的监测和分析。考虑到我国经济进入新常态后主要经济增长指标已经出现与以往不同的结构性变化，结合对预警指标变化情况的统计分析和发展趋势判断，我们在 2019 年对大部分预警指标在不同景气区间的预警界限重新进行了适当调整，以便更准确地反映新常态下经济景气的变动情况。

指标名称	2019									2020		
	4	5	6	7	8	9	10	11	12	1	2	3
1.规模以上工业企业增加值增速	◎	◎	◎	◎	◎	⊗	⊗	⊗	⊗	⊗	⊗	⊗
2.发电量增速	◎	◎	◎	◎	○	○	○	○	◎	⊗	⊗	⊗
3.规模以上工业企业营业收入累计增速	○	○	○	○	○	○	○	○	○	⊗	⊗	⊗
4.固定资产投资完成累计增速	◎	◎	◎	⊗	⊗	⊗	⊗	⊗	⊗	⊗	⊗	⊗
5.社会消费品零售总额增速	○	○	○	○	○	○	○	○	○	⊗	⊗	⊗
6.进出口总额增速	◎	◎	◎	◎	◎	◎	◎	◎	◎	⊗	⊗	⊗
7.全国财政收入增速	⊗	⊗	⊗	⊗	⊗	⊗	⊗	⊗	⊗	⊗	⊗	⊗
8.M2增速	○	○	○	○	○	◎	◎	○	○	○	○	○
9.居民消费价格指数CPI	○	○	○	●	●	●	●	●	●	●	●	●
10.国房景气指数	○	○	○	○	○	○	○	○	○	⊗	⊗	⊗
综合判断	◎	◎	◎	◎	◎	◎	◎	◎	⊗	⊗	⊗	⊗
	35	35	33	30	33	30	30	28	25	15	15	15

注：● <过热>　◎ <趋热>　○ <正常>　◎ <趋冷>　⊗ <过冷>

图 2　月度监测预警信号图

[①] 预警指标中的规模以上工业企业营业收入累计增速、固定资产投资完成累计增速和国房景气指数的不规则扰动很小，且近些年几乎不存在季节性波动，故直接采用公布数据，其余指标均经过季节调整剔除季节和不规则因素。

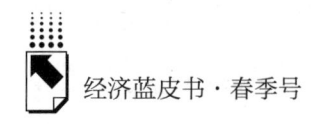

（一）工业生产和营业收入增速创新低，降温至"过冷"区

受需求减弱、企业利润增长下行和中美贸易摩擦等因素的影响，规模以上工业企业增加值增速2018年二季度至2019年三季度走势趋缓，景气降温至"趋冷"区（5%~6%）。2019年四季度增速有所回升，由三季度的5%上升到5.9%，出现回暖迹象。然而，受新冠肺炎疫情影响，多数企业停工停产，2020年前两个月的工业增长出现前所未有的快速下降，同比减少13.5%，创有记录以来的最低增速，使剔除季节和不规则因素后的工业增长变动趋势从2019年9月开始进入"过冷"区间。但随着企业逐渐复产复工，3月规模以上工业企业增加值增速反弹回升至-1.1%，并有望短期内继续保持回升势头，进入新一轮工业景气扩张期。

发电量增速与规模以上工业企业增加值增速的走势相似，从2018年二季度开始出现下滑走势，2019年各月基本处于"趋冷"区间（1%~3.5%）；9~12月增速有所回升，各月实际增速已回到"正常"区间。但受疫情影响，2020年1~2月发电量增速为-8.2%，仅次于全球金融危机期间的最低水平，开始发出"过冷"信号。3月发电量降幅收窄至-4.6%，开始反弹回升。

2019年，规模以上工业企业营业收入累计增速延续了前两年的小幅回落态势。从6月开始进入"趋冷"区间（2%~5%），2019年全年累计增长3.8%，增速较上年下降4.7个百分点。2020年1~2月，该指标降到-17.7%，同样创1996年以来的最低水平，落入"过冷"区间。从3月规模以上工业企业增加值增速等相关指标的变化推断，3月以后该指标同样有望呈现回升走势。

（二）固定资产投资增速在"过冷"区间创历史新低

受中美贸易摩擦、制造业和民间投资减速等因素影响，固定资产投资完成累计增速在"趋冷"区间经过 7 个月的小幅回升后,从 2019 年 4 月开始再次出现缓慢回落走势,8 月以后降到 5.5% 以下,发出"过冷"信号,显示投资景气低迷。随着稳投资政策效应的部分显现,11~12 月投资增速有所回升,2019 年全年投资增长 5.4%,增速较上年下降 0.5 个百分点,创 1992 年以来的年度最低水平。进入 2020 年,疫情对投资造成严重冲击,1~2 月投资增速同比下降 24.5%,为有统计数据以来首次出现负增长。3 月投资降幅收窄至 -16.1%,年内有望继续保持回升态势。

(三)消费增长罕见发出"过冷"信号

剔除季节和不规则因素后,2019 年社会消费品零售总额增速延续了 2018 年以来的缓慢下滑趋势,但 1~6 月仍然处于正常区间 (8.5%~10%),四季度实际增速出现企稳迹象。受疫情影响,2020 年 1~2 月该指标大幅回落至 -20.5%,近 40 年来首次出现负增长,使消费增长变动趋势从 2019 年 9 月开始快速进入罕见的"过冷"区间 (≤7.5%),显示消费景气极度萎缩。但 3 月消费降幅收窄至 -15.8%,出现反弹回升迹象,并有望继续保持回升走势。

剔除物价因素后,社会消费品零售总额增速在 2019 年上半年有所企稳后,随着商品零售价格的回升,从三季度开始再次出现下滑态势。疫情使 2020 年 1~2 月的消费实际增长同比下降 23.8% 左右,创 40 年来的最低水平,3 月反弹回升至 -18%,降幅开始收窄。

(四)外贸景气在偏冷区企稳后再次出现下滑,进入"过冷"区的概率较大

受中美贸易摩擦影响,进出口总额增速经过 2018 年四季度高台跳水式的快速回落后,2019 年在"趋冷"区间 (-5%~1%) 呈大体平稳、稳中略升的走势,按美元计价,全年进出口增长 -1%,

较上年减少13.6个百分点，外贸景气总体比较低迷。受疫情等影响，2020年前2个月的进出口总额增速降至-11%，3月增速反弹到-4%，使外贸增长趋势（剔除季节和不规则因素）在一季度出现小幅下滑。截止到3月，该指标仍处于"趋冷"区间。但考虑到疫情对全球经济的冲击在3月以后明显加剧，二季度甚至更长时间内的外贸形势将更为严峻，预计二季度开始外贸景气大概率进入"过冷"区间，甚至可能出现与全球金融危机期间类似的大幅下降。

剔除季节和不规则因素后，2019年以来出口和进口月度增速的走势出现一定分化。出口增速呈先小幅回升后较快回落的走势，2019年全年增长仅为0.5%，比上年减少9.4个百分点。受疫情影响，2020年1~2月出口累计增速为-17.2%，回落明显，3月反弹到-6.6%。一季度出口增速为-13.3%，较上年同期和全年分别下降14.7个和13.8个百分点。2月PMI新出口订单指数由1月的48.7下降到28.7，出现大幅下滑，尽管3月恢复到46.4，但短期内出口增速可能持续出现大幅下降的局面。

进口增长速度2019年以来呈现先小幅下滑后有所回升的态势。2019年全年增长-2.8%，比上年减少18.6个百分点，增速大幅回落。但2020年一季度进口增速保持在-2.9%，较上年同期和全年分别增加1.2个百分点和减少0.1个百分点，受疫情影响不大。

（五）财政收入景气短暂回暖后再次回到"过冷"区间

在经济增长趋缓、政府减税降费等逆周期调控政策不断推出等影响下，全国财政收入增速代表的财政景气2019年以来呈现一定的起伏波动，2019年一季度、上半年和全年的增速分别为6.2%、3.4%和3.8%，全年增速较上年回落2.4个百分点。剔除季节和不规则因素后，该指标在2019年9~10月短暂回升到"正常"区间（5.5%~

9%)。受疫情影响，2020年一季度全国财政收入增速大幅下降至 －14.3%，3月下降幅度超过全球金融危机冲击期间的回落低点，为 1996年以来的最低水平，财政景气再次回到"过冷"区间（≤3%）。

（六）货币供应增速在"正常"区间稳中趋升

在总体稳健但更趋灵活的逆周期货币政策调控效果逐步显现等因素影响下，M1增速从2019年初以来在低位呈现小幅回升态势，进入新一轮扩张周期。2019年末M1同比增长4.4%，较上年加快2.9个百分点。2020年3月末继续小幅上升至5%，显示货币流动性逐渐有所恢复。

剔除季节和不规则因素后，M2增速在2018年四季度下探到8%附近的历史低位后，从2019年初开始出现稳中趋升态势，多数时间处于"正常"区间（8.3%~9.1%）。2020年3月末M2增速上升至10.1%，为近两年半以来的最高速度，货币供应明显回暖，实际数据已回到"趋热"区间。

（七）对总体经济景气状况的监测和预警

根据由10个监测指标的预警信号构成的宏观经济综合警情指数显示（见图3），2018年4月以来，总体景气状况出现降温走势。从2018年12月开始，该指数发出景气"趋冷"的预警信号，在短暂企稳后，从2019年6月开始继续呈下滑态势。在新冠肺炎疫情的冲击下，2020年1~3月的警情指数降到15，21世纪以来首次发出"过冷"信号。

随着企业复产复工，结合政府目前针对疫情冲击采取的超常规逆周期调控政策措施，预计2020年二至四季度综合警情指数有望重新回到"趋冷"区间，在15~27.5的"趋冷"区内呈先回升后趋稳走势的概率较大。

注：● <过热>　◐ <趋热>　○ <正常>　◎ <趋冷>　⊗ <过冷>

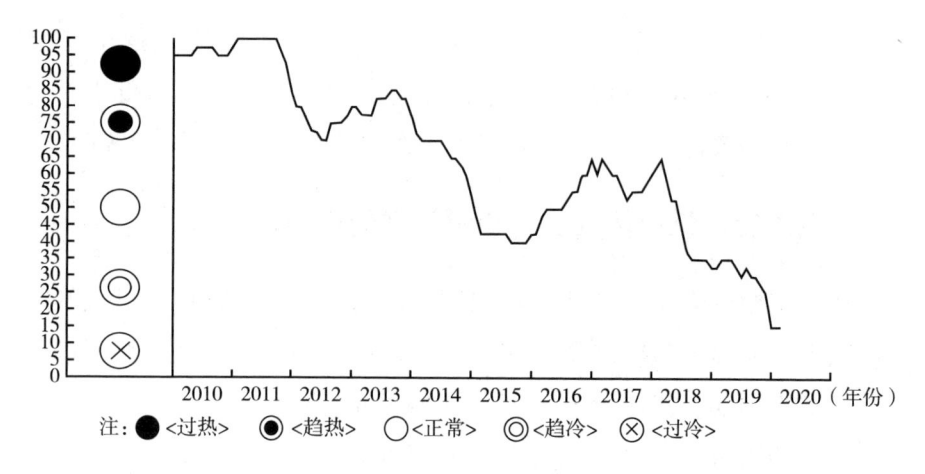

图 3　宏观经济综合警情指数

三　物价波动特征、影响因素分析及走势预测

（一）CPI 波动特征及影响因素分析

剔除季节和不规则因素后的我国居民消费价格指数（CPI）和我国工业生产者出厂价格指数（PPI）的走势如图 4 所示。根据我国物价周期转折点判别准则[1]，按"谷—谷"的周期测算方法，以 CPI 为代表的我国物价周期从 2017 年 4 月开始进入 2000 年以来的第七轮扩张期。截至 2020 年 1 月，本轮扩张期已经持续 34 个月，平均上涨幅度与之前两轮短周期相比有所扩大，特别是 2019 年 3 月之后上涨幅度进一步扩大，进入"趋热"区间（3%～5%）。但 2020 年 2～3 月，CPI 已经出现回落，并可能延续下降态势，从而进入本轮物价周期的下降期。

2019 年以来的 CPI 快速扩张是在食品项和非食品项出现结构

---

[1] 参见陈磊、孟勇刚、孙晨童《2017～2018 年经济景气形势分析与预测》，载李平主编《经济蓝皮书：2018 年中国经济形势分析与预测》，社会科学文献出版社，2018。

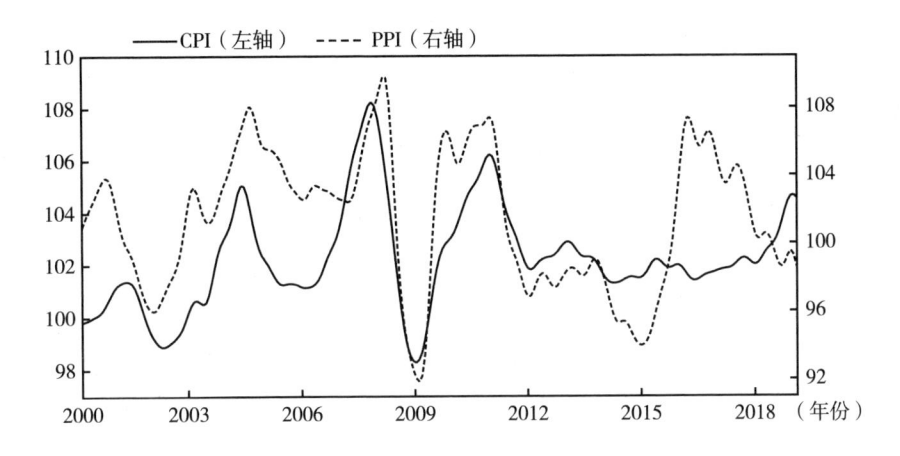

图 4　经季节调整的 CPI 和 PPI 走势

性分化的背景下展开的，呈现明显的结构性、阶段性上涨特征。受非洲猪瘟疫情、环保禁养以及周期性因素等叠加影响，CPI 食品项自 2019 年 3 月开始呈单边快速上行态势，至 2019 年 12 月累计上行 16.7 个百分点，创 2012 年以来的历史新高。2020 年一季度食品项上涨主要是由猪瘟疫情、春节性因素，特别是新冠肺炎疫情等阶段性因素综合影响所致。前两个月，由于生猪产能不足，加上疫情防控期间供给趋紧以及春节引致的短期消费需求增加，猪肉价格持续上涨，推动食品价格快速攀升并于 2020 年 2 月达到 21.9% 的峰点，创 2008 年全球金融危机以来的最高水平。3 月，随着生猪调运逐步恢复、屠宰企业复工复产以及前期保供稳价政策的陆续生效，猪肉价格高位回落，环比下降 6.9%，同比涨幅回落至 116.4%，带动食品价格快速回落至 18.3% 的高位水平，在一定程度上折射出新冠肺炎疫情对我国主要农副产品供销的影响正在快速消退。

与此形成鲜明对照的是，非食品项从 2019 年 3 月开始呈缓慢下行态势，2020 年 3 月非食品项同比涨幅仅为 0.7%，为 2015 年 2 月以来的最低水平。在两者的共同作用下，CPI 呈明显的结构性上涨趋势，2019年9月以来的CPI同比涨幅始终位于3%以上的"趋热"区间。

但同时也要注意到，推高CPI涨幅的主要因素是食品价格上涨，在CPI分项出现食品项大幅上涨、非食品项缓慢下行的结构性分化情况下，CPI本身的波动可能无法真实地反映总供给与总需求关系的真正紧迫程度，也不应成为货币政策的掣肘。从剔除波动成分较大的食品和能源项后的核心CPI来看，2019年以来我国核心CPI的波动区间为1%~2%，反映出我国宏观经济总供给和总需求动态平衡关系的基本趋势没有改变。

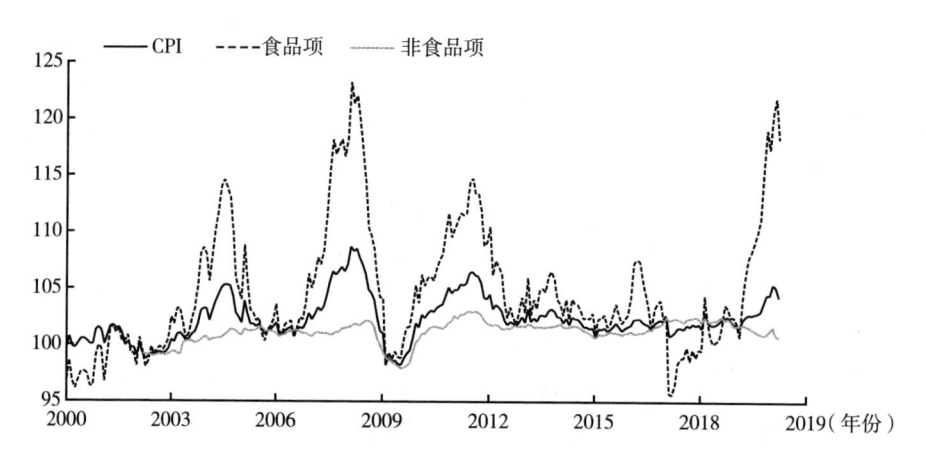

图5　CPI及其食品、非食品项走势

（二）PPI波动特征及影响因素分析

从生产领域价格指数PPI来看，受国内需求走弱、国际大宗商品价格不振、国内环保政策和去产能力度有所减弱等因素的综合影响，PPI自2017年3月以来呈明显的周期性回落态势。2020年1季度，新冠肺炎疫情对工业生产形成较大冲击，企业停工停产和复工延迟，导致生产性需求阶段性偏弱，PPI月度同比增速逐步走低，也终止了自上年四季度出现的企稳回升态势。从分类看，生活资料价格走势相对平稳，而生产资料价格同比持续下降，降幅从1月的0.4%扩大至3月的2.4%，是PPI逐月走低的主要原因。

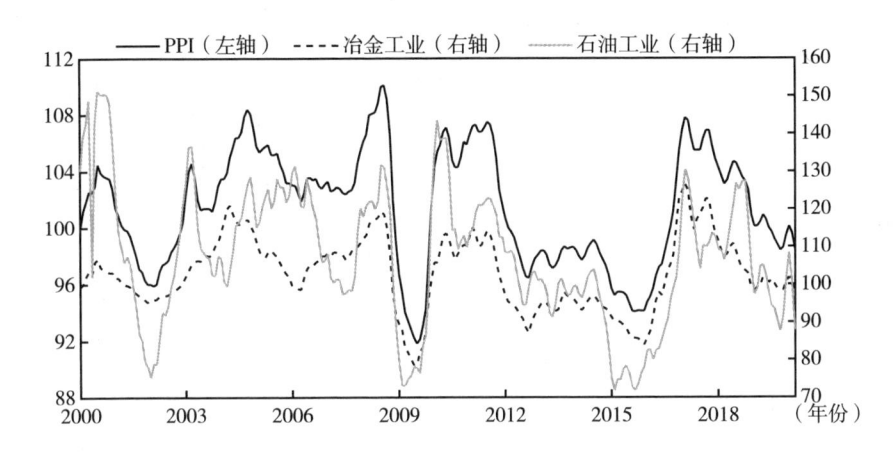

图6 PPI及其冶金工业、石油工业项走势

图6给出了石油工业、冶金工业的分项PPI走势图。这两个部门是国民经济生产活动中的基本原材料供应部门，在工业部门中所占比重较大，具有很强的代表性。2019年，国际原油价格整体走势先抑后扬，呈大幅震荡态势，国内石油工业月度同比价格随之在-12.4%~5.1%波动。受此影响，化学原料和化学制品制造业、橡胶和塑料制品制造业等下游行业价格均出现明显的先降后升态势。2020年一季度，受主要产油国"价格战"叠加新冠肺炎疫情等因素影响，国际原油价格大幅下降，带动国内石油相关行业价格下降，石油工业月度同比价格增速由1月的8.5%下降至3月的-12.1%，下降幅度达20.6个百分点，为细分行业中下降幅度最大的行业，也是PPI下降的主要原因。

2020年一季度，下游企业复工达产率不足，加之房地产开发投资、基础设施投资受到抑制，金属行业供给相对充足，冶金工业PPI

月同比增速下降幅度较小。此外，与金属相关的行业，如黑色金属冶炼和压延加工、有色金属冶炼与压延加工等的PPI均出现不同程度的回落。

整体来看，PPI和CPI的波动特征具有较高的一致性，但经济新常态以来二者出现两次明显的结构性背离：一是2016年底至2017年初，PPI受供给侧结构性改革以及环保限产等因素的影响快速上行，而CPI受食品项价格快速回落的影响缓慢下行；二是2017年初至2020年3月，随着供给侧结构性改革边际效果的弱化、国内总需求的持续疲弱，以及国际原油市场巨幅震荡的影响，PPI从高位震荡回落至100以下的水平，而近期CPI则在非洲猪瘟、环保禁养等供给侧因素的推动下大幅回升。PPI与CPI之间的剪刀差自2018年12月由正转负后，已连续16个月停留在负值区间，2020年一季度逐月下行至-5.6%。历史数据表明，PPI与CPI剪刀差和工业企业利润周期基本同步。PPI与CPI剪刀差的扩大折射出我国工业企业利润周期依然处于下行态势，企业盈利空间进一步收窄。

（三）物价走势预测

2019年四季度的能繁殖母猪存栏量呈逐渐回升态势，也有望支撑2020年的猪肉供给，叠加2019年猪肉价格基数呈走高趋势，猪肉对食品项价格的拉动作用将明显减弱。2020年以来，国家发改委会同相关部门采取强监测、促生产、促流通、增供应和兜底线等措施确保重要民生价格保持基本稳定，食品价格大幅上涨的局面将有所改变。此外，随着疫情得到控制，生产供应逐步恢复，叠加翘尾因素的走弱，2020年CPI同比增速将逐季回落，特别是四季度CPI或在高基数影响下回落至1%~2%的上涨区间。根据前文对物价波动特征和走势的分析，结合模型外推结果，预计2020年二至四季度 CPI 同比涨幅分别为 4.1%、3.2% 和 1.8%，呈明显的"前高后低"走势，全年 CPI 上涨 3.5% 左右，涨幅较上年提升 0.6 个百分点。

在海外疫情、国内经济下行压力加大的背景下，外需不振、内需疲弱态势短期内难以有明显改善，PPI 仍面临较大下行压力，预计 2020 年二季度 PPI 有进一步探底的可能，下半年或在国内经济加快恢复的影响下有望小幅反弹。预测 2020 年二至四季度 PPI 同比涨幅分别为 -1%、-0.6% 和 -0.2%，全年上涨 -0.6%，比上年小幅下降 0.4 个百分点。

四　2020年主要宏观经济指标展望

基于以上对经济周期态势的预判和多种经济计量模型，结合政府近期为应对疫情陆续推出的逆周期调控政策，对主要宏观经济指标的变动趋势进行展望和预测，为政府下一步的宏观调控提供参考信息。各指标的具体预测结果如表 1 所示。

（一）2020年的经济增长速度可能在2.7%左右

2020 年后三个季度国内疫情对经济活动的负面冲击将逐渐减弱，但疫情在其他国的持续时间及其对国际经济的影响程度仍然存在很大不确定性，我国经济继续面临内防反弹、外防输入、全球经济衰退导致外贸大幅萎缩等多重压力。预计随着政府超常规逆周期调控政策的持续发力和显效，各季度经济增速有望出现较快回升。如果不再出现重大全球性危机，预计下半年经济增长有望恢复到潜在增长水平，甚至更高，全年 GDP 增长率为 2.3%~3.1%，中位数为 2.7%，为改革开放以来的年度最低增速，尽管如此，仍可能超出全球经济增长速度 4~5 个百分点。

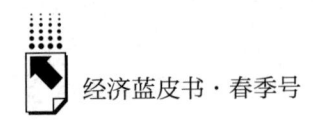

（二）工业生产增速有望逐渐回暖，下半年脱离"过冷"区间

2020年一季度规模以上工业增加值同比下降8.4%，为改革开放以来的季度最低水平。疫情造成的外需萎缩也将对工业生产，特别是外贸生产企业带来很大冲击。但随着企业复产复工的加速推进，尤其是针对疫情出台的减税降费、金融支持、企业纾困等政策的落实和基建领域投资的力度加大，疫情给工业生产带来的负面影响将不断减小，工业生产增速有望逐季较快回升，下半年有望脱离"过冷"区间，甚至恢复正常增长水平。预计全年规模以上工业增加值增长率为1.6%~2.4%，中位数为2%左右，增速较上年大幅下降3.7个百分点。

（三）固定资产投资增速逐渐回升，总体处于"过冷"区间

2020年3月，固定资产投资（不含农户）增速降幅较前两个月开始收窄，出现回升迹象。随着各级政府稳投资政策的密集出台，未来基建投资增速有望快速回升，尤其是新基建领域投资将大幅增加，同时，房地产投资增长可能也将很快恢复正常。但受全球疫情影响，制造业投资压力依然较大。综合有关因素，预计2020年各季度固定资产投资（不含农户）增速有望保持回升态势，四季度增速有望脱离"过冷"区间，全年增速为1.7%~2.7%，中位数为2.2%左右，总体处于景气"过冷"状态。

（四）消费增长逐步回暖，年底有望脱离"过冷"区间

2020年一季度，在疫情冲击下，社会消费品零售额增速同比下降19%，但3月下降幅度开始收窄。随着国内疫情防控局势持续向好，以及政府促消费政策的不断推出和落实，商贸零售、文化娱乐、餐饮等行业加快复苏，二至四季度消费增速有望持续回升。同时需要

注意的是，在当前经济增速显著放缓的情况下，调查失业率上升，居民收入增长放缓，消费信心有所下降，从而在一定程度上制约消费增长。预计2020年名义社会消费品零售额增长率为-0.3%~0.6%，中位数为0.2%左右，比上年低7.8个百分点，总体位于"过冷"区间（增速低于7.5%），剔除物价因素后实际增长-2.8%~-1.8%。

（五）出口面临国外疫情的二次冲击，外贸景气大概率滑入"过冷"区间

全球疫情将对全球经济和贸易产生非常大的负面影响。近日，IMF和OECD均大幅下调2020年全球经济增长预期，我国外贸将面临国外疫情的二次冲击，加上中美贸易摩擦影响犹存，我国出口形势将更为严峻，外需进一步萎缩。如果国外疫情能够得到有效控制，预计2020年下半年出口增速会有所回升，全年出口总值约为21740亿美元，较上年下降13%左右，增速较上年下降13.5个百分点，出现大幅回落。

随着国内经济运行逐渐恢复正常，进口增长有望从下半年开始有所回升，但在全球经济衰退背景下，恐难以恢复至正增长。预计全年进口总值约为20210亿美元，比上年减少2.7%，增速与上年大体持平。

按此预测，2020年全年进出口总额约为41950亿美元，比上年减少8.3%，外贸景气总体处于"过冷"区间。全年贸易顺差为1530亿美元，比2019年减少约64%，对全年经济增长将产生负向影响。

（六）货币供应量增速在"正常"区下界附近小幅波动，贷款增长稳中略升

为应对疫情以保证流动性合理充裕，货币政策将更加灵活适度，逆周期调控力度持续加大，货币信贷增长将稳中有升。预计2020年二至四季度M2将在"趋热"区间（9.1%~10.5%）大体保持平稳

增长，年末增长10.1%左右，比上年增加1.4个百分点。

在货币政策保持稳健偏宽松、利率中枢趋于下行的政策取向下，2019年4月以来金融机构人民币贷款总额的下滑态势将发生转变，预计2020年末增长13.5%，增速较上年增加0.7个百分点，全年新增贷款约为19.9万亿元。

表1 2020年主要宏观经济指标预测结果

单位：%

指标名称	2020年二季度	2020年三季度	2020年四季度	2020年
GDP增长率（可比价）	3.8	5.7	6.0	2.7
规模以上工业增加值增长率（可比价）	3.5	5.5	5.8	2.0
固定资产投资（不含农户）增长率	4.0	6.0	6.5	2.2
社会消费品零售额增长率	3.0	7.0	8.0	0.2
出口总额增长率（美元计价）	-15.0	-13.0	-11.0	-13.0
进口总额增长率（美元计价）	-4.0	-3.0	-1.1	-2.7
广义货币供应量（M2）增长率	10.2	10.2	10.1	10.1
金融机构人民币贷款总额增长率	13.4	13.5	13.5	13.5
居民消费价格指数CPI上涨率	4.1	3.2	1.8	3.5
工业生产者价格指数PPI上涨率	-1.0	-0.6	-0.2	-0.6

注：数据均为同比增长率，预测的样本数据截止到2020年3月。

五 总结和政策建议

2020年一季度新冠肺炎疫情给经济需求及供给两端均带来前所未有的冲击，使经济景气出现了断崖式下降，警情指数罕见发出"过冷"信号。新冠肺炎疫情的全球蔓延及其引起的连锁反应，对我国经济的冲击将超过全球金融危机时。初步判断，此轮经济短周期已经在2020年2月形成改革开放以来的最低收缩谷底，从3月开始经济景气将进入新一轮周期的扩张期。在全球疫情防控和经济衰退形势具有较大不确定性的情况下，预计全年 GDP 增速为 2.3%~3.1%（中位数为 2.7%），CPI 上涨 3.5% 左右。

在经济景气处于"过冷"区间、全球疫情防控和经济衰退形势具有较大不确定性的情况下，宏观政策应超常规调整以应对疫情危机，加大力度及时出击，以"保就业、保民生、促消费、稳投资"为主要政策发力点，使经济增长尽可能回归潜在增长水平。鉴于本次疫情对经济的冲击前所未有，可根据实际情况科学调整经济增长翻番目标的完成时间。

（一）逆周期调节力度需进一步精准发力以保障民生、扶助中小企业

以积极财政政策为主、货币政策为辅的多项调控政策已经出台，但政策发力还需进一步精准，落地还需更加细化。为稳定经济、保障民生，发行特别国债、专项债和增加赤字率等积极的财政政策应该定向发力，主要扶持困难中的企业和人群。加大对受冲击较严重企业的扶持力度，如旅游和餐饮等服务业，以及进出口关联行业、医疗设备和疫苗研发等医疗行业、电商行业等，对相关企业分情况减免税费、延期缴纳社保、减免租金、减免水电费等。同时，财政政策应针对受疫情影响较严重的低收入人群及失业群体重点发力，短期予以较大幅度的救助，如根据失业前工资水平按比例给予失业救济，对贫困人口和低收入人群直接给予现金补助、发放大额消费券等，以保障其基本生活，稳定居民消费。

近期货币政策应适度宽松，以灵活高效的货币工具进行调节，主要聚焦解决企业融资问题，特别是要降低中小民营企业的融资成本、增加融资途径。首先，尽快落实央行对中小银行的支持政策，包括定向降准、增加中小银行再贷款再贴现额度等，保持银行间流动性合理充裕；其次，适当降准降息，解决中小企业"融资贵"问题。长期

仍要从"融资难"角度疏通货币政策传导机制，从资金的供需两端同时进行疏导，尤其要降低企业贷款的门槛，建立完善的银行激励机制促使中小银行有意愿向困难企业施以援手，营造良好的信贷环境。

（二）把"保就业"放在首位，重点关注特殊群体就业问题

政府已出台多项措施保就业，包括加快复工复产、扩大研究生和专升本招生规模、增加基层岗位等。但对受疫情影响最大的特殊群体，如待返城农民工、应届待就业毕业生等需单独制定促就业政策。对于应届大学生，除增加研究生招生规模外，还应考虑实习毕业生的就业困难，政府可以联合高校、企业家运用线上宣讲、开设创业公众号等新媒体方式发布岗位需求信息，并对应届大学生发放租房补贴、交通补贴等，同时鼓励大学生自主创业，通过设立专项创业补贴、降低大学生贷款利率、延迟还款期限等措施鼓励大学生创业，切实解决大学生就业问题。

（三）应更加重视"稳消费"的核心作用，积极发展商业新模式，培育新兴消费增长点

经过改革开放40多年来经济的高速发展，我国工业化进程和伴随着工业化进程的资本积累已基本完成，经济发展进入后工业化时期，经济增长不再主要依靠投资驱动。因此，未来"稳增长"的关键在于"稳消费"，应将"稳消费"提至更重要的位置。

一是，深化收入分配体制改革，建立收入分配和财产分配的一体化调节体系，不断提高居民在国民收入分配中的比重，不断缩小居民收入差距、财产差距，从根本上提升居民消费能力。二是，积极完善新型商业模式，大力推进服务型消费。以现代互联网信息技术为支撑，重点扶持数字医疗、数字教学、数字娱乐、线上购物等数字经济新业态的发展，积极推进生活性服务业数字化、商品零售数字化及夜

间经济数字化。同时，要加快贫困地区网络基础设施、仓储物流建设，打通贫困地区的"流通"瓶颈，释放消费扶贫政策红利，助力决胜脱贫攻坚。此外，要鼓励制造业企业积极转型升级，将数字经济与实体经济深度融合，推动制造业向数字化、智能化发展。三是，顺应居民消费升级大趋势，着力培育新兴消费增长点。在积极稳定和扩大汽车、家电等居民大宗消费的基础上，顺应居民消费升级大趋势以及在新冠肺炎疫情期间涌现的新需求，大力培育信息消费、数字消费、智能消费以及康养消费等新兴消费增长点，推动线上消费乘势成长，促进线下消费回补，充分释放消费潜力。四是，建立良好的消费者权益保障体系。推动行业或领域建立质量分级工作机制以及产品质量追溯机制，为消费者营造良好的产品消费环境；建立和完善消费后评价体系和消费环境监测评价体系，加快完善守信激励和失信惩戒机制，加大对虚假宣传、欺诈消费者等行为的打击力度。

（四）以基建投资为重点"稳投资"

当前疫情冲击叠加经济下行压力，基建投资成为宏观政策逆周期调控的重要抓手。除继续加强对传统基建的投资以外，要加大对以技术创新为驱动和以信息网络为基础的新型基础设施投资，尤其是以5G、物联网和工业互联网为代表的通信网络基础设施，以人工智能、云计算、区块链为代表的新技术基础设施，以数据中心、智能计算为代表的算力基础设施。在完善新型基础设施的同时，以深度互联网应用、大数据和人工智能为技术支撑，引导传统基础设施转型升级，进而打造新的融合型、创新型基础设施，如智能交通、智能能源等。加大新基建投资短期内有助于稳增长和保就业，中长期有助于加快经济的新旧动能转换，释放经济增长潜力，在国际竞争中占据先机。长期还需充分调动和发挥社会投资积极性，形成多元化的投资格局，保障资金来源。

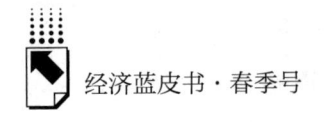

（五）坚持对外开放，保障出口"稳外贸"

中美贸易摩擦的长期性与不确定性叠加疫情影响导致全球经济增长放缓，外贸形势更为严峻。因此，应坚持扩大对外开放政策不动摇，加大对与外贸有关的预算投资，继续完善出口税收政策，重点关注集成电路、电子、汽车等高附加值产品行业，对相关企业提供强力的复产支持。可适当提高高科技含量产品的出口信用保险保额，提高其基本覆盖率，给予外贸企业更大的生产动力。特殊时期还要加强对疫情防护产品、生活日用品的生产及出口，以构建全球人类命运共同体为理念，为其他国家提供抗疫的必要医疗服务和物资援助。在做好防疫的前提下，强化与周边国家之间的自贸区建设，大力发展与"一带一路"沿线国家、欧盟和拉美的多边贸易关系，促进出口的多元化发展，并努力拓展第三方市场合作，加快全球贸易链的适应性调整，以便灵活应对各种外部不确定性。

参考文献

陈磊、孔宪丽：《转折点判别与经济周期波动态势分析》，《数量经济技术经济研究》2007年第6期。

陈磊、孟勇刚、孙晨童：《2017～2018年经济景气形势分析与预测》，载李平主编《经济蓝皮书：2018年中国经济形势分析与预测》，社会科学文献出版社，2018。

陈磊、孙晨童、李俊杰：《2019年经济景气与物价形势监测、分析和预测》，《科技促进发展》2019年第11期。

高铁梅、陈磊、王金明、张同斌：《经济周期波动分析与预测方法》（第二版），清华大学出版社，2015。

李克强：《千方百计加快恢复和稳定就业 为就业创业、灵活就业提供更多机会》,央广网,2020年3月21日。

林毅夫:《全球大概率发生经济危机,中国该这样应对》,中国一带一路网,2020年4月17日。

《稳住经济基本盘　把握发展主动权——从中央政治局会议看当前中国经济形势》,中国政府网,2020年4月18日。

中国银行国际金融研究所:《2020年第2季度"中国经济金融展望报告"》,https://pic.bankofchina.com/bocappd/rareport/202003/P020200330376447614271.pdf,2020年3月30日。

B.5
夯实居民收入基础　打开效率之门

于　颖*

摘　要： 中国经济发展整体走势良好，2020年初受新冠肺炎疫情的影响，经济增速出现了下滑，中国经济发展面临新的挑战。从居民收入角度分析中国经济的结构性短板，发现发达国家和陷入"中等收入陷阱"的几个国家在其发展历史上都曾经历10~20年的双位数增长，但最终结果迥异。分析其高速发展期间生产要素与GDP的关系，可以看到经济增长主要来源于人口持续增长、消费稳健、科技产出强劲、服务业发展。而我国现阶段人均可支配收入增速偏低，制约了经济发展。对比中外经济发展的进程后，本文提出经济发展存在效率洼地。补齐效率洼地将助推经济发展快速向好。

关键词： 居民收入　经济结构　经济增长　经济政策

2019年，我国GDP超过90万亿元人民币、人均GDP超过1万美元，进入中等收入国家行列，但随着人力成本优势的减弱，经济下行压力越来越大，2017~2018年，中国GDP增速回落，尤其是受2020年新冠肺炎疫情影响，中国经济发展面临新挑战。

---

* 于颖，中国PMI分析小组，中采咨询公司。

我们曾在《有质量的增长在路上》中提出，未来6~8年中国经济将进入5%~6%的增速区间，在《抓住时间窗口　提质增效》中指出，供给侧改革是提升经济发展质量的重要抓手，在《供给体系创新，"新消费时代来临"》中提出，创新供给将是促进中国经济增长的中坚力量。

我国经济走势整体良好，消费支出贡献率2017年超过70%，增长模式正发生巨大转变。向效率要增长，以期在未来十年经济增速保持5%左右，使中国进入发达国家行列。

数据显示，人均可支配收入增长偏弱，是我国增速数据中的弱项，直接影响发展潜力。保障增长是人均收入的基础，提高资本收益率和劳动生产率（科技生产力）、加大人力资本投入是提高人均收入、提升经济质量的路径。

本文第二部分重点探讨在长期目标下，如何通过提升效率来挖潜保速。第三部分主要讨论在疫情冲击下，如何尽可能稳住2020年的就业与增长。面对疫情带来的扰动，国际贸易面临的困境需要更多部门的合作应对。

一　结构洼地是机遇之谷

2019年，我国GDP超过90万亿元人民币、人均GDP超过1万美元，人力成本优势减弱，经济下行压力加大。在压力下要寻找短板和弱项，洼地的存在说明潜力尚在，结构洼地是机遇之谷，填平洼地之时亦为发展之日。我们发现，人均可支配收入增长偏弱，是制约经济发展的重要因素。

（一）从数据看目前我国发展阶段

现有发达国家和陷入中等收入陷阱的几个国家经济都曾经历

10~20年的双位数增长，但最终结果迥异。分析其经济高速增长期间生产要素与GDP的关系可以看到，经济增长主要来源于人口持续增长、消费稳定、科技产出强劲、服务业健康发展等。

由表1可见，美国、德国、日本、韩国等发达国家，专利受理量、工业发展指标与GDP正相关，同时研发支出占比很高（3.1%~4.8%）。值得注意的是，消费占比达到60%前后的阶段，人口增速、服务业占比等与GDP的相关系数达到顶峰（美国1980年代，两者相关系数峰值分别为-0.7、0.68），之后其对经济增长影响方向逆转，人口增速成为正面因子，而消费占比、服务业占比成为负面因子（因此，可以理解美国目前的制造业回归）。例如，美国消费占比和服务业占比与GDP的正相关保持到1980年代，到1990年以后变为负相关。

日本的消费支出数据与美国形成鲜明对比。日本的第三产业占比约为66%，远低于美国的77%；日本的消费贡献率在1982年达到72%以后，并没有进一步提升，个人支出中的服务消费占比弱于商品；人们的收入更多用于购买住房相关和非耐用品，服务业领域劳动力薪资不高、劳动要素不能流入、供给不足，如此因果循环。并且日本个人消费倾向（支出占收入的比例）仅为45%左右，而美国高达90%，这加剧了日本的消费不足问题。这样，制造业技术进步使得薪资成本提高、生产和就业减少，而服务业又没有能力承接富余劳动力，经济发展面临困难，2000年以后经济年均增长率就没有超过2%。

而陷入中等收入陷阱的国家如阿根廷与巴西，高增速期间的经济与工业指标正相关（相关系数分别为78%和52%），与人口增速、服务业占比不相关，同时研发支出占比很低（低于中国）。

从其他国家发展路径可以看出，工业一直是经济增长的基础，科技是增长的引擎，而在消费占比达到70%之前消费贡献率是正面因子，但在达到80%以后则变成负面因子。服务业占比状况也是如此，达到80%以后，服务业占比会变成负面因子。

表1 主要国家经济指标与GDP增速的30年相关系数

国家	人口增速	第三产业占比	工业发展指标	制造业PMI	专利受理量（直接申请）：韩国专利局	专利受理量（直接申请）：美国+欧洲	政府投资
美 国	0.177	-0.270	0.705	0.304	0.540	0.280	-0.64
德 国	0.435	-0.274	0.916	0.845	0.075	0.196	—
日 本	0.635	-0.758	0.624	0.766	0.516	0.675	—
韩 国	0.765	-0.836	0.562	0.609	0.606	0.624	—
澳大利亚	0.314	-0.779	—	0.658	—	0.461	—
中 国	-0.537	-0.235	—	0.063	-0.112	-0.208	—
阿根廷	0.106	-0.002	0.778	—	—	-0.017	—
巴 西	-0.039	-0.142	0.518	0.685	—	0.088	—

注：可得数据截至2017年。除特别注明外，表中国内统计数据来源于国家统计局、PMI数据来源于中国物流与采购联合会，其他国家数据来源于各国统计部门和世界银行。

表2 美国人口同比增速、消费占比、服务占比与GDP增速的相关系数

年份	服务占消费总量的比重（与GDP增速的相关系数）	消费占GDP的比重（与GDP增速的相关系数）	人口同比增速（与GDP增速的相关系数）	人口同比增速（指标值）	服务占消费总量的比重（指标值）	消费占GDP的比重（指标值）
2000	-0.87	-0.65	0.46	0.01	0.64	0.66
1990	0.73	0.68	-0.43	0.01	0.61	0.64
1980	0.13	0.08	-0.51	0.01	0.55	0.60

对比中国与美国的生产率要素数据可以发现，中国消费支出贡献率均值为67%，大致相当于美国1980年代的水平；第三产业占比约为53%，大致相当于美国1970年代的水平。用PMI衡量制

造业发展水平，中国的效率与波动率的关系，相当于美国1980年代的水平；配送指标与整体指标的关系，相当于美国1980年代以后的水平，专利申请增速相当于韩国1990年代的水平、欧洲与日本1985年代的水平。

表3 中国消费支出贡献率和第三产业占比

单位：%

项目	GDP同比增长贡献率 消费支出贡献率	GDP同比增长贡献率 资本形成贡献率	服务占消费总量的比重	第三产业占GDP的比重
2019年	57.80	31.20	50.20	53.90
2018年	76.20	32.40	49.50	52.20
平均值	67.00	31.80	49.75	53.05

注：服务占消费总量的比重数据来源于商务部。

表4 美国消费支出贡献率

单位：%

年份	GDP同比增长贡献率 消费支出贡献率	GDP同比增长贡献率 投资贡献率	服务占消费总量的比重	消费占GDP的比重
1972	69.8	-2	51.4	71.2
1971	69.4	-13	51.2	72.0

注：美国消费总量与我国第三产业总量的核算概念和范围不可比。

我国离消费和服务业占比成为负面因子还有一段距离。基于美国历史数据和中国发展速度推算，中国距离80%的消费支出贡献率还有3~5年的时间，但增长模式即将发生巨大转变，除在人口政策上进行逆转外，急需突破工业和服务业效率瓶颈，避免陷入中等收入陷阱。

（二）人均可支配收入增速偏弱，制约经济发展

如上文分析，我国 GDP 增速结构大致相当 1980 年代美国的水平，提升速度很快；用 PMI 质量指标衡量制造业发展水平，效率、供应质量指标也相当于美国 1980 年代的水平，仍有提升空间。如果用这些指标的追赶速度推算，中国需要用 20 年左右的时间才能赶上美国的 GDP 水平，甚至人均 GDP 也要用 50 年左右的时间才能达到美国的水平。

但是，我国人均可支配收入 2017 年现价（美元）绝对值仅相当于美国 1971 年的水平，2018 年相当于美国 1972 年的水平，落后于消费贡献率指标的适配年代，且增速偏低，与 GDP 的增速差也小于美国。我国近几年居民收入增速为 8.9%，与不变价 GDP 速差为 2.5% 左右；美国 1970~1979 年居民收入增速均值为 9.1%，与不变价 GDP 速差为 5.9%。

如果这样的状态持续下去，我国居民人均收入水平永远无法赶上美国。这种状态与"人民美好生活"的目标有所背离，未来消费增速也难以保障。尤其是当前受疫情影响，居民收入若无法保持正常增长，则占 GDP 60% 的第三产业发展将大受抑制，需要格外关注。

表 5　中国人均可支配收入增速与美国历史数据比较

单位：美元

中国			美国	
年份	居民人均可支配收入	城镇居民人均可支配收入中位数	年份	居民人均可支配收入
2019	4644.3	6401.2	1973	4615
2018	4265.7	5931.5	1972	4140
2017	3925.1	5500.0	1971	3859
2016	3599.8	5079.9	1970	3586

注：以 2018 年汇率为基准。

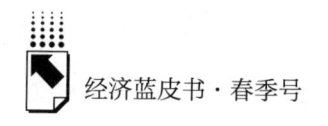

表6　中美人均可支配收入的增速和对GDP增速的倍数

单位：%

指标	美国 1980~1989年	美国 1970~1979年	中国 2017~2018年	中国 2019年
人均可支配收入增速	7.3	9.1	8.9	8.9
名义GDP增速	8.0	10.0	10.3	7.8
GDP实际增速	3.1	3.2	6.7	6.1
收入－名义GDP	－0.6	－0.8	－1.4	1.1
收入－实际GDP	4.2	5.9	2.2	2.8

居民消费缺乏后劲，与经济结构的优化转型是不相适应的。居民收入增长不能加速，就无法支撑以消费为主的经济增长，由此，我国消费支出贡献率随之回落，2016~2018年均值为66.5%，2019年回落到57.8%。2019年，得益于个人所得税方案调整，居民人均可支配收入与GDP增速的剪刀差快速缩小，未来应能够保障消费支出贡献率的稳定增长，但其与实际GDP的差值仍然低于美国同期水平。考虑到2019年下半年至2020年CPI走高，居民收入的消费转化率仍然与前几年持平，因此政策仍应着力于提高居民收入水平。

消费支出贡献率以80%为上限且逐年提高，既是目标也是路径，当前保障居民收入是提升经济活力、挖潜经济增长的着力点。

从产业结构上看，我国服务支出在消费总支出中的占比接近50%，相当于美国1969年的水平，这与人均可支配收入的适配年代相当，但和消费支出贡献率的适配年代差了10年，也就是说，居民收入水平制约了消费结构优化，服务业薪酬水平较低是结构上的因与果。

服务业的主要成本是人员工资。首先，人员平均受教育水平较低，人力资本投入少，全社会工资平均水平低，而现代服务业若缺乏人力投入就无法快速发展。其次，基础产业的投资收益率和科技转化率偏低，第一、二产业的附加值低，员工工资水平得不到提升，第三产业的员工工资水平也就得不到保障。这些因素共同影响了居民收入水平增长。

这就需要从经济运行效率入手，寻找提升居民人均收入水平的解决之道。

生产率高低同样来源于三个因子——资本、科技、人力，目前我国这三者都有很大的提升空间。第一，科技附加值提高，是经济增长的加速器，应加强研发投入和转化，发展战略性新兴产业；第二，只有提高人力贡献效率，服务业以及居民收入占比才能提高；第三，中国企业平均资本收益率较低，大量的存量资本收益率很低，应建立现代企业制度，极大提升全社会效率。

2018年我国经济转型已经进入平台阶段，[①] 只有依靠效率提升，才能让我国从人均可支配收入角度真正进入发达国家行列。

（三）PMI显示，效率存在洼地

基于PMI质量指标体系进行持续跟踪分析，2018年，大部分质量指标进入平台见顶阶段，显示经济结构转型进入新阶段。目前，仅有两个指标的效率提升空间较大。

1. 人力效率，科技领域居高，服务业效率最低

PMI数据方面，新订单指标值减去就业指标值，被称为人力效率指标，表示单位人工产值。

美国PMI人力效率指标经历了几个阶段。①粗放阶段是1970年之前，特征是PMI处于高位，人力效率处于低位，为2~6，PMI标准差处于高位，波动率与效率明显负相关。②转型出清阶段是1971~1990年，美国PMI、标准差中枢值向下，人力效率向上达到2~8，效率和波动率的相关系数为0.25。③稳定寡头阶段是1991~2008年，标准差继续向下，PMI继续向下，其间人力效率高位见顶到10，

[①] 于颖、陈中涛：《经济发展的协调性不断增强》，2018年5月。

波动率和效率同步高相关。④制造业回归阶段是2009年以后，金融危机打破平衡。标准差波动，PMI稳中有升，人力效率为0~4，明显回落。中国如今相当于美国1980~1990年代的制造业PMI水平，正在转型出清阶段，未来会迎来稳定寡头阶段。

表7 美国人力效率变化情况

时间	MPI中枢	PMI波动率	人力效率	波动率与效率相关系数
1970年之前	55.1	8.8	4.8	-0.67
1971~1990年	53.7	8.1	6.3	0.25
1991~2008年	52.3	4.6	7.4	0.89
2009年以后	53.7	4.7	3.3	0.70

注：人力效率=新订单-就业。

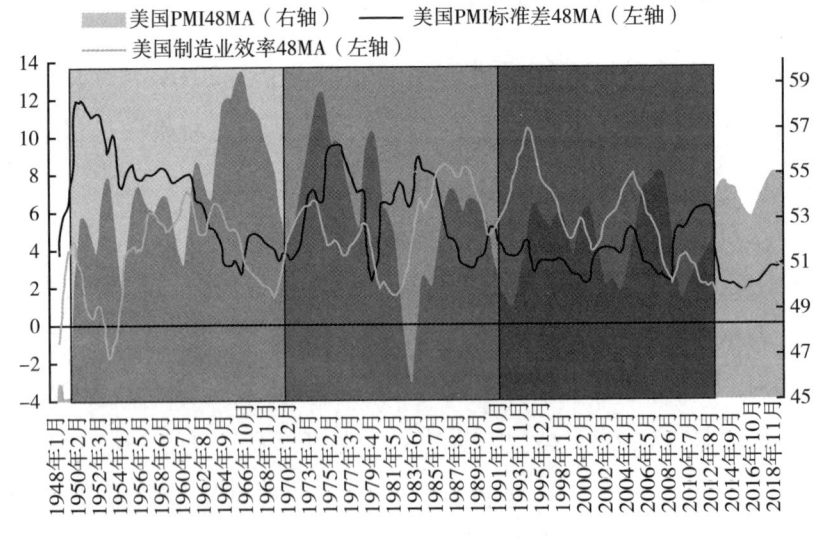

图1 美国制造业效率变化

对比中美水平，美国制造业人力效率指标长期均值为4.3，而服务业该指标为4.4；中国两项指标分别为3.28和1.03，这与科技发展水平有关。但我国新兴产业EPMI显示的人力效率为5.07，高于其他行业水平，也高于美国制造业水平，可见新兴产业潜力巨大。

从产业人力效率对比看，中国 PMI 大类行业间的效率不同，其中新兴产业为 2~8，高于制造业的 0~8、建筑业的 0~4 和服务业的 -2~4。同时中国各行业的人力效率与美国各行业工资水平增速保持高度一致，可见两者结构转型之路是一致的。

值得注意的是，新兴产业与制造业增速在 2017 年末开始出现回落。可见，随着增速回落，人力效率均值也会步入下降通道，必要的总量增长是劳动生产率稳步提升的基础。2015 年供给侧改革以来，所有行业的人力效率都较之前有所提升，可见产业格局对效率影响也很大。

因此，保持总量必要的增长，同时大力发展新兴产业是提高产业效率的必由之路。此外，中国服务业的人力效率最低，后发优势将很明显。

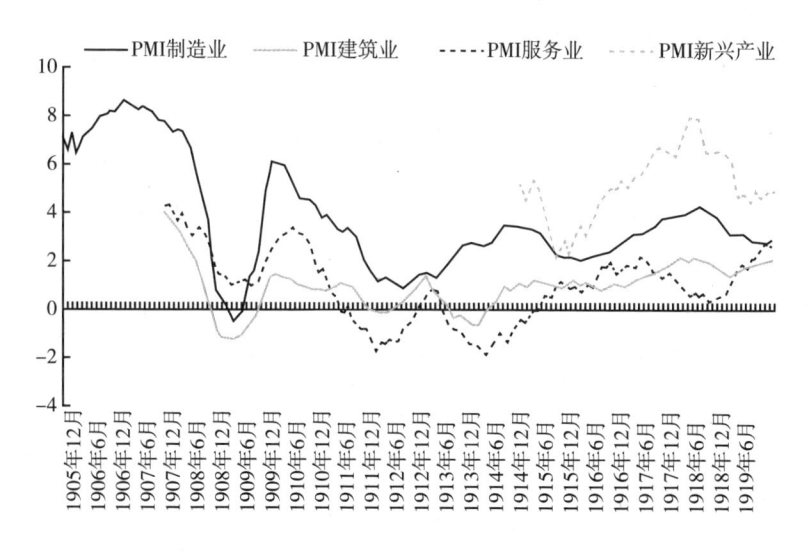

图 2　中国 PMI 各大类行业人力效率变化

2. 配送效率显示供应链整合应予以关注

从 PMI 数据观察，美国的配送指标在 1980 年代之前属于滞后指标，且波动率明显强于综合指标和新订单指标。而在 1980 年代后该指标不再滞后，甚至在2010年以后显现一定的领先性。2016年之后，中国的配送指标逐渐变得同步，开始类似于美国1980年代的水平，但波动率明显偏低，说明物流水平低，对订单变动还不敏感。

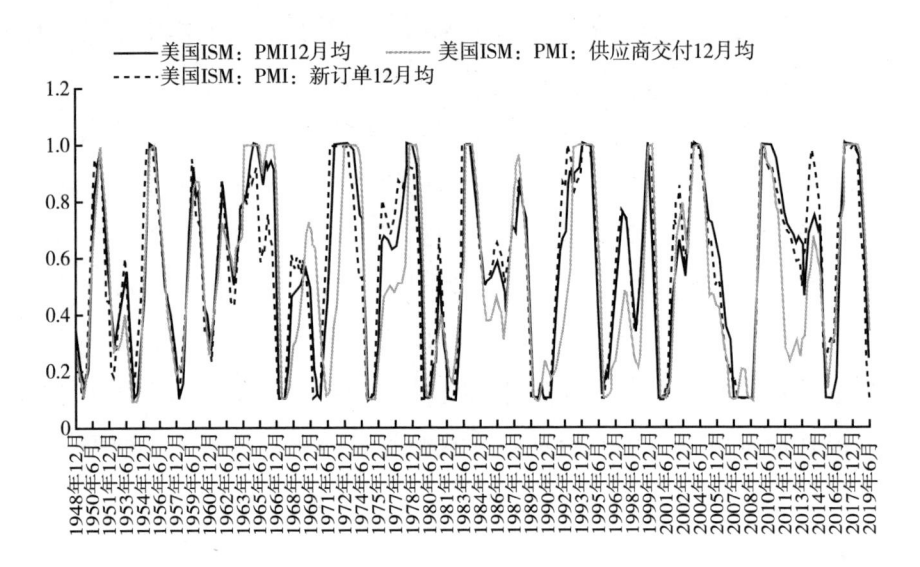

图3　美国PMI物流配送指标

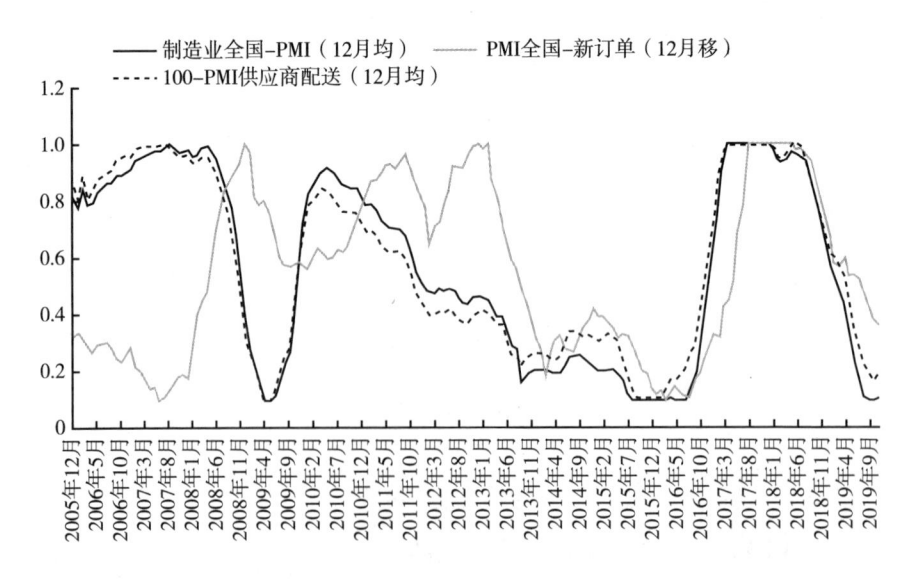

图4　中国PMI物流配送指标

可见，比较中美情况，中国供应商配送波动率较小，绝对值偏小，其主要原因是水平偏低。而在中国产业结构转型中，可通过提高物流配送等服务业水平来提高社会效率。

从全社会物流成本占GDP比重看，情况也是这样。美国的物流成本占比在3年前是9%，如今为7.2%，而中国仍保持在14%，并且最近几年一直停滞在这个水平，说明在物流效率方面，中国还有很大的提升空间，应大力推行供应链管理理念、发展第三方物流与物流科技。

二 提升科技、资本和人力效率，填平洼地

短板补齐即成龙头。提升科技效率，新兴产业、研发支出是抓手；提升资本效率，国有资本等要素配置是抓手；提升人力效率，服务业是抓手。

（一）发展新兴产业、提升供给效率

科技是提高劳动生产率的关键要素，增加科研占比是必由之路。四中全会强调完善科技制度，是未来我国科技发展的重要保障。同时，科技水平提升在制造业中已经初见成效，在服务业领域，科技方面与发达国家差距很大，提升空间较大。

1. PMI显示新兴产业创造了制造业需求

新兴技术的发展中仍有许多问题亟待解决，如新能源汽车遭遇新旧换代问题，新材料、新一代信息技术遭遇技术瓶颈，环保产业遭遇增长与污染冲突的问题等，但分析PMI数据，新兴产业仍然代表了制造的高端前沿，且不断融入、改善传统制造。

由于新兴产业的带动性，中国EPMI领先于中国和美国的制造业PMI，中国新兴产业EPMI的人力效率也高于美国制造业。而在新兴产业细分行业中，新能源汽车、生物行业对市场需求变动更加敏感，

行业本身数据弹性更好，领先性相对较强。新能源、新材料业相对更需要政策和资金的长期支持，因此数据表现相对滞后。

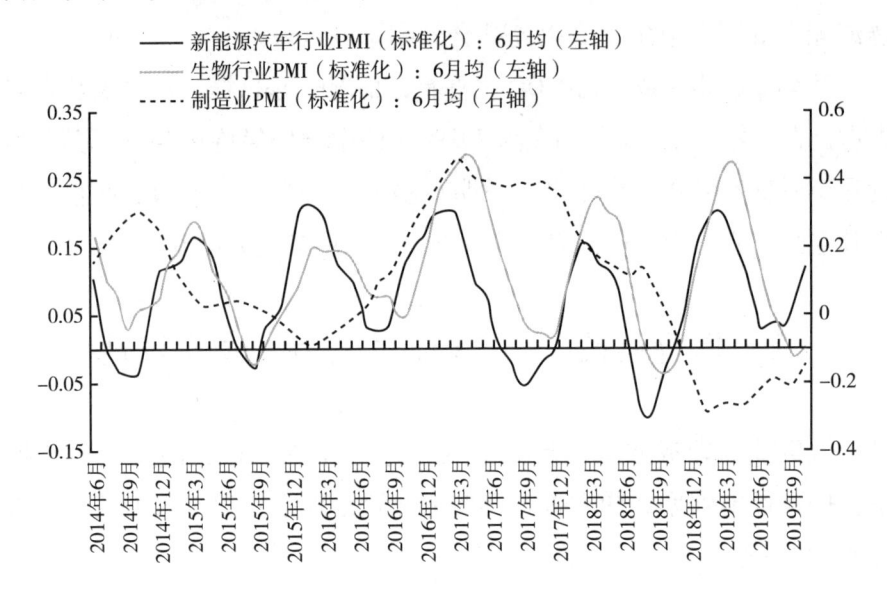

图5 生物行业与新能源汽车行业数据的领先性更好

用EPMI测算，我国新兴产业的增速常年保持在13%以上，在制造业中占比不断增加。但2018~2019年由于经济总量增长偏弱，新兴产业EPMI减速，据此测算，距2020年占比达到20%的目标尚有缺口1.5%。目前受疫情冲击，这一缺口可能有所扩大。

表8 用历史制造业PMI表现回归新兴产业增加值增速

年份	新兴绝对值（回归计算）	新兴增速（回归计算,%）	新兴绝对值（按目标占比算）	新兴增速（按目标占比算,%）
2019	23.9	12.2	26.9	15.9
2018	21.3	13.1	23.2	16.8
2017	18.8	16.3	19.9	16.8
2016	16.2	15.9	17.0	16.0
2015	13.9	12.4	14.7	16.4
2014	12.4	12.7	12.6	14.5

2. 研发支出需要加速增长

从申请专利增速看，1980～2015年，韩国、日本申请专利增速与GDP增速相关程度均在60%以上，全民科技投入是支撑GDP增长的关键。

从研发支出数据看，中国的研发支出绝对值位于第二，仅次于美国，但占比低于美国、日本、韩国、德国等，说明我国的研发投入还未能达到发达国家水平。将以上各国过去二十年的科研占比情况做线性外推，中国研发支出的年均增速还要额外增加3%，也就是说研发支出保持14%～15%的年均增速，15～20年后科研占比能达到3%以上，持平于彼时德国、日本、美国的平均水平3.5%。而依据GDP增速与各国研发增速之间的关系，如果持续该路径，理论上每年GDP增速也能够增加0.9%。

表9 研发支出占比情况

单位：10亿美元，%

项目	美国	日本	英国	德国	韩国	俄罗斯	阿根廷	澳大利亚	巴西	中国内地	印度	中国香港
2019年绝对值（估）	669	198	50	140	87	20	4	54	29	330	0	0
2019年占比（估）	3.12	3.69	1.67	3.16	4.89	1.16	0.75	3.41	1.28	2.13	0.76	1.05
10年增速	1.12	1.08	0.93	1.13	1.44	0.89	1.50	1.48	1.16	1.42	0.95	1.32
2012年占比	2.90	3.36	1.76	2.82	3.74	1.16	0.60	2.37	1.16	1.70	0.76	0.79

表10 GDP增速与申请专利增速相关系数

项目	韩国	德国	美国	日本	中国
当年值	0.614	0.196	0.221	0.540	-0.392
三年均值	0.654	0.276	0.275	0.623	0.654

注：截至2015年可得数据。

3.版税与特许权使用费,合理增加

值得注意的是版税与特许权使用费,既是收入也是成本,人均支出版权费用低既是发展的因,也是发展的果,需要谨慎对待。韩国近30年来,研发支出占比显著高于其他发达国家,一方面表现为申请专利增速远高于其他国家,另一方面表现为版权费用留在国内、支付总额远低于其他国家,实现高增长。此外,各国2011年版税大幅增加后,2012年的研发支出增长都有所停滞,也就是说,过高的版权费用对研发投入有抑制作用。因此,中国的科技发展在费用收取方面还需要小步慢走,可以采取一定的"拖延"政策。

表11 2012年主要国家人均版税与特许权使用费

单位:美元/(人·年)

国家	美国	日本	英国	德国	挪威	韩国	俄罗斯	阿根廷	澳大利亚	巴西	中国	南非
费用	387.1	226.8	226.3	174.9	101.9	86.8	6.1	4.7	32.7	3	0.6	1.3

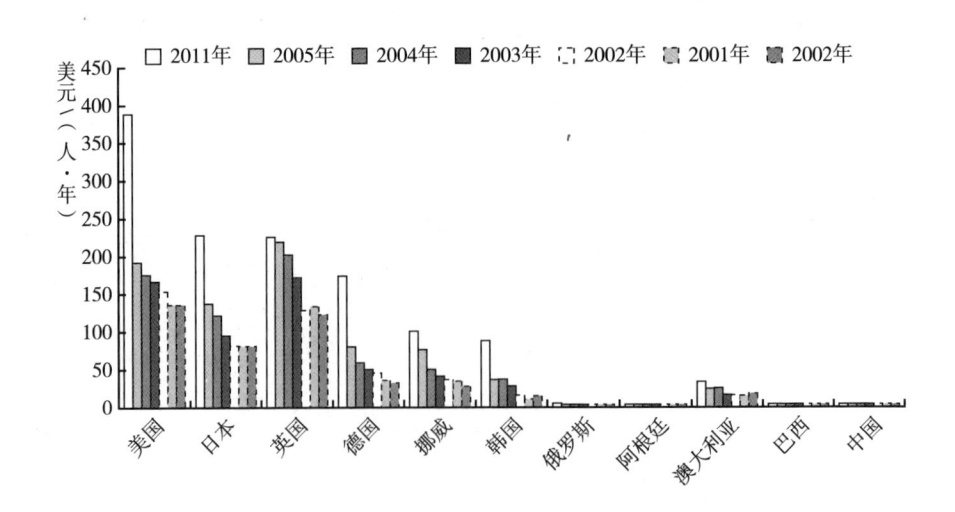

图6 主要国家人均版税与特许权使用费情况

表 12　主要国家研发占比

单位：%

年份	美国	日本	英国	德国	韩国	俄罗斯	印度
2012	2.90	3.36	1.76	2.80	3.74	1.16	0.76
2010	2.8	3.4	1.8	2.8	3.4	1.3	0.8

（二）激励国有资本等要素资源，带动效率溢出

我国经济成分中，国有企业占有相当比例。数据显示，国有工业企业资产占全部工业企业资产的6%，国有工业企业国家资本金占全部工业体系国家资本金的18.1%。

其实，除国企资本金外，国有资源非常巨大，如土地是重要的生产要素。若国有的科研、资本、人力、土地等资源要素都得到有效配置，我国经济增速的提升空间将很大。本文仅以国有资本金效率数据来探讨资源利用的重要性。

1. 国有工业企业资产报酬率偏低

国有企业的收益率大大低于其他类型企业，这是人均收入增速与GDP增速之比偏低的原因之一。

计算各类型企业的收益率可以看到，国企的收益率远低于其他类型企业。对比说明多数国企收益率极低，其原因：一是国企提供了一定的社会公益性服务，二是国企管理者的激励导向不是利润而是其他指标。国有资产的经营不善，拉低了全社会资本报酬率。尤其在货币宽松环境下，国有投资相对受益，但资本收益率低于平均水平，抵消了部分货币政策效应，也影响了全社会的增长潜力。

在国家统计局分企业类型的工业数据中，最近十年，国有工业企业的资产报酬率（利润/资产）为3.5%，大大低于全部工业企业的平均水平7.5%；所有者权益比率（所有者权益/资产）为41.3%，

与其他类型企业持平,说明收益偏低并非源于规避财务风险(有限责任公司该指标为37.5%,甚至低于国有工业企业)。

而内资类别的有限责任公司和股份有限公司的收益率远低于私营工业企业和港、澳、台商投资工业企业的收益率。

表13 各类型企业报酬率比较

单位:亿元,%

企业类型	国家资本金	国家资本金分布	资产报酬率(利润/资产)	所有者权益比率(所有者权益/资产)
全部工业企业	80050.92	—	7.5	42.6
内资工业企业	76414.42	100	7.2	42.0
国有工业企业	14495.78	18	3.5	41.3
集体工业企业	2.90	0	12.1	42.3
股份合作工业企业	0.37	0	10.8	45.9
联营工业企业	3.58	0	7.0	40.4
有限责任公司	51060.03	64	5.6	37.5
股份有限公司	10525.08	13	6.8	47.8
私营工业企业	315.58	0	11.7	46.3
其他工业企业	11.10	0	9.3	48.3
港、澳、台商投资工业企业	1237.52	—	7.9	43.2
外商投资工业企业	2398.98	—	9.0	454.1

注:截至2017年的5年均值。

资料来源:《中国统计年鉴》。

同样是国家资本金,在国有体制内资产报酬率是3.5%,而有限责任公司和股份有限公司的资产报酬率分别是5.6%和6.8%,港、澳、台商投资工业企业和外商投资工业企业的资产报酬率分别是7.9%和9%,私营工业企业的资产报酬率达到11.7%。因此,企业管理体制带来的增长显而易见。

如果国企能够做大做强，同时建立现代企业制度，改制为有限责任公司或股份有限公司，能够使资产报酬率提高80%。

我国的有限责任公司和股份有限公司，以及国企的管理体制进一步完善，加大入资港、澳、台商和外商投资工业企业力度，资产报酬率可以提高150%。

国有资本中已经有77%转为有限责任公司和股份有限公司体制，仍有18%的资本金留存为国有体制。假设所有经营环境不变，国家资本金如果改良管理模式，将为工业类国有企业带来每年500亿元的利润。

如果其他企业类型中国有资本进一步扩大开放，引入外资进行战略合作，仅靠资产报酬率就可以增加2000亿元的利润。

如果推动混改，参考私营企业的资产报酬率指标，国家资本金能够更多地与私营资本混合经营，则理论上每年国家资本报酬可以增加5000亿元。

如果这些增收的利润能通过合理的分配机制向居民和小企业溢出，带动的经济增长将非常可观。如果用利润率10%来大致倒推国家资本金带来的销售收入，对年度工业收入可带来5%以上的增收。该比例再外推到第一和第三产业，对GDP的影响将非常可观。

当然，这只是大致的测算。另外，在私营企业参与混改方面，公平机制和分配机制都存在诸多问题，并不是由简单的数学计算就能够完成，只不过本文只探讨如何提升资本收益率的问题，在操作层面暂不作展开。

2. 国有资本在服务业的分布

第三产业在GDP中的占比达到50%以上，国有资本的运营效率直接关系到经济增长。因为没有国有资本的服务业分布数据，我们用行业就业比重对照国有资本所在行业，可以看到，在最具科技含量的信息传输服务业，国有单位人员占全部行业就业的比重仅为0.4%；

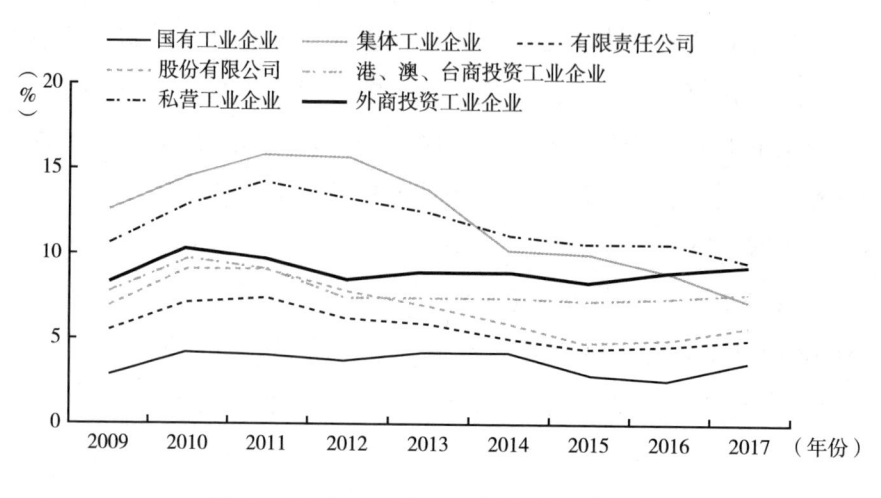

图7 主要企业类型的资产报酬率比较

而在关系到配送效率的交运、仓储邮政领域，国有单位人员占全部就业的比重达到4%，是全部服务业中占比最高的，甚至超过农业和制造业。提升第三产业内国企效率，迫在眉睫。

3. 建议：加速国资混改，加速市场要素配置

虽然国企在有些领域承担了保民生任务，资本金较高，但其使命为创造收益，为员工为社会谋求福利不可或偏。况且，如果能将国企规模扩张带来的挤出效应通过指标考核设计变为带动效应，存量国企资产就会成为中国经济增长中的生力军，而不再是提升经济效率的拖累。

因此，建议国企混改应适当加速，以调动社会积极性，将十九大关于"激发市场活力"的指示落实到国企混改的具体实施中。同时，国企占有资源多，提升国企利润率依赖于股权混改，但同时多数领域应放开准入，有效避免国企扩张过程中对其他类型经济体形成挤压，实现多种所有制共同繁荣。12月22日，《中共中央 国务院关于营造更好发展环境 支持民营企业改革发展的意见》发布，获得好评。

此外，指标增加激励管理层的收益率导向比重，其更可以作为股权授予的条件。十八大以来的新发展理念，对国有部门的清正廉洁起

到了非常具有实效的影响,干部队伍已经过渡到新的发展纪元。目前,干部队伍整肃一新,可以考虑在考核机制上做一些调整,将主要目标转到企业发展和质量提升上,"充分发挥市场在资源配置中的决定性作用",利用现代企业制度给予相应的物质激励,有效改变"不作为"现象。

加大股权激励力度,并合理调整权益授予时的业绩考核要求,是国企利润增收的有效措施,对全民收入提升也会形成相当程度的溢出效应,应及时落到实处,并在更广泛的领域予以推广实施,有效激发市场活力。借助资本市场力量实现国有资产保值增值也是重要举措之一。

国有资本金的有效利用,可以推广到其他国有资源领域,除了资本外,技术、人力、科技等要素都很大程度地集中在国有企业,不能向高效的市场流动,拉低了"效率潜力",应加速其市场配置。而在完善市场要素配置机制过程中,必须处理好政府和市场的关系。

(三)高质量服务业,急需人力资本投入

服务业是我国发展潜力较大的产业(相当于不含房地产和建筑业的其他第三产业),也是技术进步后,制造业退出人员的主要就业领域,服务业就业人员工资直接关系到人均可支配收入水平。

按照商务部公布数据,我国2019年个人消费支出中服务占比45%,相当于美国1955~1960年的平均水平(44.8%)。从我国服务业PMI观察,经营活动状况已经从2009年的年均值55回落到53,并且PMI劳动生产率仅为1.4,大大低于美国的4.6,按此匀速发展,我们需要百年后才能达到美国2018年的服务消费占比,虽然这并不是终极目标,但现代服务业仍是中等收入国家标识。反观政策,目前我国实行营改增方案,服务业税收负担提高了0.1~0.3个百分点,同时企业人力培训作为企业福利费开支,所得税前扣除的比例很小,这些都阻碍了服务业的高质量发展。

制造业要素包括投资与技术，服务业也是。只不过服务业的资金和科研投入都转化成企业的人力资本而不是固定资产，而最大成本是员工工资，因此服务业的人均工资水平也是劳动生产率的间接指标。我国服务业发展水平低，高附加值行业少，人员专业素养和薪资低，导致服务业产值和占比都偏小。要提高服务业产值，需要从人员培养入手，加大人力资本投入。

从服务业结构看，美国服务业中，附加值最高、增速最快的是专业及商务服务业、信息服务业、娱乐业等，反观我国，信息服务业和传媒业PMI一直表现尚可，但商务服务业PMI则一直处于低位。据PMI体系数字回归增加值增速的结果，信息服务业和传媒业近十几年来保持了20%的年均增长，远高于平均增速，而商务服务业年均增速只有13%左右，专业人才少、版权和现代管理意识弱是该行业增速低的主要原因。

表14　中国信息服务业、传媒业、商务服务业拟合增速

单位：%

年份	服务业	传媒业	信息服务业	商务服务业
2009年较2007年增长	53.5	78.5	84.7	46.7
2019年较2007年增长	339.2	863.3	857.3	355.4

注：由行业PMI数据经回归分析计算而来。

表15　美国非制造业部分行业增速

单位：%

年份	私营部门平均	娱乐业	信息服务业	专业及商务服务业
2009年较2006年增长	7	11	9	15
2019年较2006年增长	40	45	58	46

注：根据行业小时工资变化而来。

因此，可以在人力资本上进行更多的投入，一方面替代基建投资，另一方面帮助服务业快速发展，提高人均收入。

政策鼓励加大人力资本投入，除了投入基础教育外，可以试行政府供给培训资源，企业或就业人员免费获得；或者对职业培训产业实行与科技产业一样的税收优惠政策。允许服务业企业将培训成本纳入研发成本在所得税前扣除。这样依靠增加教育培训和人力资本投入，每年PMI效率提升零点几个百分点，可以保持服务业PMI水平不再顺势回落。服务业是结构性洼地，要使增加值增速保持在10%以上，10~20年后我国服务消费占比才能达到60%以上，成为消费强国。而按照PMI效率提升的路径、比照美国历史数据推算，未来我国服务业每年能为GDP多带来接近1%的增长。

服务业高质量发展及其占比提高，将成为GDP以及人均收入增长的稳定器。

三 减轻疫情冲击，保障2020年经济发展

2020年伊始，疫情对经济的冲击，叠加国际地缘政治的多重冲突，使得经济预测变得极为困难。美国金融体系在疫情和石油价格战下备受冲击，其风险向全球金融体系蔓延。

结合现有疫情数据和全球防疫措施分析，欧洲新增确诊数据3月底出现拐点，美国新增确诊数据已经接近拐点，其后累计确诊与累计死亡数据将在4月底迎来拐点。其他欠发达地区的疫情风险尚未暴露，但其不可控的公共卫生状况对全球经济的影响应引起足够重视。中国一季度GDP负增长已成定局，欧美主要国家二至三季度经济为负增长，全球需求面临萎缩。

基于PMI数据预测模型，可以对短期经济走势进行预判，但长期预测必须是在结合政策支持力度的情况下才能得出结论。表16以

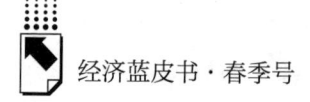

估算的PMI值推导了我国2020年的GDP增长速度。

在货币、金融、产业、财政政策都能够有效落地的情形下，2020年中国经济实现正增长，并使增速接近5%是能够实现的。2020年一季度经济的负增长，必然导致2021年一季度同比增速超高，因此政策应着力于减少企业破产、保障居民生活、防止国际产业链断裂、保证汇率与国际贸易紧密关联等，而不必太过执着于本年度经济增速。

（一）减轻疫情冲击的政策建议

2020年以来，疫情使得刚刚触底抬头的全球经济再入低谷，对我国消费和出口均造成了极大的冲击。关于如何渡过难关，减轻疫情冲击，稳定经济增长，建议如下。

面对国际需求不足、国内消费难以展开，财政政策是最有效的，同时需产业政策和货币政策配合，主要目标：一是帮助企业实现持续经营，二是能够保障低收入居民生活，三是进出口产业链不断裂甚至得到延展。货币"放水"对当前最急需的提升需求作用有限，一是集中于减轻企业债务压力和银行息差压力，二是跟随其他货币走势，保证人民币币值稳定。

风险之下，更应着力于补足居民收入的短板，其中低收入人群的生活保障是重中之重。

1. 财政政策

（1）减税降费。①有针对性地退还疫情期间社保费用，继续降低企业社保缴纳比例。②不仅对小微企业减税降费，中型企业的贷款缓息和减税政策也应推出。③减免服务业增值税至3%~5%，同时改善前期营改增后服务业税率增加的现状。④配合产业政策实施更多的结构性减税。例如，对能带动线上消费的技术应用企业给予税收大幅减免和精准财政补贴，助力科技兴国，同时做好应对疫情二次暴发的准备。⑤有针对性地减小科技相关产业园区的企业房租压力。

（2）通过各种培训渠道稳定就业。政府出面提供多种职业培训渠道，降低企业人力培训成本，或者针对企业培训事项发放补贴，或者向专业的职业培训机构发放定向补贴。

（3）发放消费券。疫情得到有效控制后，各地因城施策，发放消费券，以促进消费和缓解人们生活困难。发放现金虽然有效，但难以防范权力寻租，相比之下有针对性的基础物资和服务消费券更为有效。一是针对普通商品消费，保证资金流入实体经济；二是可避免补贴资金流向高收入人群；三是，因城施策，视地方政府财力而定，必要地区中央财政设法支持。在电子结算相当普遍的情形下，通过民政系统，结合电子支付系统向低收入人群发放最基础生活物资的零折或一折券，其实等同于现金，可保障困难人群的基本生活。

（4）继续发行专项债，上调中央和地方赤字预算，同时通过国企改革弥补财政资金不足。

2. 资本市场政策

面对国外市场的大幅走跌，应防范市场的流动性挤兑，主要是事先降息降准保证充足的流动性。可考虑盘中降低印花税、社保金护航，其他产业政策可以在分散的时间点上先后推出。

需要重点维护资本市场，不仅是因为担忧开市后的流动性挤兑，更是基于中长期的考虑。资本市场存在财富效应，对其后的消费恢复存在辅助作用。此外，中国金融市场正在对外开放，只有资本市场保持稳健，外资才能持续进入，为中国在疫情之后的经济复苏注入更多活力，为实体经济提供直接融资帮助。在协同产业发展方面，资本市场往往是先行的，资本市场不活跃，对外开放等一系列的设想与计划将可能被拖延。

3. 产业政策

（1）政策首要关注支柱产业，如基础设施、房地产和汽车行业，其拉动能力强、带动需求范围广。

（2）着重刺激汽车行业，拉动基础需求。其中新能源汽车补贴不能退坡，同时从补贴企业转向补贴消费者，防范终端消费环节的骗补行为。因城施策，放开传统燃油汽车限号限行政策，鼓励新老替代。

（3）基建应向新技术工程如5G工程倾斜，这既是减轻疫情冲击、加大投资的需要，更是创新供给、开启"新消费时代"的需要。

（4）房地产市场走热会增加企业长期成本、加剧宏观杠杆率，稳定房产相关消费，避免房价下降对银行造成冲击。应因城施策，局部放开前期限购限售以及贷款政策，帮助有困难的地方渡过难关。在土地新政的基础上增强对地方财政的支持。

（5）服务业在我国GDP中的占比急速提高，其拉动就业快、乘数高，但又是受疫情影响最严重的大类领域。

①应通过财税政策，补贴5G和智能科技等领域，大力鼓励线上服务业，如互联网健康医疗、线上影院和娱乐、AR场景旅游、虚拟现实商务等技术服务，出台适当的财政补贴与奖励性政策，以促进疫情期间遭受损失的行业增长。新一代沉浸式非接触式文化、旅游、健康、咨询等消费服务"经此一疫"，很可能配合5G建设出现爆发式增长。

②疫后消费预备。疫情后鼓励夜间消费，尽力弥补疫情期间娱乐时间的损失。

（6）政府加大人力资本投入，除扩大高校、高职招生规模外，可以应企业需求组织地方性职业技能培训。

4. 进出口政策

进出口政策应面向全球，保护国内已恢复的产能，向全球展开供应，兼顾人道主义。第一，应鼓励和帮助防疫物资获得发达国家许可，严格执行；同时利用现有产能，加大消费品出口力度；第二，设法推动国际物流，在扩大出口的同时，帮助企业获得进口原料；第三，考虑到非发达地区的疫情实际上可能更为严重，可开展防疫和消费物资援助，在这些地区优先推行人民币结算；第四，在对外开放政策基础上，借助被准入国际企业集团的力量，换取更多出口份额；第五，针对获得准入的全球金融寡头，重视其舆论引导作用。

5. 货币政策

除了稳定金融市场外，货币政策的发力点包括：一是加大对企业贷款还息的扶助力度，缓解企业现金流压力；二是通过降准和全面降息，减轻银行压力；三是盯住人民币汇率，中期内人民币币值尽量与美元波动趋势基本一致。

（1）建议渐近式降息降准，预调微调，而不是一步到位。

（2）免除或延期部分地区企业贷款利息，延期企业偿还本金期限，保障企业生存。

（3）利率下行是长期趋势，在通胀不是主要问题的情况下，货币政策仍有宽松空间。对于通胀，不用太担心，其逻辑包括：首先，通胀会减轻债务压力（2017年开始提通胀消灭债务）；其次，原油因新能源、页岩油的替代，对通胀的影响大不如前；最后，食品（猪肉）压力在6月以后得到缓解。

（4）全球疫情影响到世界经济增速，若发生银行压力过大的紧急情况，基础利率可视情况而松动，以保护银行利益，防范金融风险。同时美元指数攀升，美元流动性宽松，人民币高币值不利于保持出口优势和外储稳定。

但是如果结构化的降息已经足够，就不用考虑。基础利率降低，虽然可增强全社会的风险偏好，逼迫储蓄资金流入市场，但对于高储蓄的中国居民来讲，会压制其消费；市场利率能够引导企业进行更多的投资。疫情若是短期的，应避免动用长期工具，将短期问题长期化；人民币国际化需要稳定的货币息差，降息的同时应结合人民币资产价值的评估，在疫情冲击、对外开放、人民币国际化的大背景下，银行息差收窄只是阶段性让利。

（5）市场化、结构化降息更为科学。降低 MLF 是引导利率下降，我国 MLF 还有下降空间。若仅是以促进消费、稳定企业投资为目标，定向降息降准、精准扶持效果会更好。当叠加国际汇率和出口受限等因素时，也可考虑全面降息。

（6）对外发行国债、推行国际贸易中的人民币票据和结算，以补充美元流动性，区块链货币研究也可以稳妥进行。

政策之出台不必毕其功于一役，可以次第推出。一是留有余地，二是表达信心、稳定预期。况且，政策的作用是"削峰填谷"，而不是试图改变市场趋势。

（二）其他长期政策建议

在其他长效性的宏观政策方面，除了前文提到的提升居民收入、提高国有资本效率、加大科技投入外，还可以重视的举措如下。

1. 提高中央政府和海外部门的杠杆率

经过几年的努力，我国企业部门的杠杆率已经回到正常水平，但居民部门杠杆率仍然居高不下，叠加经济下行因素，只能在杠杆率较低的中央政府和海外部门局部提高杠杆；同时在未来几年，仍然需要适度容忍通胀，保持温和的通胀，等待自然的通胀消解全社会的债务压力。

2. 对外开放，扩大市场准入

中国金融业对外开放，外资控股份额及业务不受限，有利于资金流入，但对金融监管提出了更高要求。中国制造业和服务业对外开放，有利于引入技术和人才、提高效率。开放的市场是有利的谈判筹码。

3. 关于资本市场

信任资本，也信任资本的逐利性质——只要制度鼓励创新获得收益，资本就会投向创新。过去，资本从来都表现出无与伦比的"聪明",未来仍将如此。金融供给侧改革,是创新供给体系的重要举措,发展资本市场,撬动民间资本,可增加创新产品和服务的供给,助力消费复苏。从发达国家的经验看,美国近几十年来的发展中资本市场的发展壮大功不可没。

(三)增长估算

1. 用 PMI 估算全年增长

PMI 状况与经济增速密切相关,但由于 PMI 来源于企业一线,未来的数据很难准确估算,主要通过趋势因子和临时变量因子来确定。1~3月 PMI 数据已经发布,可据以计算出几大产业增加值,进而确定一季度的 GDP 增速。

4~12月 PMI 首先据 PMI 历史趋势因子估算自然增长,其次据临时因子估算增减量。

二季度的经济增长受制于国际需求。国际需求减量可比对一季度中国经济受损情况计算,然后通过新订单和出口订单的历史关系,计算其对整体 PMI 的影响。同时计算一季度减量的补回程度、三大类 PMI 回升的临时因子。三、四季度,根据财政支出多增 2 万亿元可能带来的溢出效应,基于 2009 年的趋势估算 PMI 表现,由此,全年增速为 4.73%。

表 16　2020 年增速预测

单位:%

时间	第一产业	第三产业	工业	建筑业	全国
2020年3月	2.3	-7.5	-4.4	-10.8	-6.1
2020年6月	11.0	14.8	1.7	15.7	10.6
2020年9月	8.6	8.2	-0.7	10.5	5.8
2020年12月	10.1	8.0	2.7	12.2	7.1

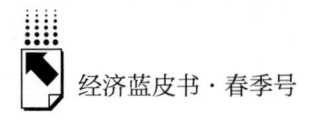

2. 用产业结构数据推算损失与增速

因疫情导致的营业时间损失，直接造成了营业额和增加值的损失，这些损失可分为未来可以弥补的和不可以弥补的两种。

受疫情影响的行业，估算其受抑制情况如下。一季度的损失时间占比，是实际多出来的停工时间与本行业传统工作日的比例。用2月和3月的EPMI和PMI计算综合复工进度，2月底为10.5%，3月20日为77%，3月底除个别服务业外大部分行业为100%。由此可计算出各行业在一季度损失的时间占比。

表17 分类估算服务业停工损失比例与损失额

单位：亿元，%

项目		未来可弥补的				不可弥补的			
		其他服务	交通运输	批发零售	房地产业	其他服务	交通运输	批发零售	餐饮住宿
2018年增加值占比GDP		21.0	4.4	9.7	7.0	21.0	4.4	9.7	1.8
受抑部分行业占比（估计）		20	40	40	40	10	20	5	95
损失时间占比	1~3月	55	27	50	50	55	22	27	70
本季度	4~6月	—	—	—	—	33	—	—	33
损失的增加值	1~3月	5280	2439	2028	3227	2640	248	553	2628
	4~6月	—	—	—	0	1602	—	—	1375
损失增加值合计		12975				9046			

从分产业受损和弥补情况估算服务业增加值损失后，推算全年GDP增速。2020年与2019年通胀水平相差无几，因此在名义GDP和实际GDP增速来回转换过程中，价格因素的影响可以忽略不计。

以年初的估算值5.8%预测原计划2020年GDP，减去当季损失额，加入当季弥补额，计算当季增速。其中，可弥补的一季度损失额假设在二季度和三季度均弥补50%。

可得出，一季度不可弥补的损失将导致增加值减少近1万亿元，未来可弥补的损失合计2万亿元，一季度增速-6%，二季度补偿性反弹，达到10.6%的增速，全年增速5%。与使用PMI估算的结果接近。

若同时考虑二季度受制于全球需求萎缩，则二季度增速下降到7%，全年增速4.2%。

表18　2020年分季度增加值估算

单位：亿元，%

时间	以5.8%计算增加值	最终增加值	未来可弥补的消费	受抑制的制造业和建筑业	不可弥补的损失	新增减税增加值	增速（当季）
第一季度	230710	204878	-12986.9	-8220.8	-6221.3	1596.1	-6.0
第二季度	256643	268310	6493.5	8220.8	-3047.1		10.6
第三季度	266837	273330	6493.5				8.4
第四季度	294145	294145					5.8
2020年		1040662.9					5.0
外需受损情形		1032425.4			-8141.7		4.2

上述推算中存在一个假设，即可弥补损失的前提是不断链，企业不会因停工而大量破产，这也是强调由财政政策为主、货币政策为辅的原因。

若全球衰退，部分订单消失。如同中国企业停顿3月底才得以恢复；国际贸易若停止两个月，主要集中在4~5月。依据我国制造业PMI出口订单和新订单的历史关系计算，二季度外需萎缩且不能在本年度回补的，连带间接传递效应将导致增加值损失超过8000亿元，GDP增速将降至4.2%，这就需要采取进一步的财政政策以补足外需的不足。

3. 财政支出补足外需减量

2021年一季度GDP增长必定因基数低而录得高增速，而2020年一季度乃至二季度GDP，在长期发展中，都可视作一个消失的时间，况且疫情并不是经济周期本身，除了针对疫情影响进行居民和企业的救助外，在投资带动上可以不做过多的刺激，只是将本来就在计划之中的投资时间表提前而已。但基于进出口外贸关系对我国提升科技水平、构造全新产业链的重要性，财政政策上应对进出口产业链中的企业给予定向支持，而不仅仅是扩大投资。

对投资进出口产业链的资金，可以考虑额外发行专项债。从2018年中国投入产出系数61%来估算，每1万亿元用于固定资产投资的财政资金，可以使GDP增速增加0.6个百分点。如果将2020年GDP增速设定在5%以上，据此发行专项债即可。

综上所述，中国2020年潜在增速保持平稳，在政策支持的情形下，GDP增速仍有可能超过5%。

B.6
2019年物价运行特点回顾及2020年分析展望

郭路 马敏 陈玉新[*]

摘　要： 2019年，全国CPI总体呈上行趋势，仍处温和区间，PPI涨幅前高后低，在翘尾因素回落、新涨价因素低位运行的共同作用下再次进入负值区间。2020年，在新冠疫情防控和宏观经济政策的综合影响下，全球经济快速衰退，大宗商品需求回落，价格下降。价格不同领域的影响呈结构性差异。疫情干扰猪周期，猪肉价格拐点或有所延后。部分国家收紧粮食出口，我国部分农产品价格趋涨，但总体仍有条件保持稳定。结合翘尾因素，预计全年CPI涨幅将进一步扩大至3.5%，PPI延续弱势运行走势，跌幅扩大至1.2%。

关键词： 物价　翘尾因素　新冠肺炎疫情　宏观经济

一　2019年价格运行特点

（一）居民消费价格总水平呈现温和上升趋势

2019年，CPI上涨2.9%，涨幅较2018年扩大0.8个百分点，略

---

[*] 郭路，国家信息中心中经网；马敏，国家信息中心中经网；陈玉新，国家信息中心中经网。

低于3%左右的调控目标，处于温和上涨区间。其中，翘尾因素0.7%，较2018年回落0.2个百分点，新涨价因素为2.2%，较上年高1个百分点，占CPI涨幅的75.9%。虽然价格总体水平上升，但是扣除食品和能源价格的核心CPI仅上涨1.6%，较上年回落0.3个百分点，即食品和能源价格波动对2019年的价格变动具有重要影响。具体分析，2019年价格变动有以下特点。

八大类商品价格"3升4降1平"。食品烟酒、衣着、其他用品和服务类价格涨幅有所扩大，教育文化和娱乐类价格涨幅持平，居住、生活用品及服务、交通和通信、医疗保健类价格涨幅收窄。其中，食品烟酒价格涨幅最大，从2018年的1.9%上升至2019年的7%，拉动CPI上升约1.52个百分点，是全年CPI涨幅扩大的最主要原因。受非洲猪瘟、环保禁养、倒春寒等因素影响，猪肉、牛肉、鲜果的价格上涨较多，涨幅分别达到50.6%、8.3%、6.7%。而其他用品和服务价格涨幅从2018年的1.2%上升到2019年的3.4%。主要缘于中美贸易摩擦持续、全球经济增长放缓等多重背景下市场避险情绪升温，黄金、白银等贵金属价格出现明显上涨，同时工资水平总体保持上涨等。

各月CPI同比涨幅基本呈上行趋势。2019年，CPI各月同比涨幅基本呈上行走势，单月最高与最低涨幅之差达3个百分点。具体来看，由于上年基数较高，2月的翘尾因素明显回落1.2个百分点，CPI同比涨幅现年内最低点，为1.5%；第二季度，随着翘尾因素小幅回升，带动CPI同比涨幅略有扩大；第三季度，虽然翘尾因素快速回落，但猪肉价格明显上涨，推动新涨价因素持续、平稳上行；进入第四季度之后，由于猪肉供应偏紧，加之季节性消费旺季到来，猪肉价格不断走高，CPI新涨价因素累加效应增强，11月CPI同比涨幅快速"破4"，达到年内最高点4.5%。

猪肉价格涨势强劲，带动部分替代食品价格上涨，推动第四季度CPI同比涨幅迅速扩大。受非洲猪瘟、环保禁养、猪价上行周期、节日等多重因素影响,下半年,尤其是8月以后,猪价快速攀升。8~10月,猪肉价格月环比始终保持20%左右的较大涨幅,同比涨幅不断扩大,突破100%,较上年高出1倍,其中白条猪批发价于11月初达52.3元/公斤,为2004年以来最高水平。同时,牛羊肉、水产品、蛋类等替代食品价格均出现不同程度的上涨,环比涨幅均处在近年同期的较高位置。随着这些新涨价因素的不断叠加,CPI同比涨幅加速扩大,并于11月达到年内最高点。

年末肉、蛋价格明显下跌,CPI同比涨幅走平。为平抑猪价过快上涨势头,国家多措并举,从12月开始,分3次共计投放中央储备肉10万吨,力度明显增强;同时,增加猪肉进口,进口来源地和进口量均显著增加,猪肉产品准入国家增加至20个,12月猪肉进口增速达178%;而在生猪基础产能方面,农业农村部于12月4日印发《加快生猪生产恢复发展三年行动方案》,把生猪稳产保供放在更加突出的位置。12月,全国能繁母猪存栏环比增长2.2%,连续3个月环比增长,生猪基础产能回升势头逐步稳固,多管齐下的效果明显。12月,猪肉价格环比回落转跌,至-5.6%。同时也带动蛋类价格环比涨幅同步回落,至-4.7%。在上述因素作用下,12月CPI同比涨幅走平。

表1 2018~2019年CPI涨跌幅

单位:%

类别	2018年	2019年
CPI	2.1	2.9
食品烟酒	1.9	7.0
衣着	1.2	1.6
居住	2.4	1.4
生活用品及服务	1.6	0.9
交通和通信	1.7	-1.7
教育文化和娱乐	2.2	2.2
医疗保健	4.3	2.4
其他用品和服务	1.2	3.4

（二）工业品出厂价格涨幅前高后低，再次进入负值区间

2019年，PPI跌幅为0.3%，较2018年大幅下降3.8个百分点，自2016年回正之后，再次进入负值区间。其中，新涨价和翘尾因素分别约为-0.4%和0.1%，较上年分别回落1.2个和2.6个百分点。总体来看，由于全年经济逐季下行，需求端偏弱，工业品出厂价格涨幅以回落为主，约四成行业价格转跌，尤其是石油化工和建材产品价格回落幅度较大。具体来看，有以下特点。

主要行业价格下降，石油化工和建材产品价格涨幅明显回落并转跌。2019年，受全球经济增长放缓、OPEC减产协议未能履行等因素影响，下半年国际油价处于较低水平，石油和天然气开采业与石油、煤炭及其他燃料加工业价格分别下跌3.6%和3.5%，较2018年分别回落27.9个和19.5个百分点；石油价格下跌带动其下游行业产品价格回落，有色金属冶炼和压延加工业、化学纤维制造业价格分别下跌3.9%和6.1%，较上年分别回落10.1个和11.5个百分点；钢铁行业去产能任务于2018年已提前完成，环保政策更加灵活合理，2019年钢材产量有所增加，而供应增加的同时，需求并未明显增大，导致非金属矿物制品业价格下跌2.1%，较上年回落11.4个百分点。

各月PPI同比涨幅呈前高后低走势。2019年，PPI新涨价因素运行相对平稳，在-0.7%~0窄幅波动，四个季度的新涨价因素分别为-0.6%、-0.2%、-0.5%和-0.5%，呈弱势运行态势，这主要缘于整体经济增速放缓，需求偏弱。PPI翘尾因素下降趋势明显，是影响其2019年走势的主要因素，各季度的翘尾因素分别为0.8%、0.7%、-0.3%和-0.7%。与此相对应，PPI年内最高点和最低点分别出现在4月和10月。

多重因素共同支撑了上半年PPI新涨价因素。上半年，OPEC+新一轮减产协议超预期，委内瑞拉局势紧张，5月美国取消对伊朗石油出口的豁免措施，致国际原油供应偏紧；巴西矿难、澳洲飓风影响铁矿石发运，造成供应短缺；3月21日江苏响水发生爆炸事故，化工生产企业安全生产要求趋严，生产和产品供应趋紧。这些新涨价因素，再加上翘尾因素相对较高，形成了上半年PPI同比涨幅的较高水平。

表2 2018~2019年PPI及主要行业价格涨跌幅

单位：%

类别	2018年	2019年
PPI	3.5	-0.3
黑色金属冶炼和压延加工业	4.6	0.8
煤炭开采和洗选业	24.3	-3.6
石油和天然气开采业	3.3	-0.7
有色金属冶炼和压延加工业	6.2	-3.9
化学原料和化学制品制造业	9.7	2.2
非金属矿物制品业	9.3	-2.1

二 2020年价格形势展望

预计2020年CPI上涨3.5%，涨幅较上年扩大0.6个百分点，其中，翘尾和新涨价因素分别约为2.2%和1.3%。受2019年下半年CPI涨幅快速扩大影响，2020年CPI的翘尾因素较上年明显抬升，这是影响全年CPI的重要因素之一。随着翘尾因素逐月走弱，CPI同比涨幅将呈前高后低走势。预计PPI跌幅约为1.2%，较2019年扩大0.9个百分点，其中，翘尾和新涨价因素分别约为-0.1%和-1.1%。

对2020年价格变动的趋势，从新冠肺炎疫情防控和宏观经济政策两方面分析，具体如下。

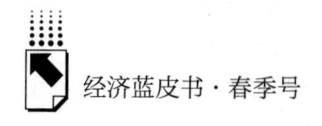

（一）新冠肺炎疫情防控对价格波动的影响

新冠肺炎疫情防控的影响是多方面的、复杂的，对国内外经济具有程度不一的冲击，对不同领域商品和服务的价格都有较大影响，需要整体分析，并持续观察其对价格水平的综合作用。

1. 疫情防控使我国经济面临前所未有的挑战，价格总水平不存在持续上涨的基础

突如其来的新冠肺炎疫情，给我国经济、社会的正常发展造成了十分不利的冲击。2020年第一季度，全国GDP同比下降6.8%，固定资产投资（不含农户）完成额、社会消费品零售总额和进出口总额（以美元计）分别同比下降16.1%、19.0%和8.4%。经济显著下行，1~3月全国城镇调查失业率分别为5.3%、6.2%和5.9%，处于较高水平。部分人员因失业而失去收入来源，部分在岗职工的收入也受到影响。与此同时，由于返城务工不畅、农产品销售受阻等原因，农村居民收入也受到很大影响。2020年第一季度，城镇和农村居民人均可支配收入分别同比实际下降3.9%和4.7%，较上年全年大幅回落8.9个和10.9个百分点。生产、就业、收入、需求等领域均受到严重影响。对此，中央政治局会议强调，要保居民就业、保基本民生、保市场主体、保粮食能源安全、保产业链供应链稳定、保基层运转，维护经济发展和社会稳定大局，稳住经济基本盘，兜住民生底线。在这样的背景下，虽然年初居民消费价格涨幅较大，但价格运行并不存在持续上涨的基础，价格总水平不会出现明显的上涨，而部分民生消费品的价格可能会出现一定幅度的结构性上升。

2. 疫情造成全球经济快速衰退，大宗商品需求回落，价格下降

2020年3月以来，海外疫情对全球经济产生明显冲击。4月中旬IMF预测，2020年全球经济将收缩3%，除中国、印度等少数新兴国家仍能保持正增长外，主要发达经济体均跌入负增长。为应对疫情对经济的冲击，各国央行纷纷采取刺激措施，具有代表性的是美联储重启金融危机时期的货币政策模式，继3月3日紧急降息、3月12日提高逆回购上限、3月16日宣布实行"零利率"后，3月23日进一步出台无限量量化宽松（QE）政策。全球经济衰退导致需求快速下降，大宗商品价格将弱势运行，对我国难以产生输入性通胀影响，工业品价格将维持在低位。

以原油为例，为应对疫情，各国纷纷采取"封城""禁足"等限制措施，导致原油需求暴跌。与此同时，沙特和俄罗斯之间因未能达成减产协议而展开的价格战，使国际原油价格一度跌破20美元/桶。4月12日，石油输出国组织（欧佩克）与非欧佩克产油国虽然达成了减产协议，但由于担心疫情冲击需求、目前减产份额不足以结束供应过剩的局面，原油价格继续下行，纽约商品交易所4月20日甚至出现了5月交货的原油期货收于-37.63美元、暴跌305.97%的史无前例的现象。

3. 疫情对价格不同领域的影响呈结构性差异

本次疫情无论从传染性、确诊人数还是死亡人数来看，都远远超过2003年的SARS，给经济运行造成巨大损失。经济基本面受损对稳定总体价格水平是不利的，但同时，疫情对不同领域又存在不同影响。对食品而言，年初以来严格的疫情防控举措影响食品生产流通，推升食品价格上涨，2020年第一季度食品价格环比涨幅保持在较高水平，后续伴随疫情防控取得成效，消费需求得到不同程度释放，相关商品价格仍存在一定上行支撑力量。但是，对服务领域而言，疫情背景下，居民出行受限或外出意愿减弱，有关的服务价格短时间内难以出现明显回升，除国际航空等部分供给明显小于需求的服务部门，其价格运行很难出现明显升势。这个趋势在二季度仍将持续，下半年估计将逐步恢复正常。

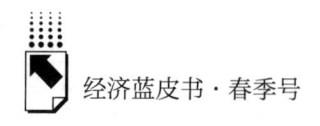

4. 疫情干扰猪周期，猪肉价格拐点或有所延后

从商务部发布的白条猪批发价走势来看，2006年至今，我国大致经历了四轮猪周期，分别为2006年5月至2010年6月、2010年7月至2014年5月、2014年6月至2018年5月，以及2018年6月至今，目前处于第四轮猪周期的上行阶段。前三轮猪周期上行阶段分别长达23个月、16个月和25个月，平均上行周期2年左右，略短于下行周期。本轮猪周期始于2018年中，根据历次规律推测，其上行阶段将持续到2020年年中。

据农业农村部信息，自2019年10月以来，能繁母猪存栏量已连续6个月增长，2020年3月环比增长2.8%，快于1月的1.2%和2月的1.7%，生猪产销秩序逐步恢复，自2月底以来猪肉市场价格已连续8周小幅回落。但考虑到疫情对生猪复产、流通仍会产生一定干扰作用，海外疫情形势严峻从而影响猪肉进口，且近期苏、陕、甘等地又现猪瘟，预计2020年猪肉供给总体仍然偏紧，猪价在一段时间内或将高位震荡，猪肉价格的拐点可能有所延后。但进入下半年之后，由于2019年基数不断提高，猪肉价格涨幅将逐步收窄，第四季度甚至转负。总的来说，2020年猪肉价格对全年CPI涨幅仍有较强的抬升作用。

5. 疫情下部分国家收紧粮食出口，我国部分农产品价格趋涨，但总体仍有条件保持稳定

干旱、虫灾等因素影响全球粮食产量和供应，有些国家担心疫情冲击粮食生产和运输，导致本国市场粮食供给不足，进而限制农产品出口。小麦、玉米、大米等主粮国内自给率较高，国外进口依存度较低，全年进口量占消费量的比重不足5%，且2019年全国粮食再次实现增产，主粮价格有望继续保持稳定。但我国大豆、白糖、棉花的进口依存度相对较高，自2013年以来，我国大豆产量不足其进口量的1/5，白糖、棉花的进口量占消费量的比重均超过10%，2020年这些产品的价格或面临一定程度的上涨。综合来看，2020年我国农产品价格总体仍有条件保持稳定。

（二）宏观经济政策对价格趋势的基础性作用

中央政治局会议强调，要稳住经济基本盘，兜住民生底线。积极的财政政策要更加积极有为，稳健的货币政策要更加灵活适度，体现数字经济特征的新型基础设施建设积极推进。这些政策有益于当前我国积极扩大内需，稳定经济社会发展大局，从而稳定价格总体运行水平。

1. 财政政策将对稳价格发挥重要作用

我国各级政府积极安排疫情防控资金，出台了暂缓社保缴纳等政策，多地发放"消费券"，同时也将适度提高财政赤字率，采取发行抗疫特别国债、增加地方政府专项债券等一系列措施。为支持疫情防控保供、企业纾困和复工复产，还实行了一系列减、缓、免税收政策。积极的财政政策对稳定经济必将发挥重要作用，确保生产、投资逐步恢复，百姓就业、收入得到保障，这将有利于价格水平保持稳定。

2. 货币政策将避免大幅推高通胀水平

为应对疫情，2020年以来，央行已进行两次定向降准，共释放长期资金13500亿元，3月末，M2同比增长10.1%，较2月末上升1.3个百分点，一季度，人民币新增贷款7.1万亿元，同比多增1.29万亿元。央行运用多种货币政策工具，保持流动性合理充裕，引导贷款市场利率下行，把资金用于支持实体经济，特别是中小微企业。我国并未像其他国家那样采用极其宽松的货币政策予以应对，而是延续当前的基调和节奏，保持定力，坚决不搞"大水漫灌"，避免资金大量流向虚拟经济和房地产领域，从而推高通胀和资产价格，避免由此带来"后遗症"。

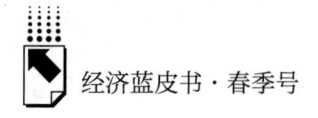

3. 新基建将有利于营造良好的价格运行环境

新基建成为推进疫情防控、促进经济社会发展的重要举措。"加快5G网络、数据中心等新型基础设施建设进度",新基建一方面能带动大量的投资需求,另一方面也可以激活庞大的消费市场。实际上,2020年一季度,我国服务业增加值降幅小于预期,很大程度上是得益于电子商务、在线教育、远程办公、网络会议需求的支撑。互联网服务、信息服务快速增长,极大地增强了我国经济的抗冲击能力。更重要的是,新基建有助于推进科技创新,成为新的增长点,释放中国经济的长期增长潜力。新基建虽然对工业原材料的需求相对有限,或难以改变近期工业品的价格颓势,但是将有利于增加互联网、信息、人工智能、新能源等领域的投资、消费,满足有效需求,改善供给结构,从而促进经济发展,营造良好的价格运行环境。

B.7
疫情因素对我国消费市场发展影响评估

刘艳芳*

摘 要： 2020年初暴发的新冠肺炎是一种急性呼吸道传染病，具有传染性强、人群普遍易感、传播途径多样、重症患者治愈困难、致死率相对较高等特点。1月23日，疫情重灾区武汉开始"封城"，开启了以全国人员流动停滞和经济停摆为代价的史上最严疫情防控模式。新冠肺炎疫情对中国消费市场影响巨大，对出行、餐饮、文娱等行业造成了停摆式的冲击，但与此同时，线上教育、远程办公、线上生鲜等行业发展迅速。评估疫情对我国消费市场的影响，可以更好地为宏观政策调整提供依据。

关键词： 疫情 消费 需求 增长

2020年初暴发的新冠肺炎是一种急性呼吸道传染病，具有传染性强、人群普遍易感、传播途径多样、重症患者治愈困难、致死率相对较高等特点。1月23日，疫情重灾区武汉开始"封城"，开启了以全国人员流动停滞和经济停摆为代价的史上最严疫情防控模式。经过3个多月的努力，我国新冠肺炎疫情总体得到控制，疫情

---

* 刘艳芳，中国国际电子商务中心。

防控响应等级有序下调，我国进入"外防输入、内防反弹"常态化防控阶段。截至4月23日，我国累计确诊病例和死亡病例分别超过8.4万例和4600例。突如其来的新冠肺炎疫情对我国经济、社会发展带来前所未有的冲击，导致消费供需两侧失衡，市场规模同比大幅下降。

一 疫情对消费领域影响评估

早在2月初，党中央和国务院就开始部署商贸流通企业复工复产、促进居民消费相关工作。各级政府在防控措施到位的前提下，精准科学施策，推动各类商场、市场复工复市和生活服务业恢复营业；强化援企纾困政策落地，促进市场人气快速回升，启动线下消费，保持线上消费热度不减，促进消费市场回补。这些政策措施效果不断显现，消费规模环比呈现增长，同比降幅收窄。但还要看到，当前国内需求比较疲弱，消费市场规模和人气恢复至疫情之前尚需时日。

（一）商品消费需求明显分化

在社会经济活动锐减、民生就业承压背景下，我国商品消费市场规模萎缩，消费升级进程阶段性停滞。2020年一季度，全国社会消费品零售总额同比下降19.0%，其中1~2月同比下降20.5%，为有统计以来最低水平。

1. 居住类消费不利因素加码

从需求基础看，近年来，我国房地产调控力度持续加大，楼市降温趋势明显。2019年，全国商品房销售面积同比下降0.1%，增速较上年回落1.4个百分点。受楼市政策调控等因素影响，与住房相关商品消费增速逐步放缓。国家统计局数据显示，2019年全国限额以上单位家电、家具和建材销售额同比分别增长5.6%、5.1%和2.8%，增速比上年同期分别回落3.3个、5.0个和5.3个百分点，三类商品合计对社零总额增长的贡献率和拉动率分别比上年下滑4.4个和0.4个百分点。

从疫情影响看，投资基建增长放缓，楼市销售遇冷，2020年3月全国百强房企销售规模同比下降19.5%，建材和家具销售增长乏力。家电和家具类商品消费以线下渠道为主，受疫情影响比较明显。奥维云网监测数据显示，一季度我国白色家电市场销售显著下滑，空调、洗衣机和冰箱零售额同比分别下降58.1%、35.9%和28%。其中特别值得关注的是，3月本是空调销售旺季，但作为需要上门安装的特殊家电，内销与出口数据均不理想，整体市场处于供需两难的运行态势。国家统计局数据显示，一季度全国限额以上家电、家具和建材销售额同比分别下降29.9%、29.3%和23.9%，在各类商品中降幅位居前列，三类商品合计对商品零售增长的拉动率比上年同期回落2.9个百分点。

从全年趋势看，房地产市场价格在经历短暂回落后重新企稳，部分地区出现小幅上涨，表明疫情对全年商品房成交规模的影响有所减弱。预计居住类商品消费规模降幅将逐月收窄，在7月有望迈入正增长区间，但如果重点城市新增确诊病例不能清零，仍不排除全年规模负增长的可能性，居住类商品对消费市场增长的贡献和拉动能力将进一步回落。

2. 出行类消费难以走出低谷

从需求基础看，自2018年小排量汽车购置税优惠政策结束以后，受翘尾因素、汽车单价下降等因素影响，我国汽车类商品消费增速出现明显下滑。2018年5月起，汽车类商品消费连续12个月处于负增长区间，之后增速开始进入低位波动运行态势。在经过1年基数调整期后，全国汽车消费市场规模仍比上年下降0.8%，表明刺激政策后遗症尚未结束。受汽车消费增速下行和国际原油价格波动双重因素影响，石油及制品消费增速出现明显回落。2019年，我国成品油消费规模同比增长1.2%，但增速较上年大幅回落12.1个百分点，对社会消费品零售总额增长的贡献率和拉动率较上年分别回落6.5个和0.6个百分点。

从疫情影响看，研究机构预计，我国有95%以上汽车销售是通过4S店或二手车交易市场完成的，随着线下销售渠道全面中断，汽车消费受疫情影响最为明显。工信部数据显示，一季度我国汽车销量同比下降42.4%，其中乘用车销量同比下降45.4%，新能源汽车销量同比下降56.4%。国家统计局数据显示，一季度全国汽车类商品销售额同比下降30.3%，汽车消费对社会消费品零售总额增长的拉动率比上年回落2.5个百分点。疫情造成我国居民出行需求降至最低水平。2月，全国各地加油站销量仅为正常水平的15%~33%，虽然此后复工复产对市场需求产生一定拉动作用，但3月平均油价较上年同期回落2元/升左右，市场规模仍处于低位。国家统计局数据显示，一季度我国石油及制品消费规模同比下降23.5%，增速比上年同期回落27.6个百分点，对社零总额增长的拉动率比上年回落1.4个百分点。

从全年趋势看，为促进消费市场向好发展，全国已有多个地区启动汽车购买限号松绑政策。若这一政策能在全国范围内推行落实，将为2020年我国汽车消费市场带来巨大增量。疫情导致我国居民对人流密集的公共交通产生一定恐惧心理，选择购置私家车代替公共出行渐成趋势，预计全年汽车消费规模增速将高于上年水平。

3. 升级类消费首次大幅回落

从需求基础看，作为全球第二大商品消费市场，我国居民对商品消费的品质化、差异化、个性化追求不断提高，社会主要矛盾已经转化为人民日益增长的美好生活需要和不平衡不充分的发展之间的矛盾。从商品消费升级看，2019年全国限额以上单位商品中，汽车、家电、化妆品和通信器材等升级类商品平均增速达到6.5%，比上年增速提高0.7个百分点，四类商品对限上商品零售总额增长的贡献率和拉动率分别较上年提高5.6个和1.4个百分点。其中，化妆品、汽车和通信器材销售增速分别比上年加快3.0个、1.6个和1.4个百分点。

从疫情影响看，春节黄金周这一重要消费旺季"消失"对升级类商品销售产生巨大冲击，加上具有升级标签的商品主要销售渠道仍集中在线下实体零售业，供给中断导致需求无法释放。一季度，限额以上单位百货店、专业店和专卖店销售额分别下降34.9%、24.7%和28.7%，全国限额以上单位金银珠宝、化妆品和通信器材销售额比上年同期分别减少40.3%、24.1%和13.6%。

从全年趋势看，虽然消费市场长期向好发展态势不会改变，民生就业承压导致我国居民消费能力减弱和预期下滑。一季度主要民生指标表现不佳，失业率处于近年来高位，人均消费性支出较上年同期实际降幅达到12.5%，市场发展将出现阶段性"消费降级"现象。预计2020年四季度，升级类商品消费需求增速有望恢复到上年平均水平。

4. 生活类消费占比有所提高

从需求基础看，随着我国经济发展水平持续提高，居民生活质量显著改善，购买食品、烟酒等基本生活类商品占我国居民消费性支出的比重逐年下滑。2019年，我国居民恩格尔系数为28.2%，比上年下降0.2个百分点，连续八年呈回落趋势。值得一提的是，受猪肉供应紧张影响，2019年我国食品类商品消费保持较快增长，占限额以上单位商品零售额比重较上年提高0.4个百分点。

从疫情影响看，"宅经济"在催生消费新模式的同时，也客观造成我国居民外出就餐行为减少，消费支出结构出现巨大变化。一季度，全国居民人均食品、烟酒消费支出1708元，同比增长2.1%，占居民消费支出的比重为33.6%，为2013年以来最高值；在13类限额以上商品类别中，仅有粮油食品、饮料烟酒和中西药品两类保持正

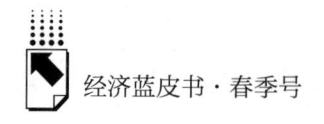

增长，增速分别为6.4%和2.9%，占限额以上单位商品销售额的比重较上年同期分别提高1.3个和0.3个百分点。

从全年趋势看，猪肉供求关系明显改善，肉类价格涨幅将逐步收窄，价格因素对食品消费的增长拉动作用将减弱。进入3月后，社会经济活跃度开始上升，餐饮市场供给逐渐恢复，外出就餐需求加速释放，加上各领域复工复产对餐饮服务刚需越来越大，家庭食品类消费需求增速将呈现回落态势。此次疫情推动我国居民健康消费意识增强。在经历了"一罩难求""双黄连事件"后，可以预见，未来相当长一段时期内，我国居民对口罩、消毒液、药品等医药卫护类商品的使用及储备需求将远高于往年水平。

（二）线下服务消费断崖下行

1. 线下餐饮服务供需双降

从供给侧看，受疫情防控措施与消费者恐慌心理双重影响，线下餐饮消费需求大幅下降，餐饮行业受损程度远超"非典"时期。中国烹饪协会发布数据显示，疫情期间接近80%的餐饮企业营业收入较上年同期下降100%以上。美团报告显示，疫情期间我国约有90%的餐饮企业面临资金短缺，其中26.8%的企业已经出现资金链断裂；另有72.5%的连锁餐饮企业表示损失巨大，37%的企业表示资金仅能维持1~2个月。2月，未关闭的餐饮门店主要为保障医院、政府机关等疫情防控单位用餐，提供餐饮外卖服务，但停止提供堂食服务。而"非典"时期北京餐饮企业歇业率为70%，其他疫情相对较轻的城市餐饮企业虽然营业收入出现下滑，但停业率要远低于新冠肺炎疫情期。

从需求端看，随着疫情信息持续公布和防控措施不断加码，春节期间居民外出就餐意愿骤降，取消了婚宴寿宴、团拜会、年夜饭、春节聚餐活动和农村"一条龙"餐饮服务订单。据中国烹饪协会估算，

2020年年夜饭退单率接近95%。据汇那科技数据，从1月20日至2月29日，全国重点监测购物中心餐饮业客流量同比下降79.6%，创下有监测以来最大降幅。

国家统计局数据显示，一季度全国餐饮消费规模同比下降44.3%，降幅比社会消费品零售总额高出25.3个百分点，而"非典"时期疫情最严重的北京市餐饮营业额仅下降4%。

从全年趋势看，2020年我国餐饮消费市场规模将低于上年水平。餐饮供给侧恢复至正常水平难度较大，经营存在以下困难：部分员工不能按时返程上班，客流和供应链恢复缓慢，房租、员工工资、防控物资采购等刚性成本支出较大，收入锐减甚至清零导致现金流紧张、资金链断裂，以及难以平衡恢复经营和后续疫情防控之间的关系。新冠肺炎疫情令全国餐饮企业失去春节这个消费旺季，对于资金实力较弱甚至亏损经营的餐饮企业而言更是压垮它们的最后一根稻草。可以预见餐饮行业将出现门店关闭潮。中国饭店协会研究院截至2月23日的调查显示，近六成餐企认为全年营业额将下降40%。

2. 大众文娱市场全面停摆

从供给侧看，按照疫情防控要求，为避免人口大规模流动和聚集，疫情暴发初期各地政府暂时关闭公园、博物馆、科技馆、展览馆、图书馆、剧场、歌舞厅、电影院等文化娱乐场所，取消春节期间所有传统民俗和节庆活动，以观看电影、演出为代表的大众文娱活动供给全面中断。全部文艺演出单位被迫取消既定演出计划，对已购买门票的观众全部退票。例如，国家大剧院将退票时间延至2020年6月30日，开心麻花保证，对于已取消的演出无时间限制退票到最后一分钟。尽管当前疫情防控取得明显成效，但国家仍暂停恢复全国性文体活动，暂停开放电影院、演艺场所、网吧、舞厅、酒吧、KTV等空间密闭、人员聚集的室内经营场所。

从需求端看，2020年春节期间，全国电影票房收入同比下降

99.7%，而往年春节电影票房收入约占全年的10%~20%。截至3月21日，全国507家复工电影院单日票房收入仅为3.1万元，其中新疆29家电影院贡献2.5万元的票房收入。由于文娱场所暂停开放，百姓大众文娱消费和社交需求总体上处于被抑制状态。

从全年趋势看，2020年我国文娱消费各细分市场规模都将出现明显下降。可以预见，如果电影院、剧场等供给实体重新开放，仍将面临客流锐减、亏本经营等现实问题。优质文娱产品上线档期延后，供给质量难以得到有效保障。疫情防控存在反复风险、无症状传播等不确定因素，社会恐慌难以在年内得到彻底根除，需求恢复节点将根据疫情发展趋势而定。受疫情对业绩产生冲击影响，2020年春节至4月20日申万影视动漫行业股票加权价格累计下降12.9%，比整体A股降幅高10个百分点。

3. 旅游服务产业遭受重创

从供给侧看，1月下旬起，国家铁路、民航、文旅等部门相继推出10多条限制交通出行的政策，1月27日文旅部宣布全国暂停境内外跟团游和"机票+酒店"半自助旅游产品服务。自春节起，绝大多数景区、游乐场、主题公园、餐饮和住宿企业被迫关店歇业，我国各大旅游景区景点首现冷清景象。国家明文要求暂停恢复跨省跨境旅游，各旅游相关企业复工复产，只能接待省内游客。现在中国游客境外旅游目的地出现严重疫情，为防控需要均关闭了国境边境，境外游短期恢复无望。

从需求端看，2020年春节人员流动显著减少，旅游相关行业收入下滑明显。按照2019年春节黄金周旅游总收入和增速测算，2020年春节期间我国旅游收入损失约5700亿元。春节期间，民航旅客运输量比2019年同期减少近一半，客座率不足45%；节后春运25天（1月25日至2月18日），全国铁路共发送旅客4248万人次，同比减少2.2亿人次。携程平台数据显示，1月23~27日，收到机票退改诉求总量达数百万个，相较日常增长近10倍。随着旅游业复工复产稳步推进，一些景区人气逐渐攀升。然而，大部分百姓忌惮病毒感染，还是选择减少出行。

从全年趋势看，新冠肺炎疫情给我国旅游经济带来的影响是全面的、严重的、持久的：游客出行安排调整取消，旅游人数减少；旅游经营者和从业者收入锐减，旅游相关企业面临倒闭、重组；最严重的是疫情导致居民收入下降，削弱旅游消费需求。为防止国内疫情反弹，控制人流量、避免拥挤、限制境外游客将是相当长一段时间景区景点必须坚持的规定动作，加上疫情全球蔓延势头未减，将明显降低我国居民出游热情。据中国旅游研究院测算，2020年一季度和全年国内旅游收入同比分别下降69%和20.6%。

4. 居民服务面临供需两弱

从供给侧看，我国居民服务业市场主体为小微型企业和个体户。受疫情暴发节点与春节返乡节点重合影响，以家政、洗染、摄影、美容美发等行业为代表的供给侧出现从业人员返城复工难、意愿弱等问题。调查数据显示，春节假期后，我国主要城市家政从业人员出现短缺，疫情导致需求下降已经对供给侧经营发展造成不小影响。

从需求端看，疫情防控期间城市小区实行网格化管理，城市居民外出严格受限，绝大多数家庭出于安全考虑不愿意购买服务类非刚需消费，以家政为代表的居民服务需求处于历史低位。许多居家办公或延后复工的家庭成员有充足时间和精力自行烹饪、保洁、看护老幼病残孕，残疾人、独居老人等特殊群体的家政需求也可以由社区居委会、物业和抗疫志愿者临时予以满足。

从全年趋势看，居民服务业不是大规模人员聚集行业，但服务交易双方接触密切。随着疫情得到控制，居民服务需求急需释放，但供需双方存在密切接触引发交叉感染风险顾虑。在疫情防控常态化、客流减少和租金成本较高等因素影响下，居民生活业复工缓慢，一些经

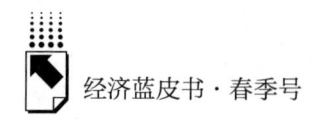

营主体直接关店规避经营风险。截至3月26日，住宿、家政行业复工率分别约为60%、40%，远低于其他行业。

（三）线上渠道消费迅猛增长

疫情防控常态化推动供给侧改革提速，消费新模式层出不穷，线上业态用户数量和市场规模出现爆发式增长，在缓解市场主体生存压力的同时，也为消费市场长期向好发展提供有效保障。1～3月，全国实物商品网上零售额同比增长5.9%，增速较上期数据提升2.9个百分点，对社零总额增长的拉动率比上期提高0.6个百分点。

1. 线上餐饮消费需求旺盛

从供给侧看，线上餐饮消费发展高度依赖实体门店和物流配送能力。2月我国餐饮企业开工率仅为29%，春节返乡造成各大城市面临配送人员短缺、配送能力无法满足市场需求等问题。据不完全统计，2月饿了么平台正常营业商户数量仅为疫情前的50%左右，且以大型连锁快餐企业为主，供给能力处于历史低位。进入3月后，餐饮业普遍通过拓展线上业务开展自救，但从目前情况看，线上业务不足以支撑餐饮企业维持正常运营。一方面，线上业务需要支付10%～20%不等的平台费用，订单利润远低于堂食；另一方面，线上业务占餐饮企业整体营业收入的比重较低，大批复工企业处于亏损经营状态。

从需求端看，餐饮消费属于我国居民日常生活中的刚性需求，此次疫情对我国线下餐饮消费市场造成巨大冲击的同时，客观上推动线上餐饮渠道订单大幅增长，用户群体规模出现明显增加。主要电商平台"无接触配送"模式深入人心，配送负面新闻减少和消费习惯培育等利好因素持续发酵，预计全年线上餐饮市场规模有望突破7500亿元，同比增长约25%，占餐饮消费市场的比重有望突破20%。从需求分布看，市场发育成熟度较高的地区将成为带动2020年线上餐饮市场规模增长的主要动力。饿了么平台发布数据显示，北京、上海、深圳、广州和成都位列外卖订单量前5名。

从全年趋势看，线上餐饮已成为我国居民必不可少的生活组成部分，疫情对各大平台运营以及配送能力建设起到促进作用。预计在疫情结束后的1~2个月内，线下餐饮将出现短暂的"补偿性"消费高峰，造成线上餐饮增速短暂趋缓，但全年市场规模进一步扩大几成定局，其市场发展成熟度将会进一步提高。需要注意的是，当前我国餐饮市场仍以线下渠道为主，单从线上增量对社会消费品零售总额的贡献看，拉动全年餐饮消费增长的作用仍比较有限。

2. 生鲜电商迎来发展良机

从供给侧看，疫情暴发前，我国生鲜电商市场正处于热度衰退、大面积亏损的发展低谷。此次疫情为生鲜电商这一新业态提供了优良的发展环境：随着消费者购物渠道快速转变，电商平台宣传推广成本下降，业务量和利润率明显提高；隐性用户大量涌入，区域内用户密度快速上升，平台整体运营成本大幅下降；偏向于线下消费的中老年群体本属于生鲜电商难以吸引的用户群体，疫情防控客观上培养了他们的网络购物习惯，并有望形成较强的消费黏性；得益于生鲜品类消费需求集中度较高，电商平台短时间内整合上游资源，缓解了物流成本高企的发展难题。

从需求端看，疫情期间，各大电商平台推出了基地直供、配送到小区的服务，为担心染上病毒的市民采购鲜活农产品提供了诸多便利，生鲜电商销售业绩呈现爆发式增长。例如，盒马鲜生的网上订单数量相较上年同期激增220%；每日优鲜交易额实现了3~4倍增长；1月26日至2月8日期间，美团米面粮油、生鲜果蔬等商品销售额同比增长400%；京东发布数据显示，1月20日起，通过京东平台在线上购买生鲜食品用户是上年同期的3倍，其中25岁以下年轻用户数量增长了275%，46~55岁用户数量增长了381%，56岁以上用户增

长了397%。

从全年趋势看,在未来相当长一段时期内,出于对自身健康的担心,消费者对于人员密集的农贸市场将有抵触心理,这将成为生鲜电商发展的有利因素。随着消费习惯养成,各类电商平台纷纷重点发展生鲜业务,业态整体将进入持续向好的良性发展阶段。

3. 文娱消费转移趋势明显

从供给侧看,疫情暴生以来,各大线上文娱服务平台集中发力,相关市场主体积极转型升级,在文字、音乐、视频等多领域拓展业务,挖掘市场增长潜力。在线下演艺场所关闭和商业活动暂停背景下,大量影视明星和文化名人转战直播平台,增加与观众和粉丝的互动。在供给侧主体多元化、5G技术开始商用、互联网文化产品日益丰富等因素助推下,云娱乐、云直播、云看展等新模式快速发展,线上文娱市场供给质量明显提升。

从需求端看,疫情期间,我国居民长期处于闭门不出的生活状态,对线上娱乐消费需求快速增长。我国居民日均手机使用时间较2019年增加约0.7小时,其中付费视频软件使用时长占30%左右。受疫情因素影响,B站和虎牙两大线上文娱平台活跃用户数量大幅增长,其中B站一季度营业收入预期为21.5亿~22亿元,同比和环比均有明显增长;虎牙一季度营业收入预期为23.6亿~24亿元,单月活跃用户突破7000万。截至2月中旬,爱奇艺、芒果TV、腾讯视频平台会员数量较疫情发生前环比分别增长1079%、708%和319%。

从全年趋势看,在线文娱消费大幅增长主要受居民生活方式出现巨大转变支撑。随着疫情结束,我国居民生活回归常态,开始直面就业困难和收入下降等生计问题。居民在线娱乐时间和意愿都将大幅下滑,可能会导致在线文娱市场增速阶段性下行。

4. 在线教育刚需集中释放

从供给侧看,疫情暴发前,我国在线教育市场整体处于发展萌芽阶段，存在获客难度较大、师生互动较少、市场竞争激烈等问题，市场规模低于线下教育机构。随着现代信息技术日益成熟，尤其是互联网平台和专业教育机构加强合作，在线教育成为教育服务产业新风口。疫情期间，以学而思、作业帮、猿辅导等为代表的教育机构纷纷开放、完善在线教育平台，充分利用在线教育时空灵活的优势，通过"网课"形式提供高质量教育服务。

从需求端看，受新冠肺炎疫情影响，教培机构全面停止线下授课，全国大中小幼学校推迟开学，线上课程成为学校教育和职业教育的主要替代形式。在微信、钉钉等社交平台支撑下，疫情防控为在线教育行业发展按了"快进"键，在线教育瞬间成为市场热点，部分平台服务需求量增长超过10倍。市场研究机构估算，2019年我国在线教育市场规模约为3133.6亿元，同比增长24.5%，预计2020年将达到5000亿元以上，同比增幅接近60%。

从全年趋势看，基于近两年市场发展情况，大多数线下教育机构一直处在亏损与倒闭边缘，预计疫情结束后线下教育市场将出现新一轮洗牌，有望推动在线教育行业渗透率进一步提升。在我国居民对教育消费需求日益旺盛背景下，师资力量雄厚、师生互动紧密、专注产品研发、课程内容丰富的在线教育机构将具有更好的发展前景。

二 影响因素分析及趋势

（一）不利因素

1. 宏观经济下行压力较大

为遏制新冠肺炎疫情蔓延，全国各地持续加强疫情防控，我国人口流动和聚集均处于改革开放以来最低水平，短期内社会需求和生产骤降。本次疫情的严重程度及其对经济增长的影响已远超"非典"疫情。第二、三产业大面积停产歇业，固定资产投资建设全面停工，市场信心明显受挫，供应链中断，生活服务业、金融业、养殖业受波及较大，对于2019年整体表现为"弱企稳"的中国经济形成巨大挑战。一季度，全国经济增长同比下降6.8%，其中规模以上工业增加值同比下降8.4%，固定资产投资（不含农户）同比下降16.1%，货物进出口总额同比下降6.4%。4月以来，虽然各项主要经济指标出现积极变化，但也应清醒认识到，疫情这一突发公共卫生事件对经济整体的影响力大于一般自然灾害，具有存在时间长、影响范围广等特点，对后期经济运行与消费市场发展的抑制作用仍将持续一段时间。

2. 大批企业面临破产风险

虽然我国疫情至暗时刻已过，但身处全球化浪潮的中国企业却无法独善其身。尤其是刚从中美贸易摩擦中挣扎存活下来的中小微企业和个体户资金储备普遍不足，在房租、人工、原材料、防疫等必要开支无法避免的情况下，又遇上供应链中断、订单取消延期等难题，营业收入大幅减少甚至归零的现象普遍。预计此次疫情将导致相当比例的内贸外贸企业直接破产或背负巨额债务。据调查，目前大多数坚持经营的企业普遍采用裁员和降薪来应对疫情影响。国家统计局数据显示，3月全国城镇调查失业率为5.9%，虽较上月有所下降，但仍处于有统计以来较高水平；农民工和应届大学生就业形势异常严峻。企业倒闭、薪资下调、失业人数增加，将削弱消费能力，影响消费快速回补。

3. 市场人气恢复比较缓慢

目前，我国疫情防控向好态势进一步巩固，但"外防输入、内防反弹"任务依然较重。4月下旬，全球疫情蔓延势头仍未得到控制，我国每日新增境外输入性确诊病例和无症状感染者超过两位数，一些地方不断暴露出防控薄弱环节和短板漏洞。全球新冠肺炎死亡病例快速增加，全球死亡率超过6%，一些国家甚至达到12%。因此，居民对疫情还存在较强恐惧和防范心理，对选择实体店消费较为谨慎。受市场销售低迷、成本难以消化、局地人员流动存在限制和开工条件要求较高等影响,中小型内贸流通企业和个体户开业率相对较低。汇那科技大数据监测显示,4月18日全国购物中心客流回暖率为57%,北京和湖北分别仅有38%和37%。消费市场整体人气、信心和购买力恢复将有一个较长的缓冲期。

(二)有利因素

1.消费市场潜力巨大

我国消费市场具有规模大、潜力足、韧性强等特点。一是我国具有全球最大消费群体。2019年末,我国人口总数达到14亿。社会保障覆盖面很广,受益群体众多,居民消费意愿较强。我国社会保障卡持卡人数超过13亿人,人口覆盖率93%以上。二是中产阶级人群规模庞大。据估算,当前我国中等收入群体约5亿人,比美国和日本两国人口总和还多。这部分人群有较强消费能力,追求品质生活,是推动消费升级的中坚力量。三是城镇化水平稳步提升。2019年,我国常住人口城镇化率为60.6%,比上年末提高1.02个百分点。据测算,城镇化率每提高1个百分点,将带来约6500亿元的消费增量。四是消费热点不断增加。以5G产品为代表、智能便利体验为特征的智能消费加快崛起,将成为未来几年消费市场的一大亮点。经历此次疫情,居民更加注重保障健康和提高免疫力,健康消费、体育消费将保持较强发展势头。

2.政策红利集中释放

为减轻疫情对消费市场造成的负面影响,国家密集出台大量稳定经济、扶助企业、促进消费等政策。一是减轻企业和居民负担政策。疫情期内,我国小规模纳税人按1%减征甚至免征增值税;参与疫情防控的生产企业和居民生活服务企业免征增值税;免征中小微企业三项社会保险单位缴费部分,困难企业可申请缓缴社会保险费和公积金;向一线医护人员、防疫工作者、困难群众发放补助补贴;2020

年6月30日前住房公积金贷款不能正常还款的，不作逾期处理。二是专项资金扶持政策。2020年中央专项扶贫资金、农业生产发展等资金，分配测算时向受疫情影响较重地区适当倾斜；服务业发展资金更多用于支持产地商品化处理设施和农产品冷链物流；引导各级预算单位加大对中小企业的倾斜力度，增加面向中小企业采购的金额和比例。三是保障民生就业政策。主要包括增加研究生招生比例，鼓励大学生延期毕业；事业单位空缺岗位向应届毕业生倾斜；农民工输出地要主动加强与输入地对接，组织好"点对点、一站式"直达运输服务等。四是精准促消费政策。针对消费市场重点领域，将加速制定落实鼓励汽车限购地区增加号牌发放，降低二手车经销增值税税率，加快5G网络设施建设和商用步伐，发放消费券、购物券、优惠券等能有效激发市场潜力的促进政策。上述短期和中长期政策的出台实施，直接回应企业和居民对恢复、促进生产生活的强烈诉求，有助于减轻疫情对消费市场的不利影响，助力形成强大国内市场的发展目标。

3. 新群体贡献新增量

在国内抗疫工作取得举世瞩目成就的同时，也客观催生出三类蕴含巨大消费潜力的群体。一是疫情防治保供人员的休养消费，主要包括一线医疗工作者、各级政府部门值班执勤人员、生产流通环节物资保供人员、乡村社区公共场所志愿者等。此类群体薪酬待遇相对稳定，但长时间精神高度紧张、身体急需休养调整。疫情结束后，载誉归来的这一群体对生活持积极态度，消费动力和需求充足，将成为拉动市场增长的重要力量。二是出境旅游人员的回流消费。每年约有1.6亿人次中国公民选择出境旅游，每年消费外流规模在1.4万亿元左右。展望后期，全球疫情蔓延将令出境旅游活动显著减少。在国内品质消费供给能力不出现明显滑坡前提下，这一群体消费需求将会在国内实现，为消费市场带来巨大增量。三是疫情期间归国人员的品质消费。粗略估算，3月有约60万名华侨侨眷、留学生、中资企业海外员工和劳务人员返回国内。民航局出台进一步调减国际客运航班量措施后，目前回国人数接近3000人。这一群体普遍具备家庭条件优越、品质消费需求旺盛、短期不会再离境等特点，他们将成为带动消费市场规模扩大的有生力量。

（三）全年预测

展望后期，虽然国内防疫工作已取得巨大成效，我国宏观经济和消费市场基本面稳中向好、长期向好趋势没有改变，但疫情对社会经济各领域，特别是对消费市场供需两端的损害已是既成事实。大批企业严重亏损甚至破产，居民就业和增收形势严峻，具有广泛性、波及性、持续性特征的后续影响将逐步显现。

从商品消费看，我国作为全球第二大商品消费市场，供给体系成熟且刚需稳定。进入4月，随着疫情影响减弱，商品市场复苏迹象逐步显现；国家一系列稳经济、促消费政策落地生效，也将对激发市场潜力起到重要支撑作用。据国际货币基金组织4月的最新预测，2020年我国经济将增长1.2%。据此测算，全年社会消费品零售总额有望增长2%~3%。如果美元对人民币年度平均汇率不高于7.1，我国将超过美国成为全球最大商品消费国。

从服务消费看，服务消费具有活动性、同一性、依赖性等特点，高度依赖线下渠道和公共场景，且多数服务消费需求释放高峰期集中在下班后、双休日以及法定假日。从服务消费行为特点出发，综合考虑疫情对2020年法定假日的覆盖率已接近六成、服务消费损失无法延后弥补、社会恐慌心理短期内无法消除等因素，预计2020年我国服务消费市场规模将低于2019年。其中，旅游、餐饮、电影等容易形成人群聚集的服务需求降幅较大，疫情影响周期将延续至2021年；家政、美容美发、洗染等居民服务需求受影响较小，但市场规模也会大概率小于2019年。

B.8
2020年中国对外贸易形势分析与展望

刘建颖 金柏松*

摘　要： 当前中国疫情防控取得了重大战略成果，但境外疫情扩散蔓延的势头尚未得到有效控制。疫情对世界经济贸易和全球供应链造成的巨大冲击仍在演变过程中，不确定不稳定因素明显增多，中国外贸面临的形势依然十分严峻，全年下行压力加大，特别是中小外贸企业和劳动密集型行业企业受到的影响可能更大。

关键词： 货物贸易　服务贸易　产业链　供应链

2020年年初，面对突如其来的新冠肺炎疫情，以习近平同志为核心的党中央统筹调度各方力量全力支持疫情防控救治，稳步恢复生产生活秩序。目前中国疫情防控取得了重大战略成果，但境外疫情扩散蔓延的势头尚未得到有效控制，疫情对全球经济贸易造成的冲击仍在演变过程中，与国际形势密切相关的中国外贸面临的形势十分严峻。

---

* 刘建颖，商务部研究院副主任，副研究员，经济学博士；金柏松，独立经济学家，商务部研究院原研究员。

一　当前中国外贸运行特点

（一）货物贸易

2020年前四个月，中国货物贸易进出口总额9.07万亿元，同比下降4.9%，降幅比一季度收窄1.5个百分点。其中，出口4.74万亿元，下降6.4%，降幅比一季度收窄5.0个百分点；进口4.33万亿元，下降3.2%，降幅比一季度扩大2.5个百分点；贸易顺差4157亿元，减少30.4%。

4月，中国外贸进出口2.5万亿元，同比微降0.7%。其中，出口1.41万亿元，由3月的同比下降3.5%转为增长8.2%；进口1.09万亿元，下降10.2%；贸易顺差3181.5亿元，增加2.6倍。4月中国出口增长，是供给端和需求端共同作用的结果。从供给端看，国内疫情防控阻击战取得重大战略成果，企业复工复产进度加快，国内产业产能回升，为扩大出口提供了有力保障；从需求端看，日本、韩国市场需求恢复相对较快，4月中国对两国出口均实现大幅增长；东盟市场总体平稳，4月中国对东盟出口增速高于总体增速。

前四个月，中国外贸运行中主要有以下亮点。

对新兴市场出口好于传统市场，市场多元化战略成效显现。前四个月，对新兴市场出口下降2.2%，占比较上年同期提升2.2个百分点至50.9%。其中，中国对东盟出口增长3.9%，占比提升1.5个百分点至15.6%，拉动整体出口增长0.5个百分点，东盟成为中国第一大出口市场。对传统市场出口下降10.4%，占比下降至49.1%。

民营企业出口表现好于整体，彰显其较强韧性。前四个月，民营企业进出口3.92万亿元，增长0.5%，占中国进出口总额的43.2%，比上年同期提升2.3个百分点。其中，出口2.45万亿元，下降

2.7%，降幅好于整体 3.7 个百分点，占比提升 1.8 个百分点至 51.7%；进口 1.47 万亿元，增长 6.5%，占进口总额的 33.8%。外商投资企业进出口 3.6 万亿元，下降 7.2%，占进出口总额的 39.6%。其中，出口 1.81 万亿元，下降 10.7%；进口 1.79 万亿元，下降 3.3%。国有企业进出口 1.52 万亿元，下降 10.9%，占进出口总额的 16.8%。其中，出口 4691 亿元，下降 6.5%；进口 1.05 万亿元，下降 12.8%。

机电产品出口占比提升，纺织品出口增长。前四个月，中国机电产品出口 2.79 万亿元，下降 5.9%，好于整体 0.5 个百分点，占比提升 0.2 个百分点至 58.8%。其中，自动数据处理设备及其零部件出口 3706.7 亿元，下降 6.6%；手机出口 2153.8 亿元，下降 7.8%。服装、玩具等七大类劳动密集型产品出口下降 10.2%。口罩、防护服等防疫物资出口快速增长，带动纺织品出口增长 5.9%。此外，钢材出口 2060.1 万吨，减少 11.7%；汽车（含底盘）出口 31.9 万辆，减少 7.2%。

一般贸易出口份额保持稳定且进出口比重提升。前四个月，中国一般贸易进出口 5.43 万亿元，下降 4.6%，占进出口总额的 59.8%，比上年同期提升 0.2 个百分点。其中，出口 2.77 万亿元，下降 6.3%，占比保持在 58.5%；进口 2.66 万亿元，下降 2.7%。加工贸易进出口 2.18 万亿元，下降 8.4%。其中，出口 1.35 万亿元，下降 10.9%，跌幅较一季度收窄 8.2 个百分点，占比下降 1.5 个百分点至 28.4%；进口 8333 亿元，下降 4.2%。以保税物流方式进出口 1.11 万亿元，增长 0.2%，占进出口总额的 12.2%。其中，出口 3591.1 亿元，增长 1.9%；进口 7462.6 亿元，下降 0.6%。

大宗商品进口走势出现分化，进口均价涨跌互现。前四个月，中国原油、天然气、成品油进口额分别下降 7.4%、13.7%、25.7%，分别拉低进口增速 0.9 个、0.3 个、0.3 个百分点。铁矿砂和煤炭进口额分别增长15.9%和20.6%。机电产品进口额下降0.3%,其中集成电路进口额增长14%,汽车（含底盘）进口额下降22.9%。

（二）服务贸易

2020年一季度,中国服务贸易规模下降,但贸易逆差延续了2019年以来的缩小势头,结构有所改善。一季度服务进出口总额11523.0亿元,同比下降10.8%。其中,出口4442.8亿元,下降4.1%;进口7080.2亿元,下降14.5%。服务出口降幅小于进口10.4个百分点,服务贸易逆差缩小27.7%至2637.4亿元,同比减少1012.6亿元。

知识密集型服务贸易占比提升,彰显其较强抗疫情冲击能力。一季度,中国知识密集型服务进出口4669.3亿元,增长7.8%,占服务进出口总额的比重为40.5%,较上年同期提升7个百分点。其中,知识密集型服务出口2624.2亿元,增长11%,占服务出口总额的比重为59.1%,提升8个百分点;知识产权使用费、金融服务、电信计算机和信息服务出口增长较快,分别增长29.2%、23.9%和14.7%。知识密集型服务进口2045.1亿元,增长4.1%,占服务进口总额的比重为28.9%,提升5.2个百分点;电信计算机和信息服务、金融服务进口增长较快,分别增长38.4%和6.2%。

二 国际环境

受新冠肺炎疫情影响,全球经济增长在2020年一季度按下"暂停键",全球经济陷入整体性大衰退。联合国经济和社会事务部5月13日发布的2020年中期《世界经济形势与展望》指出,新冠肺炎疫情的大流行引发了一场广度和规模前所未有的健康和经济危机。各国政府实施的封锁措施以及国界关闭,使整个地区经济活动陷于瘫痪,全世界数以百万计的人失业。世界各国政府都在推出财政刺激措施，规模总体相当于全球国内生产总值（GDP）的10%。预计世界经济将在2020年萎缩3.2%，这标志着世界经济发生了自20世纪30年代大萧条以来最强烈的收缩。报告显示，在基准情景下，发达国家的生产总值增速将在2020年降至-5.0%，发展中国家的产出将萎缩0.7%。预计全球2020~2021年的累计产出损失将达8.5万亿美元，这几乎抹去前4年所有的增长。

（一）主要经济体的最新经济指标

1. 美国

美国商务部经济分析局2020年4月29日发布的数据显示，经季节性因素调整，美国2020年一季度GDP环比折年率下降4.8%，这是自2014年二季度以来美国经济首次衰退，同时也创下自2008年全球金融危机以来的最大单季GDP降幅。尽管美联储启动了"无上限"宽松的政策"组合拳"，仍难避免美国一季度经济数据的断崖式下跌。一季度，消费者支出环比折年率下降7.6%，政府支出下降0.7%，私人投资下降5.6%，货物和服务出口下降8.7%，进口下降15.3%。IHS Markit公司4月23日公布的数据显示，经季节性因素调整，美国4月综合采购经理人指数（PMI）由3月的40.9降至27.4；制造业PMI由3月的48.5降至36.9，创11年以来最低水平；服务业PMI由3月的39.8降至27.0。美国劳工统计局公布的4月非农就业数据显示，美国4月失业率飙升至创纪录的14.7%。美联储主席鲍威尔指出，新冠肺炎疫情可能对美国经济造成"长期损害"，美国可能需要在货币和财政政策方面都采取额外刺激措施，以抵御更深、更具破坏性的衰退。

2. 欧元区

欧元区2020年一季度GDP环比下降3.8%，同比下降3.2%；

就业人数下降0.2%,为2013年以来首次下降。IHS Markit 公司 2020年4月23日公布的数据显示,经季节性因素调整,欧元区4月综合PMI 由3月的29.7跌至13.5,为历史最低水平[①],制造业 PMI 由3月的44.5跌至33.6,为2009年3月以来最低水平,服务业 PMI 由3月的26.4跌至11.7,远低于50的荣枯线。其中,德国4月综合 PMI 由3月的35.0跌至17.1,为历史最低水平,2008年国际金融危机时为36.3;制造业 PMI 由3月的45.4跌至34.4,为近11年来最低水平;服务业 PMI 由3月的31.7跌至15.9。法国4月综合 PMI 由3月的28.9跌至11.2,制造业 PMI 由3月的43.2跌至31.5,服务业 PMI 由3月的27.4跌至10.4。欧元区多国服务业和制造业活动因"禁足令"和外部需求疲弱而严重受阻,疫情造成的新一轮冲击令原本就增长乏力的欧元区经济雪上加霜。欧盟委员会5月6日发布的《欧洲经济春季展望》预测,2020年欧元区经济萎缩将达到创纪录的7.75%,2021年增速恢复至6.25%。报告称,受疫情影响,欧洲经济将经历历史性衰退,尽管2021年将出现反弹,但并不足以弥补2020年萎缩带来的损失。

3. 日本

IHS Markit 公司 2020年4月23日公布的数据显示,日本4月制造业 PMI 初值为43.7,较3月的44.8进一步走低,表明日本制造业经营状况正在以2009年4月以来最快的速度恶化。日本4月经季节性调整的服务业 PMI 终值由3月的33.8下降至21.5,创下了2007年9月以来的最低值。自2020年3月下旬日本国内新冠疫情加速扩散以来,日本政府一直在抗疫和保经济之间进行着艰难权衡。日本政府4月23日发布的月度经济报告指出,受疫情扩散影响,日本经济呈

[①] 也有经济学家对 PMI 在当前特殊时期的衡量价值表示质疑,表示新冠肺炎疫情危机前所未有,其源头在经济领域以外,因此可能产生非常规经济数值。

现个人消费急剧下降、企业经济活动急剧萎缩、生产和出口减少、企业收益大幅下滑、破产企业数量增加的局面。日本政府认为，目前日本经济形势迅速恶化，情况极为严峻，预计未来这种极为严峻的形势仍将持续。这是日本政府自2009年5月以来首次在经济形势评估中使用"恶化"一词。

4. 巴西

巴西经济部5月13日发布报告，将2020年巴西GDP增速预期下调至-4.7%。巴西4月制造业PMI跌至36.0，创历史新低。巴西目前为拉美和加勒比地区疫情最为严重的国家。巴西总统博索纳罗自疫情暴发初期便忽视其影响，坚持认为发展经济优先于疫情防控，导致疫情迅猛发展。专家警告称，因缺乏大规模诊断检测，巴西新冠肺炎实际感染人数或比官方公布数字高出15倍。若感染曲线居高不下，人口超过2亿的巴西或将于2020年6月成为全球新冠肺炎疫情新"震中"。

5. 俄罗斯

欧洲复兴开发银行发布春季报告《区域经济展望》指出，受到国际油价下跌和新冠肺炎疫情影响，2020年俄罗斯GDP增速将下降4.5%，2021年将增长4%。

6. 印度

印度4月综合PMI由3月的50.6大幅降至7.2，其中制造业PMI较3月大幅下滑24.4个点至27.4。国际评级机构穆迪2020年5月初预计印度2020~2021财年的经济增速可能为零，但到下一个财年会恢复至6.6%。

7. 韩国

韩国央行4月23日发布的数据显示，经季节性因素调整，韩国一季度GDP环比下降1.4%，是自2008年四季度以来最糟表现，这主要是受到私人支出和出口双双大幅下降的影响。韩国4月汇丰制造业PMI由3月的44.2降至41.6，韩国制造业PMI已经连续4个月处于荣枯线以下且逐月呈现环比下行态势。

（二）国际组织的最新预测

国际货币基金组织（IMF）总裁格奥尔基耶娃于当地时间5月12日表示，很可能进一步下调全球经济增长预测值，因为新冠肺炎疫情对许多经济体的冲击较早前预估更为严重。联合国贸易和发展会议（UNCTAD）5月13日发布的报告指出，受新冠肺炎疫情影响，2020年一季度全球贸易额环比下降3%；二季度国际贸易可能加速下滑，预计环比将下滑27%。报告指出，全球贸易下滑的同时，大宗商品价格也出现明显下降。自2019年12月以来，大宗商品价格急剧下跌。贸发会议编制的衡量发展中国家出口初级商品价格变动的指数3月跌幅高达20.4%，创下该指数跌幅的历史新高。2008年国际金融危机期间，这一指数最大环比降幅为18.6%。报告认为，燃料价格暴跌是导致大宗商品价格下滑的主要原因，3月全球燃料价格下滑约1/3。

世界银行4月23日发布的《大宗商品市场展望》指出，新冠肺炎疫情大流行对全球经济造成的冲击已导致大多数大宗商品价格下跌，预计2020年大宗商品价格尤其是能源和金属价格将大幅下降，其中包括原油、天然气和煤炭在内的能源平均价格将下跌约40%，金属平均价格将下跌约13%。

三 国内环境

新冠肺炎疫情从需求端和供给端两侧对中国经济造成冲击，疫情对经济最大的影响就是经济循环受阻，对经济的总体影响取决于疫情的持续时间、扩散程度和应对措施的有效性。当前，国内疫情防控形势持续向好，疫情防控阶段性成效进一步巩固，经济社会秩序加快恢复。但境外疫情正在蔓延，对世界经济的巨大冲击还在演变的过程中，国内经济的稳定复苏面临诸多新挑战。

（一）中国经济运行面临阶段性重大挑战

疫情给中国经济带来阶段性的外生冲击，中国经济全面复苏任重道远。受新冠肺炎疫情冲击，2020年一季度，中国GDP为206504亿元，按不变价格计算，同比下降6.8%。其中，第一产业增加值10186亿元，下降3.2%；第二产业增加值73638亿元，下降9.6%；第三产业增加值122680亿元，下降5.2%。从环比看，经季节性因素调整后，一季度GDP环比下降9.8%。1~4月，中国规模以上工业增加值下降4.9%，服务业生产指数下降9.9%，固定资产投资下降10.3%，社会消费品零售总额下降16.2%，进出口下降4.9%。上述累计增速仍处于下降区间，表明整体经济运行尚未回到往年正常水平。

从单月数据看，4月中国经济总体延续了3月以来恢复改善的势头，主要指标呈现积极变化。4月中国制造业PMI为50.8，处于景气区间；非制造业商务活动指数为53.2，其中建筑业商务活动指数为59.7，服务业商务活动指数为52.1，均较3月有一定幅度的回升。4月中国规模以上工业增加值由3月的同比下降1.1%转为同比增长3.9%。4月中国高技术制造业增加值同比增长10.5%，比3月提升1.6个百分点。

（二）中国经济将保持长期高质量发展态势

总体来看，本次疫情给中国的世界工厂地位和经济社会发展带来的重大冲击和负面影响是外生性的、短期的、阶段性的，中国经济运行的基本轨迹和总体态势不会改变，中国经济中长期增长趋势不会改变。按照经济增长理论，一个国家的中长期经济增长水平取决于自身资本存量及增长速度、劳动力及人力资本积累、技术进步及资源配置效率的改进，以及由此决定的潜在经济增长水平。尽管这次疫情对国内短期经济增长带来冲击，但长期来看，资本存量和人力资本积累不会因疫情而受到削弱，相反还会因积极应对疫情而进一步促进科技创新和技术进步，加快短板弱项建设，疫情过后经济增长将呈现反弹态势，并快速向经济潜在增长水平回归，推动中国经济高质量发展。亟须从危中寻机，因时而变，因势而变，及时顺应疫情控制态势的转变，将疫情带来的冲击和影响逆转为促进经济复苏的新动能。要推动形成较为稳定的生产链、供应链、流通链、服务链，将疫情对经济社会发展的影响降到最低，建立起重点防控与重点推动相统一的经济社会运行秩序。

四　中国外贸形势展望

当前全球疫情和世界经济贸易形势严峻复杂，中国外贸发展面临的机遇和挑战前所未有。在对中国外贸长期向好发展趋势坚定信心的同时，需密切关注产业链上周边国家及相关贸易伙伴的疫情发展态势，准确及时评估疫情对中国外贸可能产生的负面影响，全面充分地准备风险应对措施。同时需要正视，中国外贸发展正面临贸易保护主义抬头、国内要素成本优势弱化、一些跨国公司正在调整全球产能布局等挑战，要防止疫情冲击与其他不利因素产生叠加效应。在常态化疫情防控前提下，坚持稳中求进工作总基调，坚持新发展理念，坚持以供给侧结构性改革为主线，坚持以改革开放为动力推动高质量发展，扎实做好稳外贸工作。

（一）中国外贸短期内受到明显冲击但长期向好趋势不变

短期来看，受新冠肺炎疫情影响，中国外贸企业面临订单减少、成本上升、国际物流不畅、产业链供应链受阻等困难。长期来看，中国外贸增长有望回到由基本面决定的正常轨道上来并实现恢复性增长。中国外贸将保持长期向好的发展趋势，始终在国际贸易体系中扮演重要角色。这主要是基于以下原因：一是中国外贸自身发展韧性强，潜力足，竞争力强。外贸企业的创新意识、开拓新市场的能力和危机应对能力都非常强。中国外贸高质量发展的基本面不会改变，中国在全球产业链中的地位和作用不会改变。二是中央和地方各级政府及时出台的稳外贸应急政策措施，正在有效对冲疫情的负面影响。三是随着国内疫情防控形势持续向好，精准施策、分级分类的外贸企业复工复产正在有序推进。四是新产业新业态新模式的创新发展，将有力对冲疫情造成的负面影响，并为中国外贸开拓长期发展空间。

（二）充分估计中国外贸发展面临的风险挑战

当前境外疫情扩散蔓延的势头仍然没有得到有效的控制。疫情对世界经济贸易和全球产业链供应链造成的巨大冲击仍在演变过程中，不确定不稳定因素明显增多，中国外贸面临形势异常严峻，全年下行压力加大，特别是中小外贸企业和劳动密集型行业企业受到的影响可能更大。尽管在一系列稳出口政策的支撑下，中国外贸企业加强市场调节能力、发挥自身竞争优势、开展多元化布局，取得了来之不易的结果，但在全球经济收缩的大背景下，中国的出口不能独善其身，全球需求减弱对中国进出口的影响还将有更多显现。

五 对策建议

习近平总书记在统筹推进新冠肺炎疫情防控和经济社会发展工作部署会议上发表重要讲话，强调要稳住外贸基本盘。非常时期，这一重大决策部署不仅对于确保完成全年经济社会发展的各项目标任务，实现全面建成小康社会和"十三五"规划目标任务具有重要意义，也将有效降低突发疫情对全球经济贸易带来的负面影响，有助于维护全球产业链、供应链的稳定健康发展。要保持底线思维，增强风险意识。一方面要抓紧落实落细已经出台的宏观对冲政策，另一方面要根据形势的变化和企业的诉求，及时调整应对政策，推动经济全面回归常态。

（一）加快建立同疫情防控相适应的外贸发展运行秩序

面对国内外疫情防控和外贸发展中出现的新形势新特点，要加快建立同疫情防控相适应的外贸运行秩序，积极有序推进各类外贸企业复工复产，努力把疫情对外贸的影响降到最低，奋力实现"十三五"外贸发展各项目标任务，为建设贸易强国奠定坚实基础。要加强协调国内市场机制的运行、外贸主体活力的发挥与宏观政策调控之间的关系，运用积极的财政政策、稳健的货币政策，通过阶段性减免税费、政府补贴等手段对各类外贸企业做好精准扶持和积极引导，不失时机地在疫情防控中培育外贸新的增长点，激发中国外贸发展的巨大潜力和强大动能。对各类外贸企业做需要的政策保障做好差异化供给，做到分类防控与分类指导相配合，统筹兼顾、有序推动。

（二）千方百计助力企业稳订单

一是精准帮扶企业。对全国40多万家外贸企业（特别是龙头企业和中小微企业）的复工复产订单情况进行全面摸查。从金融、财税、保险、稳定岗位、法律援助等方面，给予外贸企业精准帮扶。用足用好出口退税、出口信用保险等合规的外贸政策工具。开设政策兑现绿色通道，加快各项帮扶政策落地。扩大出口信用保险覆盖面，合理降低短期险费率。阶段性加大减税降费力度。

二是充分发挥线上作用。搭建数字外贸服务平台，充分利用各种

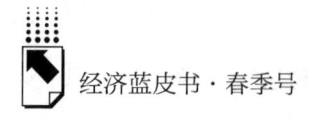

技术手段，通过举办各类网上展会，引导企业做好展前对接、线上推介、现场直播、远程洽谈，便利企业新接订单。推介云展览、云签约等模式，吸引国际买家。

三是促进外贸产品内销。引导外贸企业加强与国内大型电商平台合作，培育新品牌，更好促进国内消费需求。加快国际标准与国内标准的对接，打通内外贸"堵点"，加速外贸产品进入国内市场。

四是保障国际物流供应链稳定畅通。重点保障外贸产业链关键产品的生产和进出口，提升国际航空货运能力，提升中欧班列等货运通道的能力，全力承接海运、空运的转移货源。

五是加强贸易促进等公共服务。支持地方、行业组织、贸促机构搭建公共服务平台，为企业提供法律和信息服务，帮助企业参加境内外贸易促进活动。

（三）千方百计助力企业稳市场

一是加快自贸区建设，营造良好的国际环境。积极推动《区域全面经济伙伴关系协定》（RCEP）早日签署，与更多国家商签高标准自贸协定。

二是完善合作机制，畅通贸易渠道。坚持对贸易伙伴"一国一策"，大力推动外贸多元化。积极推动与更多国家商建贸易畅通工作组，实现各贸易伙伴之间快速响应、信息对接，解决双边贸易中存在的突出问题。

三是加强与贸易伙伴的沟通协调。要推动各国加强合作，及时沟通疫情的情况和有关措施，解除不必要的管制，推动全球产业链、供应链顺畅运转。

（四）千方百计稳住外贸内生增长动力

加快新业态新模式发展，稳住外贸内生增长动力。

一要指导跨境电商综试区提供海外仓信息服务，帮助企业利用海外仓扩大出口，支持市场采购贸易与跨境电商融合发展，积极推进二手车出口。

二要赋能传统外贸和生产企业，推动传统企业触网上线。指导跨境电商综试区建设跨境电商线下园区，实现产业集聚、主体集群、功能集成。

三要充分借力国际性平台，支持各类外贸企业和生产企业与国际性电商平台齐合作共发展。

四要完善跨境电商产业链和生态圈。指导跨境电商综试区汇聚制造生产、电商平台、仓储物流、金融风控等各类企业，发展物流、支付、快递等服务行业，带动本地周边和产业链上下游企业触网上线，为跨境电商发展营造良好环境。

五要发挥服务贸易创新发展引导基金导向作用。坚持包容审慎的原则，积极培育服务贸易新业态新模式。

产业行业篇

Industry Reports

B.9
2020年主要农产品市场运行及农民增收形势

李国祥[*]

摘　要： 2020年，新冠肺炎疫情对中国主要农产品供给、市场价格和农民增收等产生了影响。全年来看，农业生产受到的不利影响估计能够克服，粮食可能继续增产到6.7亿吨，"米袋子"保障水平稳定提高；生猪生产能力加快恢复，猪肉产量增加到4500万吨以上，"菜篮子"产品丰富且供给充足。粮食等市场供求关系进一步宽松，价格总体上继续保持平稳运行态势。猪肉等供求关系不断改善，市场价格将从高位趋于回落，估

---

[*] 李国祥，中国社会科学院农村发展研究所研究员。

计畜肉类价格高位波动运行带动食品消费价格偏高局面将会趋于缓和。农民收入徘徊风险升高，但全年农民增收1000元以上的可能性仍然存在。贫困地区农民增收幅度可能超过全国平均水平。

关键词： 粮食供求　生猪产能　食品价格　农民收入

一　2020年中国粮食和食用油供求及价格形势

多年来，粮食是否增产已经成为判断农业形势的"晴雨表"。连续十多年粮食增产和丰产，虽然带来了越来越突出的供求结构性矛盾和农业资源错配风险的上升，但是总体上对经济社会全局稳定具有重要的积极意义。"手中有粮，心中不慌"在2020年3月下旬和4月上旬又一次得到验证。新冠肺炎疫情自3月在全球加快蔓延扩散之际，一些国家出于疫情防控需要或者对粮食安全的担忧，限制或者管控粮食出口，国内粮食市场也曾出现少部分粮食品种的局部波动和社会对中国粮食安全的担忧。事实证明，中国强大的粮食生产能力、粮食储备和调控能力与及时的公共信息引导，在较短时间内很快稳定了粮食市场，中国口粮绝对安全经受住了一次考验，同时又一次提高了人们对国家粮食安全重要性的认识。

根据春季粮食生产形势，估计2020年中国粮食供求关系宽松和价格稳定的态势不会改变。一季度，夏粮生产处于重要时期，其中比重最大的冬小麦长势明显好于上年和常年。南方早稻在经历多年调减之后，2020年早稻种植面积呈现恢复性扩大态势。尽管新冠肺炎疫情防控曾在短时间内对少数地方的农业生产资料供应、农民粮食销售和农业社会化服务等带来了一些不利影响，但是进入3月之后国家统筹新冠肺炎疫情防控和春季农业生产工作，粮食播种面积稳中有增。

2020年，粮食生产省长责任制等行政干预力度明显加大。粮食种植面积，既受种粮市场效益影响，又受政策支持和行政干预力度等非经济因素影响。近些年，中国粮食价格总体稳定，但无法改变种粮效益偏低局面，甚至小麦和玉米等生产在部分年份是负利润，粮食种植面积2017~2019年连续三年出现减少。在市场经济中，当年度粮食生产经营主体决策相对于上年度粮食价格存在滞后性。2019年种粮效益没有明显改善，驱使粮食种植面积扩大的市场力量总体上不足，加上新冠肺炎疫情带来的一些不利影响，客观上2020年粮食种植面积进一步缩小是可能的。但是，从中央一号文件到新冠肺炎疫情防控期间中央专门发文指导春耕备耕，再到国务院督导组深入各地强化春季农业生产责任和服务，全年粮食种植面积稳定甚至扩大的可能性明显上升。

近些年，中国选择了农业高质量发展道路，放弃了过去不惜资源环境代价片面追求单产的粮食生产方式方法。经过几年的探索，粮食生产经营主体和主管部门对提高粮食单产水平和提高品质之间的辩证关系的认知不断深化，在粮食新品种选育和推广应用中注重提高品质的同时也没有完全放弃提高粮食单产水平。科技在提高粮食单产水平方面的潜力很大，中国稻谷在现实生活中的实际单产水平每亩不足500公斤，而科技创新试验田的稻谷单产水平每亩已经超过1000公斤。新冠肺炎疫情特殊时期，粮食生产省长责任制考核力度加大，科技增产的作用将得以有效发挥，借助历史经验和国际经验，预期2020年粮食单产水平将每亩超过385公斤，比上年增长1%以上。

除科技发挥作用外，粮食作物种植结构对粮食单产水平的影响也很大。从中央农村工作会议到中央一号文件，已经明确要求稳定稻谷和玉米等种植面积，特别是明确2020年政策上不再调减玉米种植面积，同时2019年三大谷物中只有玉米价格上涨，估计市场力度也会驱使2020年玉米生产恢复。稻谷和玉米单产水平通常比其他粮食作物单产水平高出50%多。稻谷和玉米种植面积比重上升，也会拉高粮食单产整体水平。

我们注意到，2020年粮食生产面临草地贪夜蛾等病虫害威胁，也面临极端灾害天气的高风险，但是农作物病虫害预警体系和统防统治能力等已经让中国可以予以有效应对，多年的高标准农田建设已经让中国农业具备了很强的抵御自然灾害能力。中国粮食稳产能力是2020年粮食增产丰产的又一积极力量。

粮食播种面积对粮食增产丰产起基础性作用，粮食单产水平对粮食增产丰产起决定性作用。如果粮食播种面积稳定在2019年的17.4亿亩，粮食单产水平每亩超过385公斤，那么2020年中国粮食总产量有望达到6.7亿吨。

当然，2020年粮食市场运行的不确定性因素增多，中国应对的基本思路是粮食增产，估计随着中国对粮食安全预警等级的提升，在各类责任制中对粮食生产考核的严格，财政上对粮食生产的支持力度加大，粮食安全在生产领域的风险将会得到有效化解。

粮食供求总体宽松和结构性差异反映在市场价格运行上。2020年一季度，城乡居民粮食消费价格同比上涨0.6%[①]，同期农民销售粮食价格总体稳定，不同品种价格呈现差异化运行态势。谷物生产者价格同比下降0.6%，其中，小麦和稻谷生产者价格同比分别下降5.2%和3.6%，玉米生产者价格同比上涨0.3%，表明小麦和稻谷市场供给充足格局维持不变而玉米阶段性过剩格局已经发生改变。小麦市场供给充足，一方面是2019年小麦增产215万吨，另一方面是小麦消费减少，决定了小麦市场价格呈现跌势。稻谷与小麦略有不同，

---

① 本文中使用的数据没有说明出处的都来源于国家统计局官方网站或者其主编的年鉴。

稻谷2019年比上年减产252万吨，但其价格运行呈现下跌态势，仅一季度中国政策性收储稻谷没有供应市场，反映的主要是稻谷消费减少带来稻谷供求关系仍然相对宽松。玉米2019年比上年增产360万吨，且主要作为饲料粮的玉米出现较大幅度减少，玉米市场价格虽然涨幅不大，但反映了玉米市场供求关系正在发生变化。特别地，玉米市场供求关系变化及其价格走势，是基于受非洲猪瘟疫情影响下中国生猪生产出现较大幅度滑坡的情形，需要政策制定者和市场主体等对前几年玉米生产形势做出评估，以继续保持玉米市场充足供给和价格稳定。

我们注意到，随着中国粮食再次增产或者丰产，现有的粮食供求结构性矛盾和粮食安全理念冲突会进一步显现。中国粮食相对过剩将是常态。这对于粮食等关系到国计民生的重要商品必须在经济社会稳定中发挥重要功能来说，要在现实中做到供求平衡，完全是小概率事件，更何况在粮食等农产品金融化时代，粮食等农产品又可储存，如果粮食供求是平衡状况，那么市场"炒作"，居民和企业增加购买，扩大储备，抢粮的事件就会发生。实践反复表明，粮食多了不好（经济负担会加重），粮食少了不行（抢粮和囤粮的事件可能发生），粮食不多不少做不到，做到了也维持不了。随着中国粮食生产能力继续提高和供给相对居民食物消费过剩，加快粮食有序转化将成为中国粮食高质量发展中迫切需要破解的课题。

随着中国农业对外开放的不断扩大，除农业生产是多数国内农产品市场供求关系的决定因素外，农产品进出口也是大豆等少数农产品市场供求关系变化及价格走势的主要影响因素。根据农产品国内生产量与需要量之间的关系，大致可以将中国农产品产需关系分成三种类型：没有产需缺口的农产品及食品，如稻谷和小麦；产需缺口持续存在，国内农业资源不足以支撑生产发展消除产需缺口的农产品及食品，如大豆、牛羊肉；产需缺口时而出现时而消失的农产品及食品，如果品和猪肉。没有产需缺口的农产品及食品，国际市场波动对国内影响较小。产需存在较大缺口的农产品及食品，国际市场波动对国内影响可能较大，如大豆；也可能较小，如进口的肉品价格较低但基本不影响国内较高价位运行。

2020年大豆进口估计增长较快。中国海关网站数据显示，一季度，中国进口大豆1779万吨，比上年同期增长6.2%。按照中美经贸第一阶段协议，中国承诺在2017年基础上要新增至少125亿美元的美国农产品进口。中国进口美国大豆，2017年为3286万吨，而2019年仅为1694万吨，相差1592万吨。2019年，中国进口大豆8851万吨，考虑到中美经贸第一阶段协议，加上中国生猪生产能力较快恢复对蛋白饲料需求的增长，2020年中国进口大豆可能超过1亿吨。我们注意到，美国农业部4月的估计表明，2019年度全球大豆总产量大约3.4亿吨，减产大约2000万吨，但是2020年度美国大豆种植面积将达到约5亿亩（8350万英亩），比上年度扩大10%。考虑到前2年中国因中美经贸摩擦而减少美国大豆进口给大豆库存带来的积压，全球大豆供给仍然充裕，中国扩大大豆进口具有较好的国际市场条件。

我们注意到，中国实施大豆振兴计划，估计2020年会带来大豆继续增产，但增产幅度非常有限，近些年每年增产大约200万吨，与中国大豆需求增长相比，无法改变中国大豆产需缺口总体扩大趋势。因此，大豆进口规模扩大，有助于缓和国内主要农产品供求结构性矛盾，促进农产品市场价格稳定运行。

受2019年度全球大豆减产以及2020年3月疫情在全球蔓延等因素影响，4月国内大豆市场出现短期波动，用豆企业采购大豆最高价格每吨曾突破4800元，估计如此高的价位不会持续。3月国内进口大豆每吨约2780元。随着大豆进口快速增加，国内大豆价格势必会合理回落，这对于促进生猪生产能力快速恢复和其他畜肉饲养动物生

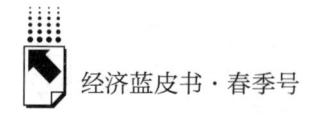

产发展具有积极意义。

在大宗农作物产品市场运行中，2020年食用油价格的波动幅度可能扩大，需要引起注意。2020年一季度，城乡居民食用油消费价格同比上涨5.5%，这种情形在食用油价格运行实践中较少出现。中国食用植物油高度依赖进口，国内食用油价格变化主要是由国际市场波动导致的。2019年，中国进口食用植物油953万吨，比上年增加324万吨；国内生产油料3495万吨，折合植物油约1000万吨。若将进口大豆加工的豆油和直接进口的食用植物油等合计起来，2019年国内生产的食用植物油仅相当于国内进口量的40%，即食用植物油自给率已经下降到不足30%。2020年一季度中国进口食用植物油169万吨，比上年同期减少14.0%，海关价格每吨5269元，比上年上涨17.2%。2020年，国际油籽和食用植物油市场波动幅度可能会加大，将影响国内食用植物油市场运行，但是居民食用植物油消费支出所占份额小，对居民生活影响应该不会很大。

二 2020年中国猪肉及其他肉禽产品供求及价格形势

受非洲猪瘟疫情冲击，中国生猪生产能力大幅度下滑，影响到2020年猪肉产量。一季度，中国生猪出栏13129万头，比上年同期下降30.3%；猪肉产量1038万吨，比上年同期减少29.1%。生猪生产能力恢复需要时间，猪肉产量出现较大幅度下降，带来猪肉市场供应紧张和猪肉价格高位运行。一季度，全国人均猪肉每月占有量2.5公斤，生猪生产者价格比上年同期上涨1.3倍，猪肉消费价格比上年同期上涨1.2倍。

进入2020年，中国猪肉供应持续严重偏紧，市场价格高位波动运行，但是各地生猪生产能力已呈现恢复态势。一季度末，全国能繁母猪存栏已经比年初增长9.8%，达到3381万头，若按照每头母猪年产仔20~25头计算，那么一年内将增加67620~84525万头仔猪，供补栏。近10年来，除2019年，我国生猪出栏常年在7亿~7.5亿头。按照一季度我国生猪生产能力恢复进展，中国能繁母猪生产能力已经率先恢复到保障猪肉供应的生猪补栏常年水平或者接近于常年水平，估计2021年上半年我国生猪生产能力将全面恢复到常年水平。

一般来说，生猪存栏量与猪肉产量的相关性滞后期大约是半年以上。2020年，一季度末全国存栏生猪32120万头，如果受非洲猪瘟等疫情影响较小，扣除能繁母猪外，按照生猪生长规律，那么这些生猪中在下半年出栏量将达到约28739万头。二季度全国生猪补栏量估计超过1.5亿头，加上一季度末的生猪存栏量，合计达到4.4亿头，这些上半年存栏的生猪在下半年都可以出栏，形成市场猪肉供给。考虑到一季度已经出栏生猪1.3亿头，估计全年出栏生猪将达到5.7亿头，按照每头生猪胴体79公斤计算，全年猪肉产量至少4500万吨。

随着生猪生产能力不断恢复，生猪供求关系改善，生猪和猪肉价格总体上将呈现不断回落态势。这将改变生猪养殖者对市场的预期，改变惜售养大猪的行为，也会调整能繁母猪补栏出栏行为，估计到四季度生猪出栏量将呈现加快态势，全年出栏生猪甚至可能超过6亿头，猪肉产量将近4800万吨。

除猪肉生产出现较大幅度减产外，其他饲养动物类产品保持基本稳定或者较快增长。特别地，一季度中国进口肉类食品大幅度增加。国内畜禽产品及肉类食品产需存在较大缺口，扩大进口是有效缓解这一缺口带来的供求矛盾的有效途径。中国海关网站数据显示，2020年一季度，中国进口肉品（包括肉及杂碎）217万吨，比上年同期增长85.6%。其中，猪肉及猪杂碎进口124万吨，牛肉及牛杂碎进口

52万吨，分别比上年同期增长112.0%和63.9%。尽管肉品进口价格明显上涨，但进口价格仍然明显低于国内市场价格。一季度，海关进口肉品价格每吨25060元，比上年同期上涨31.2%。其中，海关进口猪肉和牛肉价格每吨分别为21502元和38965元，分别比上年同期上涨84.0%和24.3%。由于进口肉品价格水平相对较低，且猪肉等进口量相较于国内生产量仍然较小，即使是牛肉进口量相较于国内生产量已经很大，肉品国际国内两个市场的独立性仍然很强，明显区别于大豆和食用植物油国际国内两个市场的高度关联。国外猪牛羊肉价格波动在短时间内很难成为国内肉品市场价格运行的决定力量。受新冠肺炎疫情等不确定性因素影响，一些肉类出口国家的肉品市场可能会发生较大波动，但对国内市场的冲击可能较小。

2020年，在生猪生产能力加快恢复的同时，牛羊生产将保持稳定发展，家禽生产在克服新冠肺炎疫情带来的不利影响后估计也能够得到较快发展。如果新冠肺炎疫情在全球蔓延扩散态势在二季度内得到基本控制，估计肉类等动物源性食品进口较快增长态势在三季度能够恢复。当然，进口畜肉规模和价格的不确定性很大。虽然饲养动物类产品价格高位运行的态势很难根本性改变，但是，全年总体上波动性逐季回落的态势会越来越明显。

三 2020年中国农民增收形势

农民增收形势，既是反映经济社会全局的重要指标，又是综合反映农业农村经济形势的关键指标。农民收入增长形势及城乡居民收入差距变化，特别是贫困地区农民增收形势，直接关系到全面小康社会建成质量和中国现代化进程，直接对扩大内需产生影响。农民工就业、农牧业增产增收、贫困地区产业扶贫和就业扶贫成效，以及惠农政策效果，都可以通过农民增收形势予以反映。

2020年一季度，农民人均可支配收入4641元，比上年同期增加41元，名义增长0.9%，实际下降3.9%。受新冠肺炎疫情影响，农民收入名义上略有增长，但实际上有所下降，这种没有明显的实际增收的状况一般被称为农民增收徘徊局面。

近年来，一季度农民人均可支配收入在全年中的占比接近30%，是全年农民收入来源较多的季度。2020年农民收入水平能否如2011年以来一样，每年再增加大约1000元，关键依赖于工资性收入和家庭经营净收入能否弥补一季度减收部分和二季度后农民增收能否有效抵消新冠肺炎疫情带来的不利影响。

2020年一季度农民工资性收入受到疫情等的影响已有显现。一季度，农民人均工资性收入1997元，比上年同期减少12元，名义下降0.6%。农民工资性收入减少，主要是由农民工数量减少所致。2月末，外出务工农村劳动力12251万人，比上年同期下降30.6%，外出务工农村劳动力月均收入为3680元/人，比上年同期下降7.9%。多年来，农民工资性收入是其增收的最重要贡献因素，而影响农民工资性收入的最大因素是月收入水平。在外出农民工数量不能有效增加的情况下，农民工月收入水平不能提高，这是农民增收徘徊的最大风险因素。

2020年一季度农民家庭经营净收入受到疫情等的影响也有所显现。一季度，农民人均家庭经营净收入1518元，比上年同期减少1.1%。在饲养动物类产品生产者价格大幅度上涨情况下，农民家庭经营净收入不增反减，除受疫情影响外，也与中国畜牧业生产组织化等政策有关。如果小农户经营与现代畜牧业发展不能有效衔接，广大农民不能参与动物饲养，那么不仅畜产品充足供给的保障难题不易得到解决，而且农民增收徘徊的风险化解也少了一条有效的途径。

虽然2020年农民增收陷入徘徊局面的风险较大，但是农民工资性收入和家庭经营净收入仍然有可能增加。农民人均工资性收入水平取决于农民工数量、月收入水平和有效劳动时长。通常情况下，农民工获得平均月收入水平的劳动时长仅有3个多月。下半年，新冠肺炎疫情得到控制后农民工就业能基本恢复正常，如果各项就业政策落实到位，农民是有可能弥补一季度减少的工资性收入的，全年农民工资性收入将保持增长。进入二季度，全国限制农产品流通的措施基本取消，2020年畜禽产品价格总体上保持高位波动运行，如果不对农民发展养殖业盲目予以干预和限制，同时帮助农民做好非洲猪瘟等疫情防控，那么农民家庭经营净收入从二季度开始估计将会增长。

2020年，尽管城乡居民收入相对差距继续缩小，存在相当大的不确定性，但是如果农民工资性收入和家庭经营净收入实现小幅度增加，在转移净收入增长较快的带动下，全年农民人均新增收入达到1000元、人均可支配收入水平达到1.7万元是完全有可能的。这样，城乡居民收入相对差距仍然可能呈现缩小态势。一季度，以农村居民人均可支配收入为1的城乡居民人均可支配收入比率为2.52，比上年同期缩小0.01，城乡居民收入相对比率基本稳定，这主要得益于惠农政策和脱贫攻坚等增加了农民转移净收入。一季度，在农民人均工资性收入和家庭经营净收入绝对额减少的情况下，农民转移净收入较2019年同期增加了69元，达到925元。

2020年是脱贫攻坚收官之年，扶贫力度将进一步加大，估计贫困地区农民，特别是建档立卡贫困户获得的政策性转移收入将保持较快增长，从而可能使转移净收入在全年农民增收中成为最大贡献因素。一季度，贫困地区农民人均可支配收入为3218元，比上年同期名义增长2.7%，比全国农民人均可支配收入名义增速快1.8个百分点。其中，贫困地区农民人均工资性收入和经营净收入与2019年同期相比保持基本稳定，而人均转移净收入增加到945元，比上年同期名义增长9.2%，比全国农民人均转移净收入水平高20元，比全国农民人均转移净收入名义增长速度快1.8个百分点。

还需要关注的是，食品价格出现较大幅度上涨，而城乡居民食品消费支出没有同步增长，这可能反映居民食物消费水平出现了下降。2020年一季度，城乡居民食品消费价格同比上涨20.3%，食品烟酒消费价格同比上涨14.9%，而全国居民人均食品烟酒消费支出1708元，同比增长2.1%。其中，城镇居民人均食品烟酒消费支出2111元，同比名义下降1.1%；农村居民人均食品烟酒消费支出1204元，同比名义增长9.5%。

综合来看，受新冠肺炎疫情等影响，农业农村经济运行的不确定性因素增多，农业发展与居民食物消费结构升级及农业经济社会功能转型等矛盾仍然突出。全面建成小康社会，打赢脱贫攻坚战，推进农业高质量发展，确保农产品及食品充足供给和价格合理运行，千方百计避免农民收入增长徘徊和实现贫困地区农民收入更快增长，要求必须坚持农业农村优先发展总方针，加快农业农村现代化步伐，以超常规政策措施稳步提高农民工月均收入水平，加快农业劳动力转移，加强农产品产销对接，确保农民增产增收。

B.10
2020年一季度工业运行分析及全年工业预测展望

解三明 张亚丽[*]

摘 要： 受新冠肺炎疫情影响，2020年第一季度中国经济增速出现了下跌。当前经济发展中，有利因素方面，医疗防疫、生活必需品和基础物资产品较快增长，疫情防控和经济社会平稳运行得到有力保障，高技术和装备制造业生产回升明显，新兴产品持续较快增长。不利因素方面，全球疫情蔓延，制造业受第三波冲击。企业效益持续下降影响投资信心。随着我国疫情得到有效控制，2020年3月以来复工复产率快速提高，经济下行幅度明显收窄，经济向好趋势明显。应进一步推动复工复产，解决"断点、堵点、卡点"，并制定应对国际供应链中断的预案。

关键词： 疫情 工业运行 预期

一 工业运行特点分析

（一）3月工业生产明显恢复

一季度，规模以上工业增加值同比下降8.4%，降幅较1~2月

---

[*] 解三明，工业和信息化部运行局；张亚丽，赛迪研究院。

收窄5.1个百分点。尤其是3月，工业增加值同比下降1.1%，降幅较1~2月收窄12.4个百分点，工业产出规模已接近上年同期水平。

从行业看，3月，41个大类行业中，37个行业较1~2月生产加快或降幅收窄，16个行业增加值同比实现正增长。从地区看，31个地区中，18个地区增速由负转正，西部地区整体实现增长，东、中、东北地区降幅明显收窄。从产品看，612种工业产品中，227种产品实现同比增长，较1~2月增加148种，增长面提高至37.1%；508种产品增速加快或降幅收窄，占比83%，多数产品生产出现好转。

（二）工业和制造业投资增长速度恢复较慢

一季度，受疫情冲击，工业和制造业投资增速显著放缓，同比增速分别下降21.1%和25.2%，与全国固定资产投资增速的差距较上年同期扩大3.1个和7.4个百分点。随着复工复产的稳步推进和投资项目建设加快，一季度全国固定资产投资降幅较1~2月收窄8.4个百分点，其中工业和制造业投资降幅收窄6.4个和6.3个百分点，恢复相对更缓慢。从投资主体看，民间投资下降更加突出。一季度，我国制造业民间投资同比下降27.5%，与制造业投资和全国民间投资增速的差距较上年同期分别扩大1.5个和6.1个百分点。

（三）出口呈现明显萎缩

一季度，我国主要出口商品及对主要贸易伙伴出口明显萎缩，整体出口出现大幅下滑。一季度，我国货物贸易出口额（美元计价，下同）同比下降13.3%，较上年同期回落14.7个百分点。其中，1~2月，受疫情冲击，国内企业大面积停工停产，在手国外订单无法按时交付，新出口订单需求锐减，导致出口额大幅下降17.2%；3月，海外疫情加速蔓延，但和国内复工复产之间有一段时间差，正是

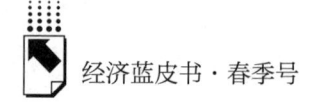

在这个短暂的窗口期,企业的积压订单回补支撑当月降幅较1~2月大幅收窄10.6个百分点。

从主要出口品看,一季度,我国纺织服装、玩具、家具等需求弹性大、附加值低的产品出口额同比下降19.8%,降幅大于出口总额6.5个百分点。从主要出口贸易伙伴看,一季度,我国对美国、德国、英国、法国、意大利、日本、韩国七国出口额占我国出口总额的64.2%,同比下降20.7%,降幅大于出口总额7.4个百分点,主要是由于这些国家疫情均比较严重,对我国出口需求冲击相应也比较大。

(四)工业企业利润受疫情影响明显下降

新冠肺炎疫情对工业企业生产经营形成严重冲击,工业企业利润明显下降。1~2月全国规模以上工业企业利润同比下降38.3%。工业生产销售显著下降。为有效防控疫情,20多个地区推迟10天开工复产,生产水平尚未恢复正常,导致企业生产销售均出现明显下降。成本费用上升挤压利润空间。疫情期间企业复工复产未恢复正常,但用工、折旧等成本及各项费用刚性支出不减,同时防疫成本增加。1~2月,规模以上工业企业每百元营业收入中的成本费用为94.19元,同比增加0.85元。

二 工业运行因素分析

(一)工业生产的有利因素

1. 医疗防疫、生活必需品和基础物资产品较快增长,疫情防控和经济社会平稳运行得到有力保障

一是医药和医疗器械等防疫物资快速增长。3月,医药行业增加

值同比增长10.4%，1~2月为同比下降12.3%；口罩产量同比增长超过6倍，酒精同比增长28.3%，增速均较1~2月明显回升。二是生活必需品增速加快。3月，食品制造业增加值同比增长5.7%，1~2月为同比下降18.2%；农副食品加工业同比下降4.8%，降幅收窄10个百分点以上。三是基础物资产品和农用生产资料平稳增长。3月，煤炭、天然气同比分别增长9.6%、11.2%，钢材、十种有色金属等基础原材料产品生产平稳。

2. 高技术和装备制造业生产回升明显，新兴产品持续较快增长

高技术制造业和装备制造业回升最快。3月，高技术制造业增加值同比增长8.9%，1~2月为同比下降14.4%。装备制造业增加值同比下降3.6%，降幅大幅收窄20.4个百分点，其中，电子行业增加值同比增长9.9%，1~2月为同比下降13.8%；铁路船舶航空航天业实现增长，通用设备、专用设备、电气机械、仪器仪表等行业降幅均大幅收窄20个百分点以上。部分新兴产品保持高速增长态势。3月，智能手表、3D打印设备、集成电路圆片、服务器、半导体分立器件等电子类产品继续保持高速增长态势，分别同比增长112.8%、86%、79.7%、68.3%、66.9%。

3. 提高财政赤字率、发行抗疫特别国债等多种方式刺激经济恢复，新基建和传统基建共同提速

中央会议提出要提高财政赤字率、发行抗疫特别国债、增加地方政府专项债券等，提高资金使用效率，真正发挥投资对稳定经济的关键作用。此外，全国各个省份集中公布2020年的重大项目投资计划清单，项目涵盖高速公路、铁路、机场、能源等传统基建领域，以及5G网络、大数据中心、人工智能等新型基础设施。5G网络、数据中心等新基建的投资总量虽并不大，但对相关产业起到带动效应，除了能直接带动相关设备行业发展外，还将促进基于5G网络的各类垂直行业发展，如工业互联网、物联网平台、智能制造等。

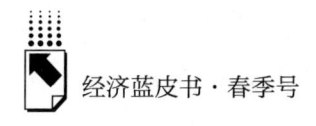

（二）影响工业生产的不利因素

1. 全球疫情蔓延，制造业遭受第三波冲击

近期东南亚、南亚、拉美、中东北非等地区新冠确诊患者病例数量增加较快，成为"第二波"欧美之后的全球"第三波"疫情，导致全球产业链出现紊乱。我国制造业从内部冲击为主转向外部冲击为主，从供给端冲击为主转向供给端和需求端共同受到冲击。从供给端看，企业复工复产不同步，上下游企业复工情况不一，货物运输受阻，供应链和产业链运转不畅，复工不达产现象仍然存在，要完全恢复常态需要较长时间。与此同时，中国是全球最重要的中间品出口国，全球有近200个经济体从中国进口的中间品占全部进口的1/5以上。疫情影响了企业正常生产经营活动，出口订单不能及时交付，影响我国产业的国际供应链稳定。从需求端看，消费品和投资品需求的萎缩将逐步向制造业传导，部分行业如汽车、家用电器等库存积压问题已经显现，下游订单减少还会向上游传导。

2. 全球经济收缩，国际机构纷纷下调经济和贸易增长预期

受疫情影响，国际机构纷纷下调经济和贸易增长预期，IMF《世界经济展望报告》表示，世界经济增长正在遭遇上世纪30年代大萧条以来最严重的打击，预计2020年全球GDP增长将萎缩3%。这是大萧条以来，全球第一次面临发达经济体和新兴经济体同时进入衰退。发达经济体经济增速将下降6.1%，美国经济增速下降5.9%，欧元区经济增速下降7.5%，2020年中国经济增长预期为1.2%，2021年为9.2%。除中国、印度等个别国家外，其他主要国家经济均将出现负增长。WTO预计2020年全球商品贸易将下降13%~32%。

3. 企业效益持续下降影响投资信心

2019年以来，我国工业企业盈利能力下降，受到疫情严重冲击，2020年一季度更是雪上加霜，营业收入和利润总额分别同比下降

17.7%和38.3%，利润率下降至3.54%，形势比国际金融危机时更为严峻。预计年内企业效益难有明显改观，投资恢复缺少动力。国际疫情蔓延直接影响我国实际利用外商直接投资规模。当前，国际疫情仍然严峻，各国为应对疫情出台的各类管控措施，使跨境投资活动受到明显抑制或延迟，投资效率大幅降低。日本和美国等发达国家纷纷借机鼓励跨国企业从我国回流，对我国利用外资造成影响。此外，全球疫情蔓延已对实体经济形成负面预期，导致全球金融市场震荡下行，跨境投资的金融风险增加，进而影响我国利用外资。

三　工业增速模型预测

模型预测结果如下：利用SARIMA模型进行工业增加值增速预测和利用SARIMA模型进行增速区间预测。其中，SARIMA模型预测结果为4月、5月、6月分别增长2.5%、4.5%、5.5%；SARIMA模型预测增速区间结果分别为（2.0, 3.5）、（4, 5）和（5, 6.5），综合两种预测结果并予以调整后，预测4月、5月、6月的增长速度分别为2%、4.5%、6%，二季度增长速度为4%左右，上半年增长速度为同比下降1.5%左右，进而预测2020年三、四季度分别增长6%、6.5%，全年增长2.5%左右。

四　对策建议

（一）进一步推动复工复产，解决"断点、堵点、卡点"

一是要加快推动复工复产，促进复工不达产的企业逐步达产，加快解决物流链的堵点和供应链的断点，保障产业链、供应链畅通，实现上下游企业整体复产和制造业全产业链复产。二是继续减免制造业税费和社保缴费，合理分担企业疫情期间的房租、利息等成本。三是应分批梳理行业龙头企业及其产业链上下游未复工达产的核心配套企业名单，明确阻碍产业链复工复产的具体"断点、堵点、卡点"，逐个予以协调解决，促进企业逐步恢复正常生产运营。

（二）制定应对国际供应链中断的预案

制定应对国际供应链中断的预案。对国内短期内难以替代的中间品，加大国内储备力度，以增加库存应对突发的外部供应中断情况。对国外可替代的中间品，要促进海外供应渠道多元化；对国内可替代产品，加快制定并适时启动国内替代方案。采取措施保障出口企业的海外订单交付能力，特别要保障在全球产业链中有重要影响的龙头企业和关键产品生产出口，有效降低供应链被替代的风险。加大出口信用保险和贸易融资支持力度，采取有效措施提高我国国际航空货运能力，畅通国际物流通道，保障出口订单正常交货。对抗风险能力较弱的企业特别是吸纳就业量较大的出口制造企业提供定向扶持，帮助企业渡过难关。

B.11
中国房地产市场发展趋势及 2020年主要指标预测

王业强 张 智*

摘 要：十九大以来，中国房地产市场逐步进入一个全新的发展时期，主要表现为：一是从制造向服务转型，二是从增量向存量转变，三是从购买向租赁转变，四是从市场功能向保障功能回归。2019年，中国房地产市场整体表现出平稳回落态势。展望2020年，随着国内疫情逐步得到控制，宏观政策环境改善，过度压制的市场需求集中释放，市场将快速回暖，市场销售和投资将逐步得到修复。预计全年市场销售将会进一步回落，约为15万亿平方米，降幅为10%左右；土地购置面积增速年底有可能由负转正；房地产开发投资增速有可能大幅回落至3%左右；市场价格有望保持小幅平稳回落趋势。

关键词： 房地产 土地市场 固定资产投资

---

* 王业强，中国社会科学院生态文明研究所研究员，中国城市经济学会房地产研究部主任，研究方向为城市与房地产经济；张智，天津社会科学院经济分析与预测研究所研究员，研究方向为宏观经济预测、房地产经济、城市经济。

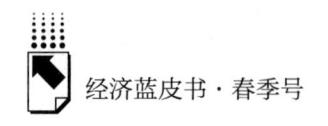

一 中国房地产行业已经进入一个新的历史时期

十九大以来,中央坚持"房子是用来住的、不是用来炒的"定位,提出了加快建立多主体供给、多渠道保障、租购并举的住房制度,让全体人民住有所居,标志着房地产市场进入了一个全新的发展时期,而从行业自身的发展来看,存在以下明显特征。

(一)从制造向服务转型,品质服务助推房地产高质量发展

在过去几十年的发展中,居住服务一直是我国房地产行业的薄弱环节。新时代,房地产会逐步从制造向服务转型,并呈现多元化发展趋势。随着我国居住服务从数量扩张进入品质提升的新阶段,房地产将从制造向服务转型,服务在房地产行业价值链中的占比将超过50%,居住需求和供给将出现深刻的变革。

新居住的本质,即以数字化手段重塑居住产业。因此,构建居住服务行业的基础设施、推动服务价值崛起是进入新居住时代的必然要求。新居住行业的服务者,要通过定制化产品设计、数据技术驱动、职业化服务人员等方式,满足新居住时代消费者在居住、交易和流通、社区交互和房屋管理等方面的新需求。

2019年,建筑业增加值为70904亿元,在GDP中占比从1978年的3.78%上升到7.16%;房地产行业增加值为69631亿元,在GDP中占比从1978年的2.17%上升到7.03%。

(二)从增量向存量转变,房地产逐步进入存量房时代

2019年7月31日,国家统计局发布的《建筑业持续快速发展 城乡面貌显著改善——新中国成立70周年经济社会发展成就系列报告之十》指出,2018年,城镇居民人均住房建筑面积为39平方米,

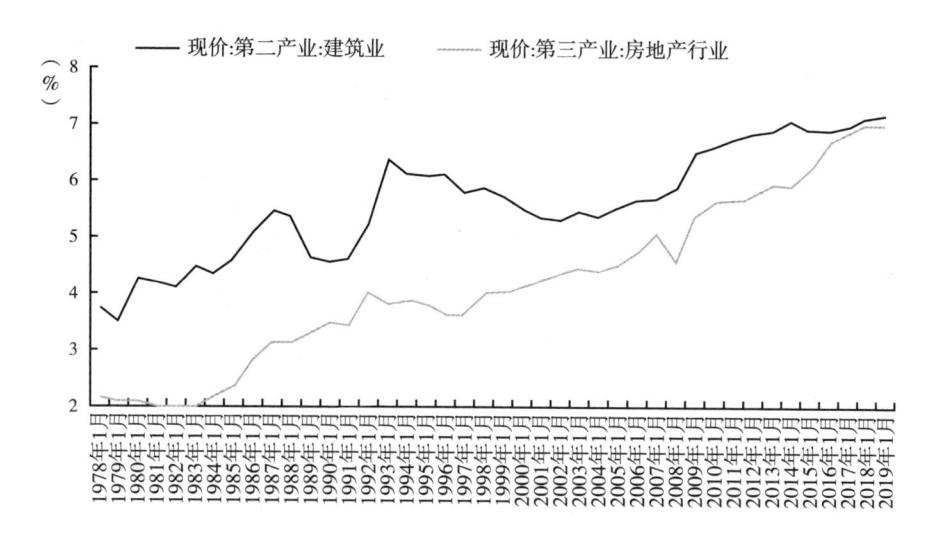

图 1　建筑业和房地产行业占 GDP 情况

资料来源：Wind 数据库。

比 1978 年增加 32.3 平方米；农村居民人均住房建筑面积为 47.3 平方米，比 1978 年增加 39.2 平方米。如果直接以国家统计局公布的城镇居民人均住房建筑面积乘以城镇常住人口，得出的 2018 年中国城镇住房建筑面积高达 324.2 亿平方米。而根据任泽平的测算①，城镇居民人均住房建筑面积为 33.3 平方米，2018 年中国城镇住宅存量为 276 亿平方米，城镇住房套均面积为 89.6 平方米，城镇住房套数为 3.11 亿套，套户比为 1.09。据住建部住房政策专家委员会及中金公司数据，全国城镇住房存量约 2.74 亿套，对应存量面积约 261 亿平方米。户均住房 1.13 套，其中城区 1.07 套。由此可判断，中国城镇住房从供给短缺到总体平衡，房地产行业进入新时代。

2019 年底中央经济工作会议提出，要加强城市困难群众住房保障工作，加快城市更新和存量住房改造提升，做好城镇老旧小区改

---

① 任泽平：《2019 年中国住房存量报告》，泽平宏观，2019 年 8 月 19 日。

造，大力发展租赁住房。加快改造城镇老旧小区，是重大民生工程和发展工程。住建部数据显示，各地上报需要改造的城镇老旧小区17万个，涉及居民上亿人。与棚改不同的是，旧改涉及的拆除重建类相对有限，综合整治类城市更新业务将有较大发展空间，旧改在带动社区养老、托幼、医疗、助餐、保洁等服务业态发展的同时，有可能延缓部分人群换房迫切性。未来，一、二线城市更新面临的限制，将是老旧小区改造的重点，房地产市场也将进入存量运营新时期。

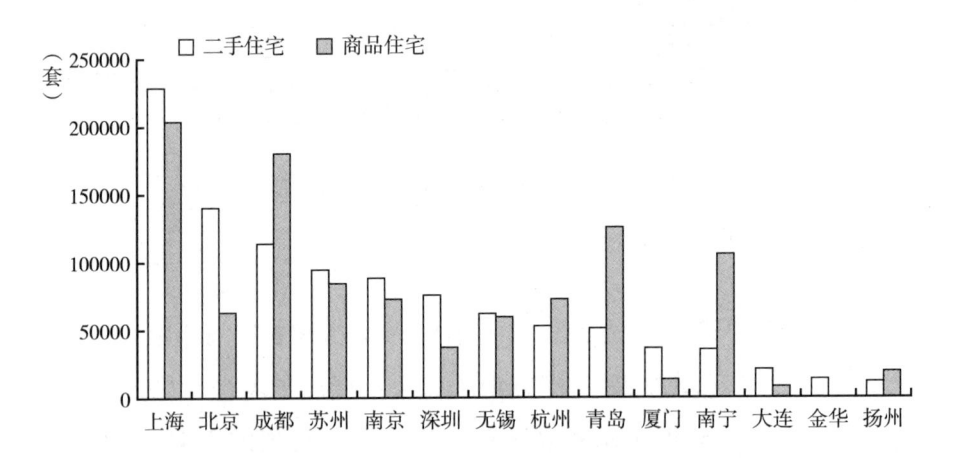

图2 部分城市二手住宅与商品住宅成交套数比较

资料来源：中指数据库。

（三）从购买向租赁转变，重点城市率先进入租赁时代

十九大报告提出，坚持"房子是用来住的、不是用来炒的"定位，加快建立多主体供给、多渠道保障、租购并举的住房制度，让全体人民住有所居。从历次中央经济工作会议对租赁市场的提法来看，基本与十九大提出的租购并举的住房制度一致，体现了国家逐渐重视和完善住房租赁市场的过程。2013年以来，中央经济工作会议多次提及发展租赁住房。2013年，中央经济工作会议提出"加快廉租住

房、公共租赁住房等保障性住房建设和供给"。2015年至2017年先后提出"发展住房租赁市场""加快住房租赁市场立法""发展住房租赁市场特别是长期租赁"。2019年"大力发展租赁住房"的提法比之前更加具体，从笼统的"发展住房租赁市场"指向产品形态的"租赁住房"。未来应该会围绕如何增加租赁住房供给出台更加具体的政策措施，这对推动住房租赁市场发展将产生较大影响。

2015年，住建部发布《关于加快培育和发展住房租赁市场的指导意见》提出，积极推进租赁服务平台建设，大力培育发展住房租赁经营机构，完善公共租赁住房制度，拓宽融资渠道，推动房地产开发企业转型升级。随后，《关于加快培育和发展住房租赁市场的若干意见》《关于在人口净流入的大中城市加快发展住房租赁市场的通知》《利用集体建设用地建设租赁住房试点方案》等陆续出台，以推动住房租赁市场加快发展。在租购并举政策推动下，人口净流入、房价高的一线及二线重点城市从购向租的转变加快。

2019年12月，城市二手房出售挂牌量指数为141.99，相比2015年1月增长了0.42倍，而同期城市二手房出租挂牌量指数为172.43，增长了0.72倍。2018年4月，城市二手房出租挂牌量指数达到最高点484.63，而后随着市场整体下行，二手房出租挂牌量指数一路下滑至谷底，2018年11月为120.78，2019年5月以来，随着市场趋紧而不断回落。分城市等级看，截至2019年12月，一线城市二手房出租挂牌量指数回落至55.98，二线城市提高至163.03，三线城市提高至303.21，四线城市提高至479.24。

（四）从市场功能向保障功能回归，"房住不炒"成为新时代市场主基调

2018年底中央经济工作会议提出，要构建房地产市场健康发展长效机制，坚持"房子是用来住的、不是用来炒的"定位，因

图 3　城市二手房出售和出租挂牌量指数比较

资料来源：Wind 数据库。

城施策、分类指导，夯实城市政府主体责任，完善住房市场体系和住房保障体系。事实上，"双轨制"是党的十八大明确"建立市场配置和政府保障相结合的住房制度"的基本要求。随着保障房大规模建设，中国住房双轨制的格局日渐清晰。新中国成立70年来，中国住房保障制度不断完善，保障能力显著提高，已经建成世界上最大的住房保障体系。2018年，全国公共财政住房保障支出6806亿元，占全国公共财政支出的3.08%，持续8年维持在3%以上的水平。

1994～2007年，全国共建设廉租住房、经济适用住房等保障性住房1000多万套。2008年开始，中国开始大规模实施城镇保障性安居工程，到2018年，全国城镇保障性安居工程合计开工约7000万套，还有2200多万名困难群众领取了公租房租赁补贴，帮助约2亿名群众解决了住房困难问题。2008～2017年，全国棚改累计开工3896万套，帮助约1亿人"出棚进楼"。2018年全国棚户区改造开工 626 万套，2019 年全国棚改新开工 316 万套。特别是党的十八大以来，全国开工建设的各类保障性住房和棚改安置住房 4000 多万套，惠及了 1 亿多名住房困难群众。

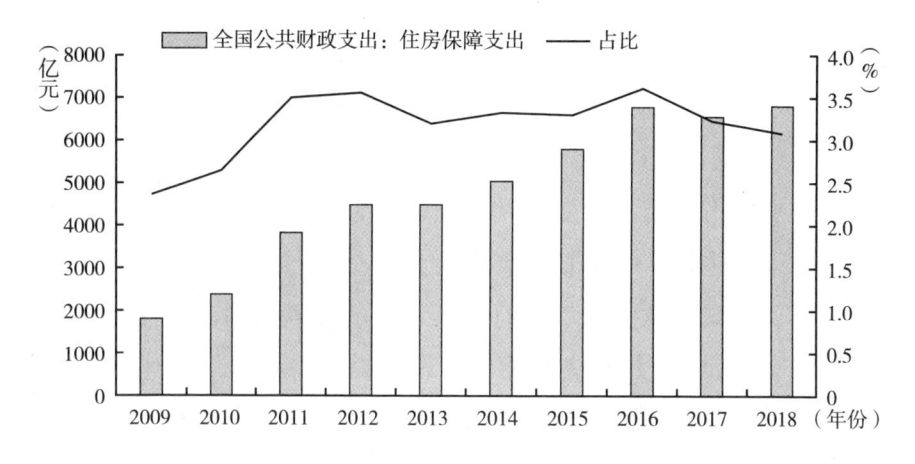

图 4　住房保障支出占全国财政支出的比重

资料来源：Wind 数据库。

二　当前房地产市场发展现状

2019 年底召开的中央经济工作会议改变了年中关于"不将房地产作为短期刺激经济的手段"的提法，强调要坚持"房子是用来住的、不是用来炒的"定位，全面落实因城施策，稳地价、稳房价、稳预期的长效管理调控机制，促进房地产市场平稳健康发展。总体上看，2019 年中国房地产市场整体表现出平稳回落态势：市场销售出现绝对下滑；市场价格指数自 2017 年开始，增速大幅降至 10% 以下，之后 2 年市场价格增幅缓慢收窄；2019 年开发投资增速前高后低，逐渐回落，增长乏力；土地购置面积跌幅逐渐收窄，土地市场成交价格波动上行，土地市场逐步回暖。

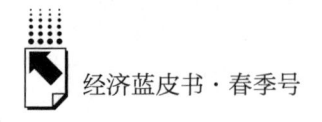

（一）政策层面有所缓和，"房住不炒"仍是基调

2019年，我国房地产市场运行的政策环境整体偏紧：中央聚焦房地产金融风险，坚持住房居住属性，不将房地产作为短期刺激经济的手段，房地产行业资金定向监管全年保持从紧态势。整体来看，2019年中央层面房地产调控政策经历了明显的三个阶段变化：3月"两会"表态从"坚决遏制房价上涨"到"防止房市大起大落"，侧面映证未来楼市预期的转变，调控强调地方主体责任，地方政府将有更多的政策自主权；4月中央政治局会议重申"房住不炒"，落实好一城一策、因城施策、城市政府主体责任的长效机制，确保房地产市场平稳健康发展；7月中央政治局会议首提"不将房地产作为短期刺激经济的手段"，政策明显收紧。这是房地产调控政策导向出现新变化的信号；12月中央经济工作会议重申"坚持房住不炒的定位，全面落实因城施策，稳地价、稳房价、稳预期的长效机制"，促进房地产市场平稳健康发展，房地产政策层面明显缓和，稳定将是下一阶段调控政策的主基调。2020年以来，随着新冠肺炎疫情的暴发，楼市遭到巨大冲击。为了应对疫情期间经济短期下行压力，短期货币、财政政策同步转向积极，但并非代表货币政策根本性转向，稳健的货币政策仍将贯彻执行，坚决不搞"大水漫灌"式强刺激，尤其要避免信贷资金过度流向房地产市场，坚决遏制房地产金融化泡沫化。4月中央政治局会议再次提及坚持"房住不炒"，促进房地产市场平稳健康发展。在此背景下，预计2020年房企的融资环境大幅松动的可能性不大，未来房地产金融政策仍将保持相应的连续性、一致性和稳定性。

（二）销售出现绝对下滑，市场面临极大困难

中央坚持房地产调控政策不放松，限贷限购政策直接着力于市场需求。2019年，商品房销售面积171558万平方米，略低于上年，比上

年下降0.1%。从图5可以看到，自1999年以来，商品房销售面积出现3次绝对下滑：第一次是2008年国际金融危机，增速下滑19.7%；但随着国家4万亿元的投资计划推出，商品房销售面积增速在2009年快速回升至43.60%。而除由外生因素导致的商品房销售面积下滑之外，商品房销售面积在2012年出现了一个相对低谷，商品房销售面积增速仅为1.8%。第二次是2014年，增速下滑7.6%。2014年GDP同比增速7.2%，相比2013年大幅下滑0.5个百分点。中国经济进入新常态。全国商品房销售面积和金额同比增速罕见的连月为负，房价增速大幅放缓。第三次是2019年，虽然增速下滑幅度不大，仅为-0.1%，但这说明房地产市场预期已经发生了根本转变。受疫情的冲击，2020年一季度，商品房销售面积出现了大幅下滑，一季度增速为-26.3%，市场面临极大困难。4月中央政治局会议再次提出"房住不炒"，但维护房地产市场稳定则需要适应市场形势的变化，适时调整中央政策调控的方向，要重点防控三、四线城市房地产市场过快下滑。

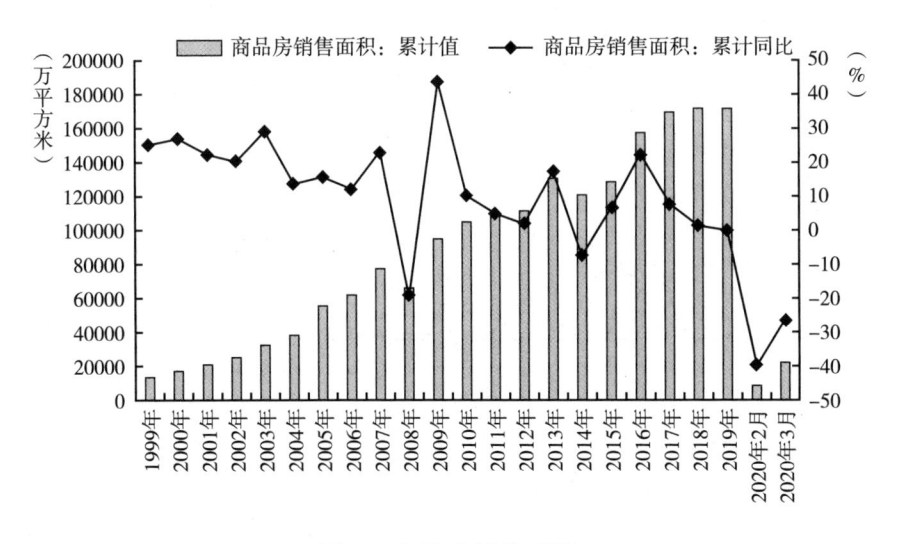

图5 商品房销售面积

资料来源：Wind数据库。

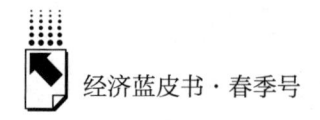

（三）价格增速回落变缓，一、二线核心城市有望触底回升

2019年底，中央经济工作会议提出，要坚持"房子是用来住的、不是用来炒的"定位，全面落实因城施策，稳地价、稳房价、稳预期的长效管理调控机制，促进房地产市场平稳健康发展。区别于7月底中央政治局会议首提"不将房地产作为短期刺激经济的手段"，本次会议重申坚持房住不炒的定位，落实因城施策、"三稳"的长效机制，房地产政策层面有所缓和，稳定将是下一阶段调控政策的主基调。2020年4月中央政治局会议则重申"要坚持房子是用来住的、不是用来炒的定位，促进房地产市场平稳健康发展"。百城住宅价格指数的变化显示，指数在2017年1月达到顶点，为18.86%，自9月降至10%以下之后，市场价格增速趋缓，2019年12月，百城住宅价格指数由11月的3.17%回升至3.34%，这是自2017年市场价格增速回落2年来的首次回升。

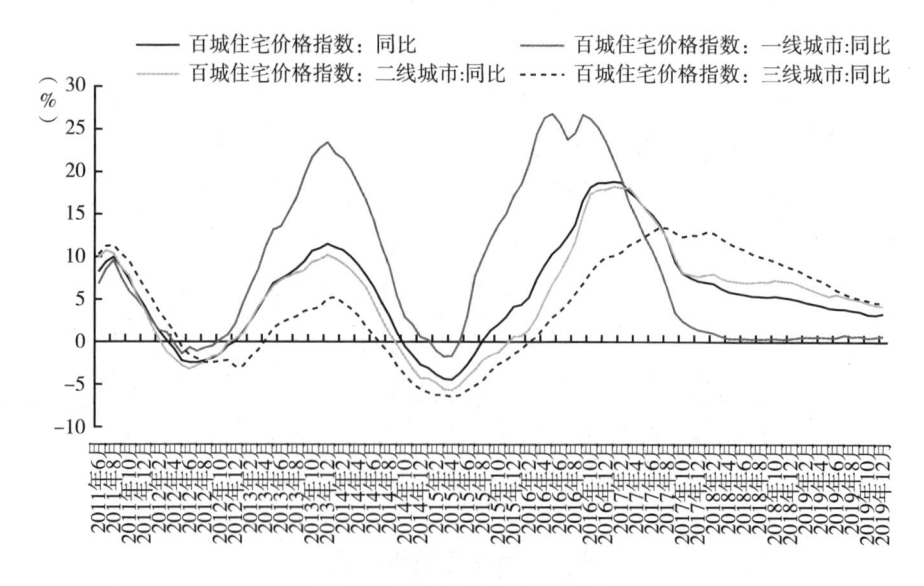

图6 百城住宅价格指数

资料来源：Wind数据库。

从一线、二线、三线城市百城住宅价格指数来看,一线城市百城住宅价格指数自2018年3月回落到1%以下之后,一直保持低速增长,处于相对稳定的状态,但2019年最后2个月持续回升。二线城市百城住宅价格指数自2017年9月回落到10%之下后,增速回落速度不断放缓。三线城市百城住宅价格指数自2017年7月高点回落之后,回落速度快于一、二线城市,但在2019年12月出现了放缓趋势。

(四)开发投资增长乏力,市场销售的锚功能相对弱化

2019年,全国房地产开发投资132194亿元,比上年增长9.9%,比上年加快0.4个百分点。其中,住宅投资97071亿元,增长13.9%,比上年加快0.5个百分点。与前几次市场底部相比,虽然2019年投资仍在加速,但增速尚未达到2014年的水平。从月度开发投资累计增速看,2019年开发投资增速是前高后低,逐渐回落。这也进一步反映了开发投资增长乏力。2020年,受疫情的冲击,一季度,全国房地产开发投资21963亿元,同比下降7.7%,降幅比1~2月收窄8.6个百分点。

从资金来源上看,2019年房地产开发企业到位资金178609亿元,比上年增长7.6%,增速比上年加快1.2个百分点。从开发企业到位资金来源看,2019年增长7.6%,存在一个明显的加速趋势。相较来看,2008年、2012年、2014年之后,房地产开发企业到位资金均出现了快速增长的趋势。从各项指标看,2019年,增长最快的是利用外资、个人按揭贷款和国内贷款,工程款也有明显加速趋势。受疫情影响,2020年一季度,房地产开发企业到位资金33566亿元,同比下降13.8%,降幅比1~2月收窄3.7个百分点。

1998年住房市场改革之后,房地产市场化趋势加强,房地产企业的新开工和投资取决于市场销售状况,二者通常都滞后于房地产销

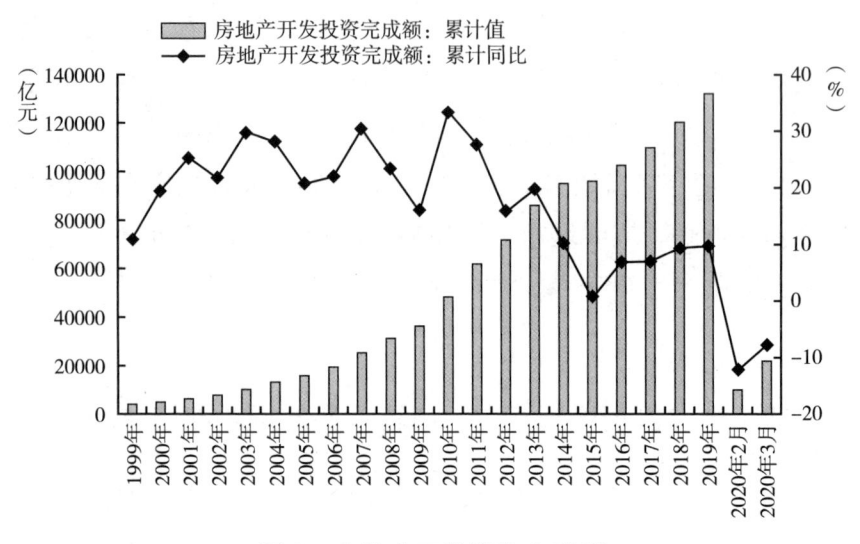

图7 房地产开发投资完成额

资料来源：Wind 数据库。

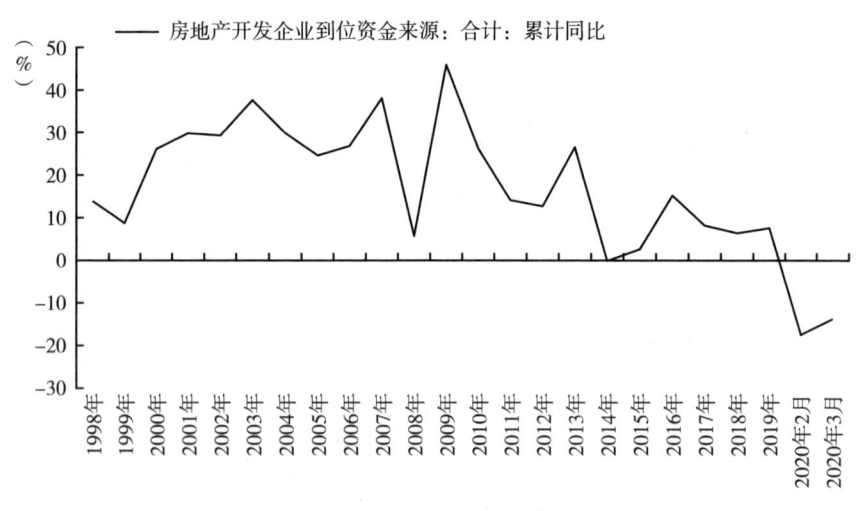

图8 房地产开发企业到位资金来源同比增长

资料来源：Wind 数据库。

售，这在2008年之后的几轮市场周期波动中都表现得比较明显。但从2017年下半年开始，房地产市场投资和新开工与销售走势逐渐背离,市场投资和新开工维持较高增速,而市场销售增速一路下滑,在低位徘徊。市场销售的锚功能相对弱化。第一,当前房地产市场仍处于严调控政策下,热点城市的市场销售明显受到政策影响;第二,经过前期市场的火热,三、四线城市的市场需求基本出清;第三,房地产市场经过20多年的快速发展,市场供求总量大体平衡,基本告别住房短缺时代。

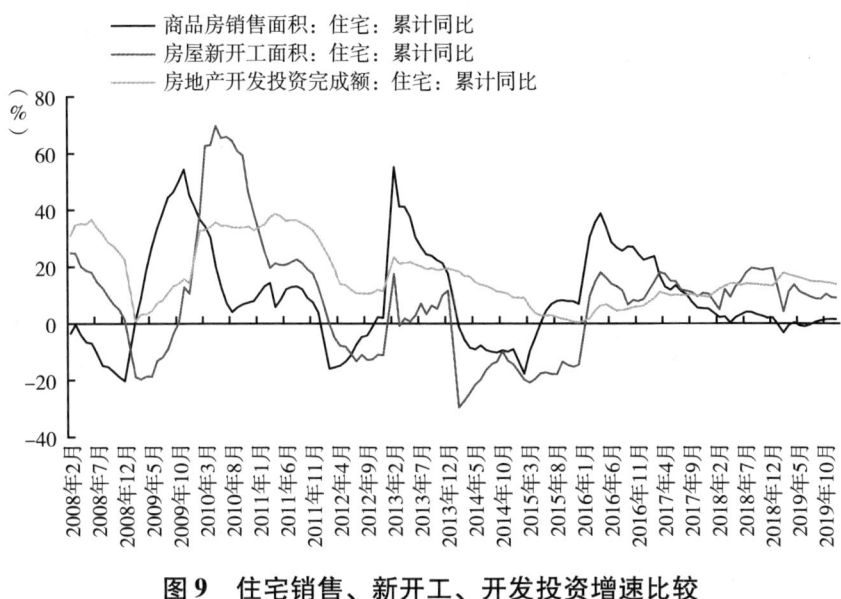

图9 住宅销售、新开工、开发投资增速比较

资料来源:Wind数据库。

(五)土地市场逐步回暖,总体呈现"量减价增"的态势

2019年,土地购置面积出现较大幅度回落,全年土地购置面积为2.58亿平方米,增速为-11.40%,比2018年下降25.6个百分点。从年内土地购置面积走势看,土地购置面积跌幅逐渐收窄,意味着从年初至年末,土地市场逐步回暖。与此同时,土地市场成交价格波动上行,推动土地市场回暖。

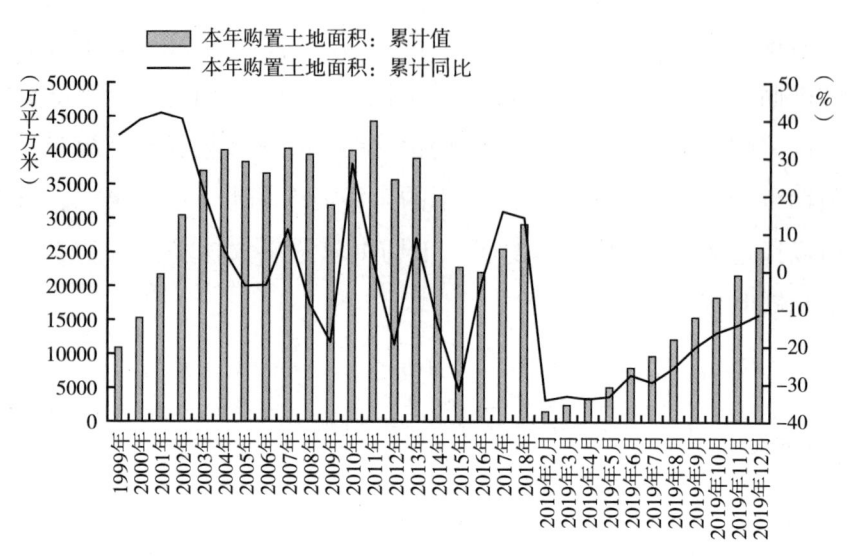

图10　土地购置面积及增速

资料来源：Wind 数据库。

图11　土地成交价格与土地购置面积增速

资料来源：Wind 数据库。

从土地成交量看，全国100大中城市成交土地14028宗，比2018年减少671宗，未成交土地2988宗，比上年增加728宗；成交土地面积65062万平方米，比上年减少2514万平方米；成交土地规划建筑面积128162万平方米，比上年减少699万平方米；成交土地楼面均价为3097元/米^2，比上年增长500元/米^2。总体呈现"量减价增"的态势。

从溢价率来看，2019年，100大中城市成交土地溢价率为12.62%，比上年提高0.53个百分点。分季度来看，2019年溢价率整体经历了"先升后降"之势，尤其是在2019年4月升至高位后，三季度在房企融资渠道收紧的影响下急剧下滑，降幅十分大，开发商拿地的审慎程度大幅度提升。四季度溢价率小幅回升，房企拿地信心有所提升。其中，一线城市溢价率四季度进一步下跌至1.65%，大部分地块均以底价成交，已经没有降价空间；二、三线城市成交土地溢价率在四季度均有所提升，但二者在12月走势出现分异。

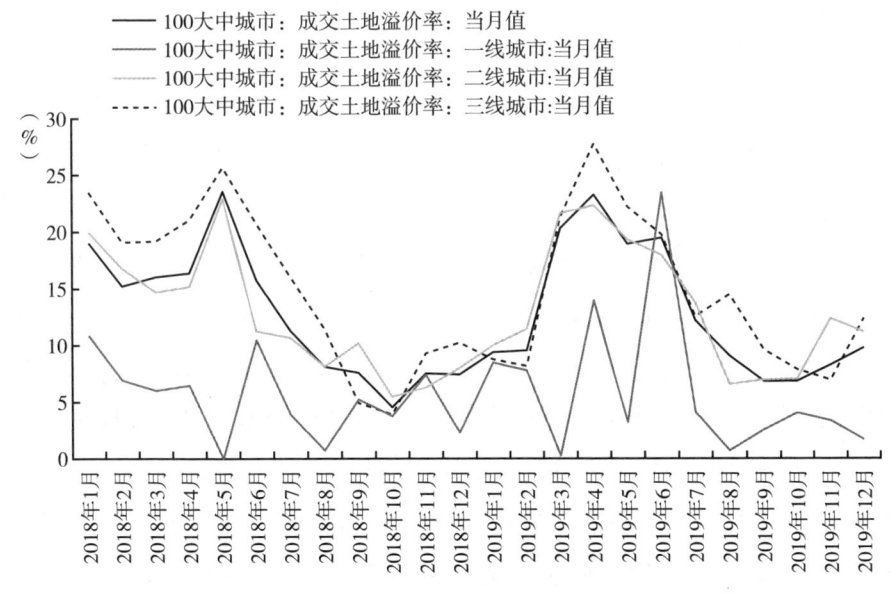

图12 成交土地溢价率

资料来源：Wind数据库。

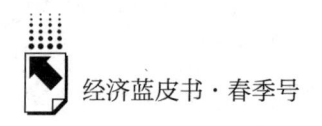

三 疫情对房地产市场的冲击及2020年主要指标预测

与以往年份不同，2020年初中国经济遭受了前所未有的巨大冲击，根据2020年3月16日国家统计局发布的数据，疫情对我国宏观经济的影响显然超出了稍早时的估计，这使得我们不得不调整模型，重新预测全年的指标趋势。

（一）新冠肺炎疫情与2003年SARS比较

在估计疫情的影响时，大家都会将其与2003年SARS时的情形做比较。本文也专门建立了新冠患者病例预测模型，预测精度较高。虽然疫情结束时间与疫情的经济影响程度紧密相关，但在3月20日这个时点上，预测疫情结束时间的意义已经不是很大了。在统计数据出炉前，人们很难确定疫情的影响深度。换句话说，即使人们能准确预知疫情结束的时间，也无法确切预知经济受损程度，更何况境外疫情对境内的影响是复杂多变的。由图13可见，仅从投资视角看，2003年SARS疫情与当前新冠肺炎疫情的影响力是完全无法相比的。

尽管2003年SARS与新冠肺炎疫情对投资影响没有可比性，但仍然可以从图13的历史轨迹及其比较中得到一些启示。

第一，两次疫情发生的历史阶段不同。2003年SARS发生时，中国固定资产投资正处于一个历史性上升周期。2000年12月投资累计增速只有9.7%，2004年12月累计增速已经上升到27.6%，几乎是4年前的3倍。而在新冠肺炎疫情发生的4年前，中国投资增速已经趋势性地降至个位数，新冠肺炎疫情发生前的2019年投资增速进一步降到5.4%。

第二，两次疫情影响效果截然不同。2003年2月投资累计增速为32.8%，到6月增速仍为32.8%，看似SARS疫情对投资毫无影

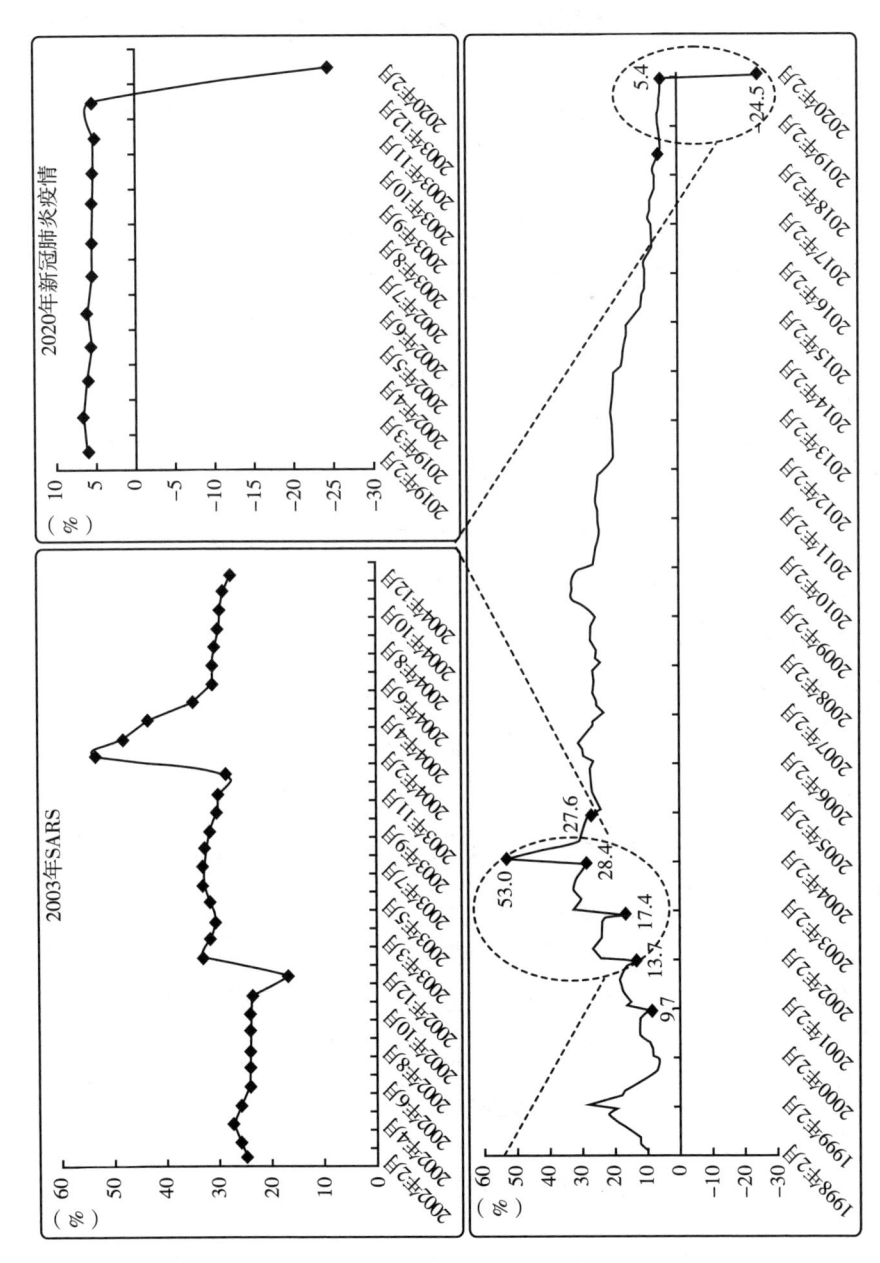

中国房地产市场发展趋势及2020年主要指标预测

图 13 新冠肺炎疫情时期固定资产投资增速与 2003 年 SARS 时期比较

响。从2000年到2003年投资增速每年上一个台阶：9.7%、13.7%、17.4%、28.4%，从图形变化上，几乎看不出2003年上半年有任何异常变化。比较而言，新冠肺炎疫情对投资冲击是快速且强烈的，2020年2月投资增速从上年底的同比增长5.4%直落到-24.5%，落差高达29.9个百分点。

第三，两次疫情的后续影响明显不同。对图13进一步观察发现，虽然当年SARS疫情时投资增速似无明显变化，但2004年初出现异常。2004年2月投资累计增速高达53%，随后3月至6月的累计增速分别为47.8%、42.8%、34.8%和31%。从2月冲高后至6月逐渐回落到上年同期相似水平（2003年6月为32.8%）。这不免会让人产生这样的疑问，2004年投资增速异常峰值是不是2003年SARS疫情的"后遗症"呢？是否2003年原本就存在一个更大的潜在投资增长空间，而被SARS疫情压制后在2004年得到"恢复性"释放呢？带着疑问笔者深入查证了2003年前后的相关历史数据，结论基本证实了上述推测。根据分产业的固定资产投资月度数据，2004年初投资高速增长53%的动力源主要来自制造业，其中特别是原材料工业、机械电子工业和轻纺工业在2003年甚至2002年就开始加速增长。如果没有SARS的影响，2003年全国固定资产投资增速可能会达到更高的水平。

综上，新冠肺炎疫情过后投资增长一定会出现反弹，鉴于新冠肺炎疫情发生的背景及其特征与SARS有很大差异，其反弹的情形应与SARS疫情之后有所不同。那么，此次新冠肺炎疫情过后房地产领域主要指标将走出何种轨迹呢？

（二）预测模型及其冲击过程分析

有一些学者根据自身的经验对2020年的经济趋势给出了估计和判断，虽然这些预估结果并不一致，但仍有很高的参考价值。有学者认为，新冠肺炎疫情对经济的冲击是前所未有的，其影响难以估计，相关经济指标的变化无规律可循，因此，计量经济模型不能用于当前预测。但是，尽管疫情发生后的预测难度大大高于正常时期，只要运用得当，计量模型方法不仅有助于提高预测精度，而且在疫情冲击影响测算和评价中将发挥不可替代的重要作用。如果说近期经济趋势难以精准判断，那么单靠定性分析也不会比计量模型的预测更为准确，更何况学者的预估也并不一致。计量模型的核心价值在于，经济系统发生剧烈波动时，人们运用经验和简单推断已无法做出准确可靠判断，而模型方法能给人们的判断和决策提供客观有力的支撑。

关于本期预测的几点说明如下。

第一，模型预测结果尽可能客观，没做任何倾向性的人为调整，因此是一个中性的大概率预测结果。当然，未来完全有可能出现更好或更差的情况，这取决于政策及外部环境多方面因素影响。

第二，建模预测的前提假设是，疫情产生的冲击具有持续性。刚开始，我们认为疫情主要是短期冲击，疫情对宏观经济中长期影响因素并未引入模型。但全球疫情形势变化让我们意识到，此次疫情已经从开始的单一公共卫生事件演变为"疫病危机 + 金融危机 + 经济危机 + 社会危机"，如果不将中长期影响纳入模型，则预测结果会在更大程度上偏离客观实际。

第三，数据来源为国家统计局国家数据查询系统，建模数据截至2020年3月。模型采用ARIMA组合模型。预测结果表中均为月度累计值，其中增速为名义增速，并未剔除价格因素。

第四，建模预测结果表明疫情影响比前期一般估计要严重。预测结果表中"稍早预测"是指没有疫情发生时应该达到的数值；"疫情冲击"是受疫情影响后的预测结果即对真实未来的预测值；"冲击损失"是指疫情发生后，相关指标及其增速减少量或下降的百分点数。

为了更有前瞻性地描绘新冠肺炎疫情对房地产领域的影响，本文在得到2020年2月统计数据后专门进行了影响模型分析，测算结果见表1和表2。冲击分析包括3个部分：第一，采用冲击发生前的历史序列数据建模，精准预测未来的合理预期值。第二，当冲击发生后，将最新的统计数据引入模型，对模型施加疫情冲击影响，重新估计参数，并预测未来大概率指标数值。第三，以合理预期值作为参照标准，将受疫情冲击后的数值作为评价对象，计算二者差值，观察和分析疫情对经济体产生的影响和过程。

这里以固定资产投资指标举例说明冲击分析的过程。

运用截至2019年12月的数据建模，测算出2020年各月度的模型合理预期值，并绘制图14。图14中的预测值明显是历史数据的规律性延续。2020年2月全国固定资产累计投资3.33万亿元，同比下降24.5%，将此最新的统计数据输入模型，重新估计，并绘制图15。由图15可见，受疫情冲击后，投资曲线原来2~9月隆起的部分（图15中虚线合理预期值）被压扁。而后，随着疫情基本结束，疫情冲击影响消失，至10月合理预期与冲击后预测值基本重合。此时，疫情直接影响虽然消失了，但经济系统仍处于调整中。必须强调，模型合理预测值并非"宿命论"式的先知预言，模型预测值是表明未来经济指标值最大概率会出现在预测值附近，适当的政策调整会在一定程度上影响指标的未来真实值。

（三）2020年房地产市场主要指标预测

在分析冲击影响的过程中，我们曾经尝试将疫情冲击影响作为孤立事件来定性，相应地模型估计中将其作为"点冲击"来处理。然而，伴随疫情影响的深度和广度不断增大，境外疫情影响将持续至下半年，国内的经济恢复也会存在一个艰难的过程。因此，我们后来改变了对冲击影响的定性，将疫情冲击看作一种持续性的影响，相应地在模型估计中作为一种结构突变来处理，我们希望这种处理方式能够

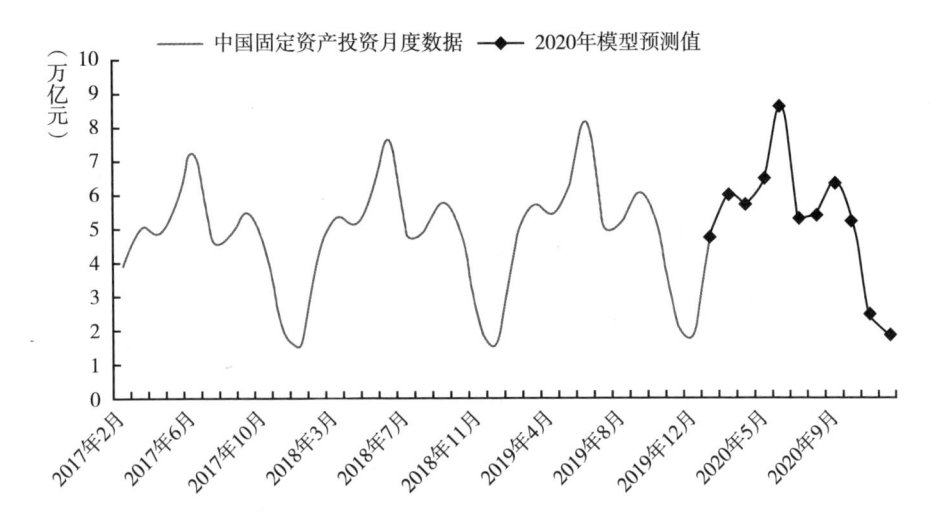

图 14　中国固定资产投资月度数据及 2020 年模型合理预期值

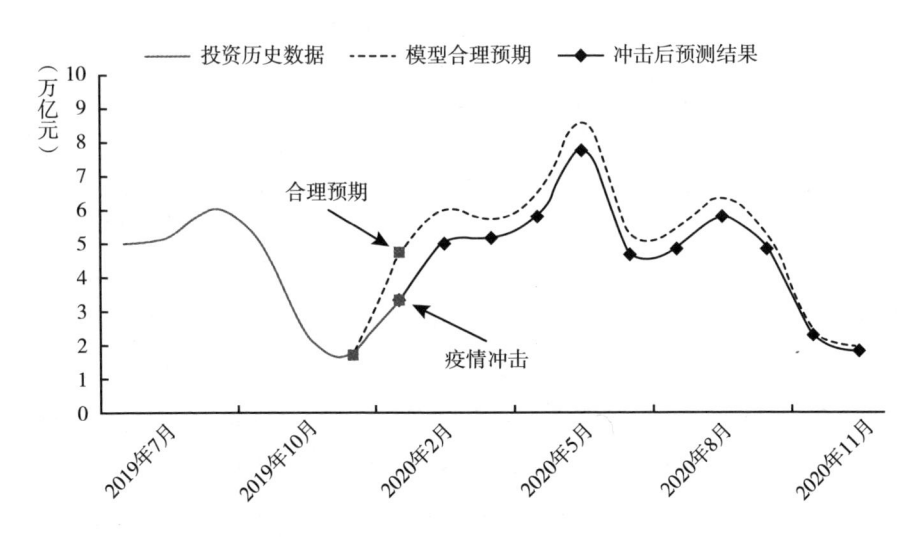

图 15　合理预期与加入疫情冲击预测后的影响比较

更加接近现实。从表 1 中的具体数值看，固定资产投资在 2 月的冲击损失达 1.48 万亿元，随后冲击影响会逐月扩大，至 12 月达到 2.77 万亿元。而相比固定资产投资，房地产开发投资及住宅开发投资指标的各月度冲击损失规模较小，但年末损失占稍早预期比重大致在

5%。本年开发企业到位资金的损失程度更深，预计年末损失1.59万亿元，占稍早预期比重达到8.4%，这甚至可能成为部分房地产开发企业的生死考验。

表2是表1指标的对应增速指标。年末，固定资产投资大致为零增长，本年开发企业到位资金很可能出现负增长，房地产开发投资增速约为3.1%，预计住宅开发投资增速将达到4.6%。根据表1数据绘制图16，结合表2中的增速指标变化可见开发企业到位资金下降幅度更大，即冲击损失更大，比未受冲击时减少约8.9个百分点。

表1 2020年中国固定资产投资及房地产投资相关指标疫情冲击预测分析

单位：万亿元

月份	固定资产投资			房地产开发投资			住宅开发投资			开发企业到位资金		
	稍早预期	疫情冲击	冲击损失	稍早预期	疫情冲击	冲击损失	稍早预期	疫情冲击	冲击损失	稍早预期	疫情冲击	冲击损失
2月	4.18	3.33	1.48	1.32	1.01	0.31	0.98	0.73	0.24	2.61	2.02	0.58
3月	10.82	8.41	2.41	2.59	2.20	0.40	1.93	1.60	0.33	4.12	3.36	0.77
4月	16.14	13.99	2.50	3.72	3.30	0.43	2.80	2.43	0.36	5.52	4.72	0.80
5月	22.94	30.36	2.57	5.00	4.54	0.46	3.79	3.38	0.40	7.02	6.16	0.86
6月	31.49	28.80	2.69	6.66	6.16	0.50	5.04	4.59	0.45	8.96	7.99	0.97
7月	36.64	33.92	2.72	7.88	7.35	0.53	5.97	5.48	0.49	10.55	9.49	1.06
8月	42.02	39.27	2.75	9.14	8.58	0.55	6.94	6.42	0.52	12.05	10.91	1.14
9月	48.39	45.59	2.80	10.58	9.99	0.59	8.04	7.48	0.56	13.84	12.58	1.25
10月	53.68	50.87	2.81	11.83	11.21	0.61	8.99	8.40	0.59	15.40	14.06	1.35
11月	56.15	53.36	2.79	13.08	12.44	0.64	9.95	9.32	0.63	17.06	15.61	1.45
12月	58.05	55.29	2.77	14.26	13.62	0.64	10.82	10.15	0.67	18.99	17.40	1.59

表2 2020年中国固定资产投资及房地产投资相关指标增速疫情冲击预测分析

单位：%，个百分点

月份	固定资产投资增速 稍早预期	固定资产投资增速 疫情冲击	固定资产投资增速 冲击损失	房地产开发投资增速 稍早预期	房地产开发投资增速 疫情冲击	房地产开发投资增速 冲击损失	住宅开发投资增速 稍早预期	住宅开发投资增速 疫情冲击	住宅开发投资增速 冲击损失	开发企业到位资金增速 稍早预期	开发企业到位资金增速 疫情冲击	开发企业到位资金增速 冲击损失
2月	7.2	-24.5	31.7	9.4	-16.3	25.7	12.0	-16.0	28.0	6.3	-17.5	23.8
3月	6.3	-16.1	22.4	9.0	-7.7	16.7	12.1	-7.2	19.3	5.9	-13.8	19.7
4月	5.8	-16.2	16.0	8.8	3.6	12.5	12.3	-2.3	14.6	5.2	-10.1	15.3
5月	5.4	-6.4	11.8	8.6	-1.4	10.0	12.1	0.2	11.9	5.3	-7.6	12.9
6月	5.3	-3.7	9.0	8.1	0.0	8.1	11.6	1.6	10.0	5.4	-6.0	11.4
7月	5.0	-2.8	7.8	8.1	0.9	7.3	11.6	2.5	9.1	5.7	-4.9	10.6
8月	4.9	-2.0	6.9	8.0	1.5	6.6	11.6	3.2	8.4	5.9	-4.1	10.0
9月	4.9	-1.2	6.1	7.9	1.9	6.0	11.4	3.7	7.8	6.0	-3.6	9.6
10月	5.1	-0.4	5.5	7.9	2.3	5.6	11.5	4.1	7.3	6.1	-3.2	9.3
11月	5.2	0.0	5.2	7.9	2.6	5.3	11.5	4.4	7.1	6.3	-2.8	9.1
12月	5.3	0.2	5.0	7.9	3.1	4.8	11.5	4.6	6.9	6.3	-2.6	8.9

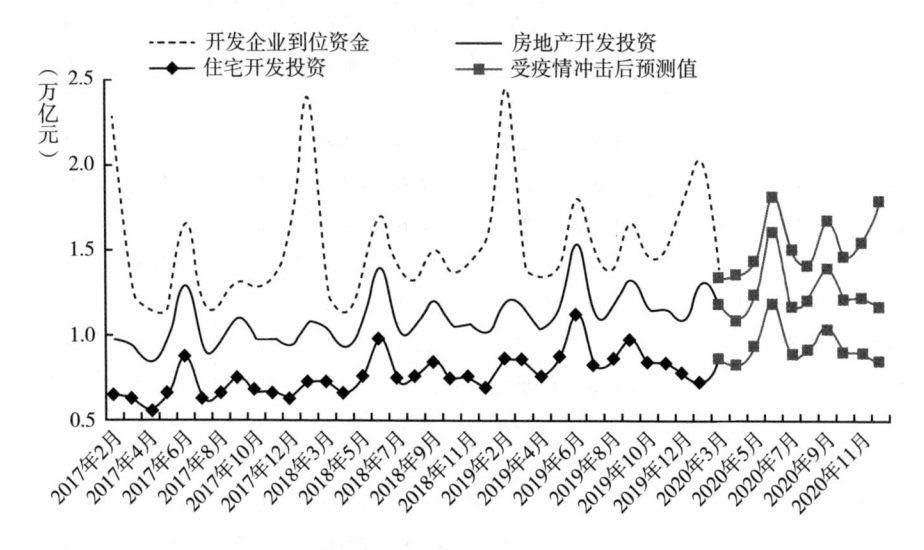

图16 房地产开发投资、住宅开发投资与开发企业到位资金月度预测

表3列示出土地购置相关指标及房地产施工面积情况。第一，预测土地购置面积、土地成交价款和土地成交均价的全年增速分别为2.5%、-0.2%和0.7%，成交均价增幅不足1%。第二，国务院印发《关于授权和委托用地审批权的决定》（国发〔2020〕4号），授权各省、自治区、直辖市人民政府对农用地转为建设用地的审批事项。这应该会加快建设用地的供给，如果一、二线城市和区域中心城市土地供给比重相对增加，则可能会带动土地成交均价加速上升。第三，2020年房地产施工面积增速可能会明显下降，由2019年的8.7%预计降为2020年的4.4%，这可能是由新开工面积、竣工面积同步下降，且新开工面积下降速度更快导致的。

表3 中国房地产市场土地交易指标及房地产施工面积月度预测

时间	土地购置面积 指标值（累计）（万平方米）	增速（%）	土地成交价款 指标值（累计）（亿元）	增长率（%）	土地成交均价 指标值（元/米²）	增长率（%）	房地产施工面积 指标值（存量）（亿平方米）	增速（%）
2019年2月	1545	-34.1	690	-13.1	4467	31.9	67.5	6.8
2019年3月	2543	-33.1	1194	-27.0	4693	9.2	69.9	8.2
2019年4月	3582	-33.8	1590	-33.5	4437	0.4	72.3	8.8
2019年5月	5170	-33.2	2269	-35.6	4390	-3.5	74.5	8.8
2019年6月	8035	-27.5	3811	-27.6	4743	-0.1	77.2	8.8
2019年7月	9761	-29.4	4795	-27.6	4912	2.5	79.4	9.0
2019年8月	12236	-25.6	6374	-22.0	5209	4.8	81.3	8.8
2019年9月	15454	-20.2	8186	-18.2	5297	2.6	83.4	8.7
2019年10月	18383	-16.3	9921	-15.2	5397	1.4	85.5	9.0
2019年11月	21720	-14.2	11960	-13.0	5507	1.5	87.5	8.7
2019年12月	25822	-11.4	14709	-8.7	5696	3.1	89.4	8.7
2020年2月	1092	-29.3	440	-36.2	4033	-9.7	69.4	2.9
2020年3月	1969	-22.6	977	-18.1	4962	11.1	71.8	2.6
2020年4月	3241	-9.5	1478	-7.0	4560	-2.8	74.1	2.5
2020年5月	4861	-6.0	2301	1.4	4733	6.7	76.5	2.6

续表

时间	土地购置面积 指标值(累计)(万平方米)	增速(%)	土地成交价款 指标值(累计)(亿元)	增长率(%)	土地成交均价 指标值(元/米²)	增长率(%)	房地产施工面积 指标值(存量)(亿平方米)	增速(%)
2020年6月	7582	-5.6	4028	5.7	5313	21.0	79.3	2.7
2020年7月	9788	0.3	5351	11.6	5467	15.3	81.7	2.8
2020年8月	12760	4.3	7052	10.6	5527	12.5	84.0	3.3
2020年9月	15827	2.4	8970	9.6	5568	8.8	86.5	3.6
2020年10月	19072	3.7	10678	7.6	5599	5.7	88.8	3.8
2020年11月	22672	4.4	12498	4.5	5513	2.1	91.1	4.1
2020年12月	26477	2.5	14681	-0.2	5545	0.7	93.3	4.4

表4列示出房地产市场商品房销售预测情况。预计2020年商品房销售面积和销售额同步下降，下降幅度在10%~12%；商品房销售均价约为9250元/米²，同比下降0.6%，增速较2019年下降7.2个百分点。

表4　2020年中国房地产新开工和竣工面积及商品房销售指标月度预测

时间	房地产新开工面积 指标值(累计)(亿平方米)	增速(%)	房地产竣工面积 指标值(累计)(亿平方米)	增速(%)	商品房销售面积 指标值(累计)(亿平方米)	增速(%)	商品房销售额 指标值(累计)(万亿元)	增速(%)	商品房销售均价 指标值(元/米²)	增长率(%)
2019年2月	1.88	6.0	1.25	-11.9	1.41	-3.6	1.28	2.8	9097	6.7
2019年3月	3.87	11.9	1.85	-10.8	2.98	-0.9	2.70	5.6	9065	6.6
2019年4月	5.86	13.1	2.26	-10.3	4.21	-0.3	3.91	8.1	9300	8.3
2019年5月	7.98	10.5	2.67	-12.4	5.55	-1.6	5.18	6.1	9325	7.8
2019年6月	10.55	10.1	3.24	-12.7	7.58	-1.8	7.07	5.6	9329	7.5
2019年7月	12.57	9.5	3.73	-11.3	8.88	-1.3	8.32	6.2	9367	7.7

续表

时间	房地产新开工面积 指标值(累计)(亿平方米)	增速(%)	房地产竣工面积 指标值(累计)(亿平方米)	增速(%)	商品房销售面积 指标值(累计)(亿平方米)	增速(%)	商品房销售额 指标值(累计)(万亿元)	增速(%)	商品房销售均价 指标值(元/米²)	增长率(%)
2019年8月	14.51	8.9	4.16	-10.0	10.18	-0.6	9.54	6.7	9364	7.3
2019年9月	16.57	8.6	4.67	-8.6	11.92	-0.1	11.15	7.1	9355	7.2
2019年10月	18.56	10.0	5.42	-5.5	13.33	0.1	12.44	7.3	9337	7.2
2019年11月	20.52	8.6	6.38	-4.5	14.89	0.2	13.90	7.3	9335	7.1
2019年12月	22.72	8.5	9.59	2.6	17.16	-0.1	15.97	6.5	9310	6.6
2020年2月	1.04	-44.9	0.96	-22.9	0.85	-39.9	0.82	-35.9	9680	6.6
2020年3月	2.82	-27.2	1.56	-15.8	2.20	-26.3	2.04	-24.7	9266	2.2
2020年4月	4.62	-21.0	1.96	-13.0	3.34	-20.7	3.15	-19.4	9447	1.6
2020年5月	6.43	-19.4	2.40	-10.3	4.60	-17.1	4.32	-16.5	9395	0.8
2020年6月	9.05	-14.2	2.96	-8.8	6.45	-14.9	5.99	-15.3	9283	-0.5
2020年7月	10.73	-14.7	3.43	-8.2	7.63	-14.1	7.07	-14.9	9269	-1.0
2020年8月	12.63	-13.0	3.86	-7.1	8.80	-13.6	8.16	-14.5	9262	-1.1
2020年9月	14.59	-11.9	4.38	-6.3	10.37	-13.0	9.61	-13.8	9269	-0.9
2020年10月	16.41	-11.6	5.07	-6.4	11.68	-12.3	10.82	-13.0	9266	-0.8
2020年11月	18.25	-11.0	5.92	-7.3	13.17	-11.6	12.21	-12.2	9272	-0.7
2020年12月	20.04	-11.8	9.77	1.8	15.31	-10.7	14.17	-11.3	9250	-0.6

总而言之，新冠肺炎疫情给房地产市场造成了较大的冲击，市场销售基本停滞，开发企业基本停工停产。随着国内疫情逐步得到控制，宏观政策环境改善，过度压制的市场需求集中释放，市场将快速回暖，市场销售和投资将逐步得到修复。由于2018年和2019年的市场销售面积处于历史高位，均在17万亿平方米以上，且疫情对一季度房地产市场销售的冲击较大，预计全年市场销售将会进一步回落，在15万亿平方米左右，降幅为10%左右。核心一、二线城市疫情之

后将有一波刚需和改善需求有待释放，随着宏观政策环境的改善，市场有望率先回暖。三、四线城市的房地产市场仍将面临较大压力。因2019年土地市场基数较低，土地购置面积增速也将从低位缓慢回升，整体降幅会不断收窄，预计年底有可能由负转正。核心一、二线城市因基本面良好，购买力存在支撑，土地市场将回暖。三、四线城市因棚改政策收缩，投资风险逐步加大，房企更多的土地储备将集中在核心一、二线城市，三、四线城市的土地购置面积将进一步回落。由于疫情对一季度房地产开发投资影响较大，预计2020年房地产开发投资增速有可能大幅回落至3%左右，但住宅投资增速有望保持5%左右的水平，非住宅类投资将出现较为明显的下降。在疫情中断了市场交易之后，随着财政政策调整，央行降准降息预期不断加强，市场行情逐步回暖，市场价格有望保持小幅平稳回落趋势，全年商品房销售均价同比增速转为负。从具体城市能级看，一线及二线热点城市的市场有望率先回暖，市场刚需和改善需求的集中释放，产生一波疫后销售高潮，市场价格有可能逐步回升。三、四线城市由于上一轮市场需求基本出清，在疫情的冲击下，短期内市场预期难以改善，价格仍有进一步回落风险。

参考文献

潘家华、王业强等主编《中国房地产发展报告 No.17（2020）》，社会科学文献出版社，2020。

任泽平：《2019年中国住房存量报告》，泽平宏观，2019年8月19日。

克而瑞研究中心：《2019年中国房地产总结与展望》，2019年12月18日。

B.12
2020年能源经济：疫情危机下的全球经济危机与油价波动及其对我国经济的影响

刘 强*

摘　要： 受新冠肺炎疫情的冲击，2020年世界经济面临巨大挑战，从疫情的扩散速度和影响程度来看，世界性经济危机局面已经出现。与此同时，石油出口相关国家和组织没能就产量达成一致，国际油价波动巨大。经济危机对世界经济格局的影响、对国际油价的影响，以及对我国经济的影响值得我们深入研究。

关键词： 疫情　危机　油价　经济

新冠肺炎疫情对世界经济造成了前所未有的冲击。中国一季度能源需求下降，对进口石油的需求也随之下降。以沙特为首的欧佩克组织与俄罗斯等石油出口国展开控制产量谈判，但各方根本谈不拢，沙特随之放水大规模开采并降价出口，进而引发了石油价格暴跌，在一天的时间内就从42美元/桶降到27美元/桶，企稳未果之后，又迅速下降，先后跌破了15美元/桶、10美元/桶（WTI），甚至在期货市场上出现了-37美元/桶的惊人价格。目前，国际石油价格又恢复到

---

* 刘强，中国社会科学院数量经济与技术经济研究所能源安全与新能源研究室主任，全球能源安全智库论坛秘书长。

30 美元/桶以上（2020 年 5 月 27 日 WTI 约为 33 美元/桶）。

然而，目前各石油出口国并没有多大的抱怨，美国、中国、欧盟、日本等各大经济体却遇到了严重的经济危机。新冠肺炎疫情已经演变为全面的世界经济危机。此次疫情来势猛，传播速度快，防控难度大，而疫苗上市最快也得到 2020 年年底。因此，这次危机明显不会是一个短期的金融危机，而将是一个全面影响各国的世界性经济危机。可以说，不是油价暴跌导致了经济危机，而是经济危机导致了油价暴跌。

在这种背景下，我们需要考虑以下几个问题。

第一，本次经济危机将对 2020 年世界和中国经济增长产生多大的影响。

第二，本次经济危机将会对世界经济格局产生什么样的影响。

第三，本次经济危机的底部在哪里，以石油价格来考虑，国际油价的底部在哪里。它是一个探底反弹，还是一个"L"形的底部并持续一段时间。如果是"L"形，这个萧条持续多长时间。

第四，石油价格的波动对中国经济将产生什么样的影响，如何应对。

第五，国际经济格局的调整对未来中国经济中长期走势产生什么影响，如何应对。要防止用力过猛。

一 本次危机对中国和全球经济的影响

新冠肺炎疫情全面暴发以来，欧美国家反应缓慢，而发展中国家应对能力明显不足。毫无疑问，此次疫情将对世界经济和中国经济带来重大的影响。目前疫情在全球蔓延，其对全球经济的影响还需要观察。经济全球化程度很高，世界经济因疫情而动荡反过来又会影响中国经济。

总体而言，根据多家机构的预测，包括我所的预测，2020年中国和全球经济都将受到严重冲击，全球经济负增长是大概率事件。对那些高度依赖中国的发达和新兴市场来说，疫情的影响会更大。

（一）对中国经济能源需求的影响

从图1至图4来看，本次疫情对中国经济影响很大。一季度的能源需求显著下降，电煤消耗远低于往年同期。房地产交易基本停滞，食品价格高涨。港口待装卸的集装箱量快速增长，显示出供应链所受冲击严重。

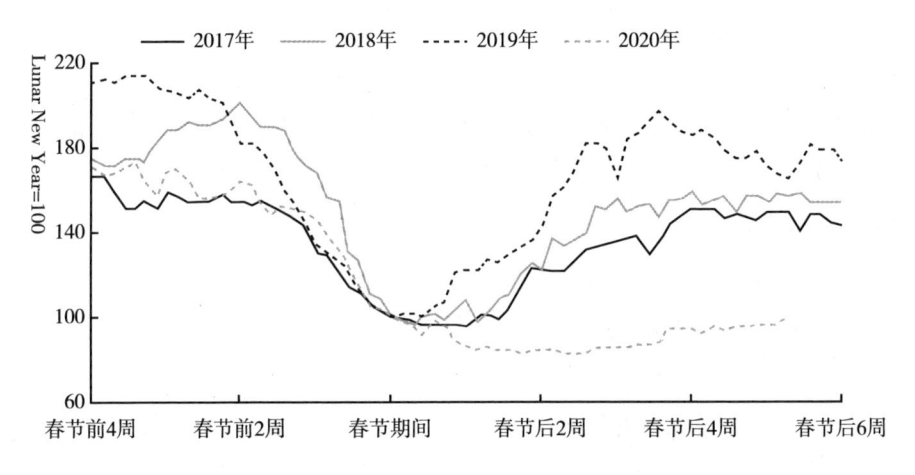

图1　2019~2020年春节前后中国电厂的煤炭消耗

资料来源：Capital Economics。

2020年4月17日，国家统计局、国家能源局相继发布2020年一季度经济和电力运行数据。一季度，全国全社会用电量累计15698亿千瓦时，同比下降6.5%，与2019年同期比下降12.0个百分点，与2018年同期比降低16.3个百分点。其中，第一产业用电量同比增长4.0%，增速回落2.8个百分点；第二产业和第三产业用电量同比分别下降8.8%和8.3%，与上年同期增速相比分别回落11.8个和18.4

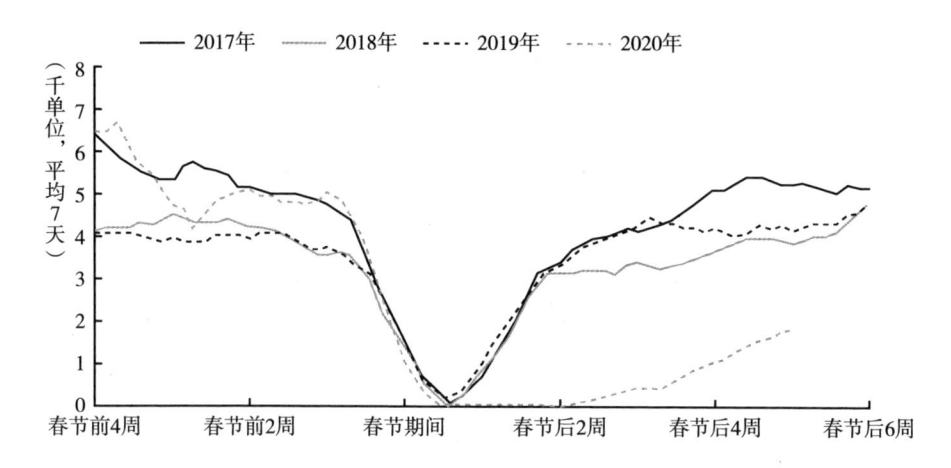

图2 2019~2020年春节前后30个主要城市的每日房地产销售量

资料来源:Capital Economics。

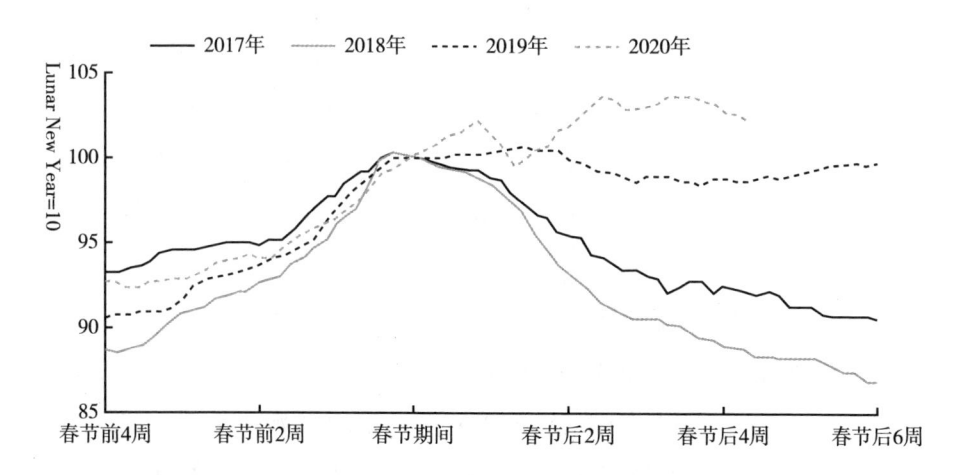

图3 2019~2020年春节前后中国食品批发价格指数

资料来源:Capital Economics。

个百分点。居民生活用电量同比增长3.5%,与上年同期比增速回落7.5个百分点[①]。

---

① 《一季度全社会用电量同比下降6.5%背后 释放哪些信息?》,新浪网,2020年4月17日。

经济蓝皮书·春季号

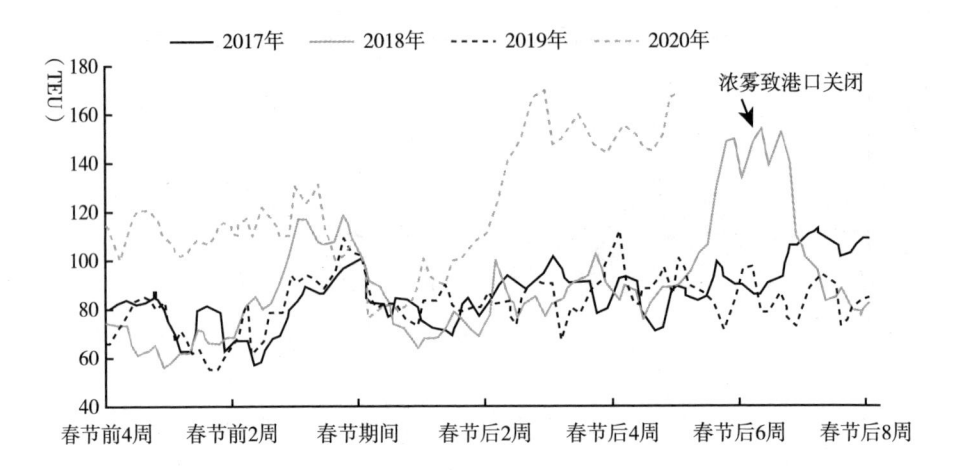

图4　2019～2020年春节前后中国港口等待卸货的集装箱

资料来源：Capital Economics。

其中，制造业用电量同比下降9.1%，下拉全社会用电量增速4.4个百分点。其中，四大高耗能行业用电量同比下降5.0%，增速回落7.8个百分点。高技术及装备制造业用电量同比下降14.8%，增速回落19.1个百分点。其中，除计算机、通信和其他电子设备制造业同比微增外，其余行业均同比下降，医药制造业跌幅最小，为-6.7%，金属制品业跌幅最大，为-24.7%，显示出疫情对经济的影响和对能源需求影响的巨大冲击①。

进入二季度，我国企业逐步复工复产，对能源和电力的需求回升。5月15日，国家统计局发布2020年4月能源生产情况。4月，规模以上工业原煤生产保持较快增长，原油、电力生产由降转增，天然气生产加快。4月，发电量5543亿千瓦时，同比增长0.3%，上月为下降4.6%，日均发电量184.8亿千瓦时，环比增加6.6亿千瓦时。原煤生产增长较快。4月，生产原煤3.2亿吨，同比增长6.0%，增

---

① 《一季度全社会用电量同比降6.5%背后 释放哪些信息？》，新浪网，2020年4月17日。

198

速比上月回落3.6个百分点；日均产量1074万吨，环比减少14万吨。1~4月，生产原煤11.5亿吨，同比增长1.3%。4月，进口煤炭3095万吨，同比增长22.3%；1~4月，进口煤炭1.3亿吨，同比增长26.9%[1]。

原油生产平稳，加工量由降转增。4月，生产原油1587万吨，同比增长0.9%，增速由负转正，上月为下降0.1%，日均产量52.9万吨；加工原油5385万吨，同比增长0.8%，上月为下降6.6%，日均加工179.5万吨。1~4月，生产原油6444万吨，同比增长2.0%；加工原油20348万吨，同比下降3.4%。原油进口下降，国际原油价格低位震荡。4月，进口原油4043万吨，同比下降7.5%。1~4月，进口原油16761万吨，同比增长1.7%。天然气生产加快。4月，生产天然气161亿立方米，同比增长14.3%，增速比上月加快3.1个百分点，日均产量5.4亿立方米。1~4月，生产天然气644亿立方米，同比增长10.3%。天然气进口小幅增长。4月，进口天然气773万吨，同比增长1.0%。1~4月，进口天然气3233万吨，同比增长1.5%[2]。

（二）对世界经济体的影响在于严重冲击了供应链

中国经济比17年前"非典"时期总量增长很多，已全面融入世界经济。现在，成千上万家海外公司在中国设有工厂或成为供应合作伙伴，在其供应链中为从汽车到电子产品和计算机产品等所有环节提供关键组件。

中国制造业和工业同样依赖海外商品，是世界最大的能源进口国。中国也成为西方商品的主要销售地之一，是很多国家旅游业的重要收入来源国。中国在全球范围内的各种供应链中也处于重要地位，

---

[1] 《2020年4月份能源生产情况：核电增长10.7%》，电力网，2020年5月15日。
[2] 《2020年4月份能源生产情况：核电增长10.7%》，电力网，2020年5月15日。

世界上许多原材料在转变为制成品之前先流向中国。

受疫情影响，现在所有一切都偏离了轨道。东部沿海地区是中国经济的心脏，也是全球供应链的主要枢纽。随着疫情的蔓延，中国和跨国公司开始面临供应链中断。

中国在全球供应链中扮演着核心角色，生产中断将在很大程度上影响家庭用品、高科技商品和纺织服装等行业。这些行业的生产中断将对全球供应链产生不利影响。

表1 2018年中国部分行业的生产份额

行业	2018年中国占全球产量的比重(%)	行业出口额占2018年总额的比重(%)	对全球供应链的影响
家庭用品	35	33	高
高科技商品	46	27	高
纺织服装	54	23	高
机械	38	14	中等
橡胶和塑料	38	8	中等
药品和医疗用品	29	8	中等
化学产品	42	7	中等

资料来源：Euromonitor International。

1. 高科技行业

中国是世界上最大的生产和出口国，高科技行业可能是受影响最大的行业之一。几家跨国公司已经受到影响。例如，苹果公司缩短了在中国各地门店的工作时间，并称供应链中断也可能影响其在其他国家的运营。中国仍然是最大的iPhone生产商，工厂倒闭可能会影响苹果增加智能手机产量的计划。

许多跨国公司都依赖于中国的供应商。例如，苹果公司800家供应商中的290家位于中国。根据DHL的"复原力360指数"，武汉50%的制造业与汽车行业有关，而其中25%的与该地区的技术供应有关。

缺少工人意味着农历新年假期结束后，富士康组装工厂的产能无法完全恢复。富士康在中国的大多数苹果iPhone手机生产工厂都无法完全恢复生产。分析师认为，疫情可能导致一季度苹果iPhone手机的出货量减少5%~10%，并可能影响其扩大受欢迎的AirPods产量的计划。

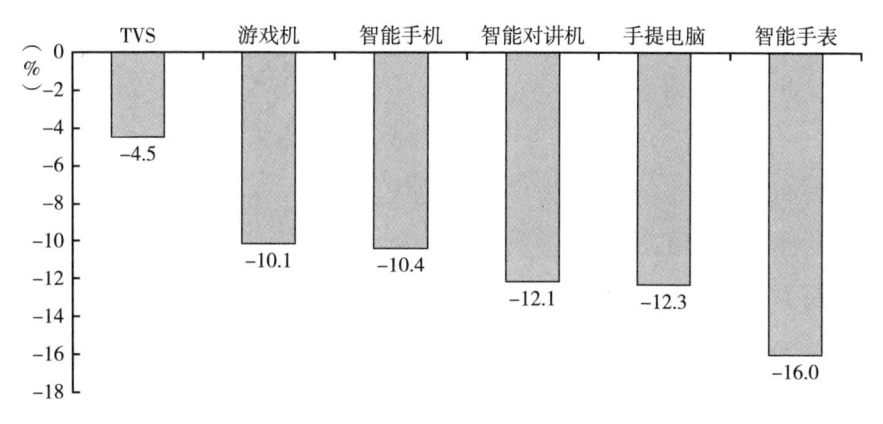

图5 2020年一季度关键零部件物流下降

类别	下降百分比(%)
TVS	-4.5
游戏机	-10.1
智能手机	-10.4
智能对讲机	-12.1
手提电脑	-12.3
智能手表	-16.0

注：智能手机是生产预测数据，不是物流数据。
资料来源：TrendForce。

2. 制造业

因为出行限制，空中客车公司在天津的生产线已经停止。该工厂每月生产大约6架A320飞机，因此这将影响制造商的喷气机产量。

汽车行业也受到不利影响。例如，中国最大的汽车制造商之一大众汽车集团（Volkswagen Group）要求其3500名北京员工在家工作两周。宝马、特斯拉和捷豹路虎称，疫情暴发可能会影响其在中国的日常运营业务。而汽车公司还将受到高科技产品、塑料和化学产品等相关行业产量下降的困扰。

对制造业产出的影响不仅限于中国。韩国汽车制造商现代汽车（Hyundai）已暂停了生产线，其原因是两国之间通常流通的零部件的供应链中断。日本经济大臣西村靖（Yasutoshi Nishimura）表示，工

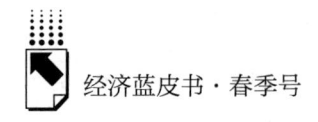

厂生产和公司利润可能会受到疫情的冲击。

在欧洲，出于同样的原因，菲亚特·克莱斯勒暂时关闭了其在塞尔维亚的一家工厂。捷豹路虎指出，如果未来几周疫情仍持续，其可能会面临供应链问题。

总体而言，中国的汽车制造商可能会在2020年一季度减少15%的产量。为此，博世、麦格纳国际和英伟达等汽车供应商也计划缩减产量。此外，由于消费者信心下降，中国的汽车销售将受到影响。预计2020年中国新车市场将下降2%，随着不确定性因素增加和汽车公司利润率下降，未来损失可能会更大。

欧洲和美国的汽车业高管指出，距离出现短缺问题仅几周之遥。由于缺少来自中国的零部件，现代汽车已经暂停了在韩国的业务。

英国最大的制药商之一葛兰素史克（GSK）表示，在中国农历新年假期延长后，其在天津的药品包装厂（约100名员工）仍需关闭。该公司在中国拥有3000名员工。

在柬埔寨，纺织工厂远超过一半的原材料依赖于中国，有些工厂可能会被迫关闭。在澳大利亚，铁矿石、液化天然气、肉类和海鲜等主要出口产品都流向中国，随着中国经济增速因疫情放缓，其在订单方面受到严重冲击。

3. 旅游与航空服务

近年来，中国出国旅游人数激增，从2000年的1050万人次增加到2018年的1.5亿人次。这意味着旅游业可能会成为受影响最严重的行业之一，且疫情对旅游和航空服务的影响是显而易见的。

二 对今后的世界经济格局产生的影响

新冠肺炎疫情势必对全球经济格局产生重大影响，主要表现在以下几个方面。

第一,美国已经注意到大量与医疗有关的供应链对中国的依赖,出于对以后发生类似情况的担心,美国将在国内形成相应的产能。这涉及众多的有机化工产品,尤其是与石油化工有关的产品。因此,这种格局变化将对我国的石油化工行业尤其是涉及医药的中间体和精细化工产业造成影响,原来出口美国的产能将会出现利用率不足的情况,需要对受影响的产业做出调整。

第二,油价下跌对欧佩克国家和俄罗斯这样的石油出口国必然造成较大的财政压力。对俄罗斯来说,30美元/桶左右的油价可以维持体系的运转,但是战略的张力就不容易维持了。此前美国制裁导致伊朗出口已经基本停滞,油价下跌反而对伊朗的影响没有那么大了。它最大的问题是如何应对疫情。

第三,30美元/桶左右的油价对美国页岩油产业的发展会有影响,但主要影响的是后续投资,而不是当期产量。事实上,美国页岩油产业已经历了一次油价的冲击,2014年国际油价就已经出现过一次暴跌,也是同样地在跌至27美元/桶之后出现反弹。

第四,欧洲经济面临了较大的压力。欧洲国家盛行自由主义,缺乏日本、韩国那样的集体主义,并且欧洲国家边界管控几乎不可能实现,疫情在欧洲的扩散难以避免。欧洲国家经济发展较多地依赖于东欧地区的劳动力,一旦出现经济衰退,这些返国的劳动力会加剧疫情扩散,并影响原输出国的经济稳定。

第五,日本、韩国的疫情防控措施已经初见成效,预计疫情可以很快被控制住。但是日本、韩国经济严重依赖于国际供应链,世界经济危机对这两个国家的冲击将是严重的。

三 经济危机与国际油价的前景

关于国际油价的前景,在欧佩克与俄罗斯的会议之前,高盛就曾预言国际油价有可能跌落到 20 美元/桶左右。笔者之前也做过国际油价波动规律的分析。总体来说，油价取决于边际生产成本（最后一桶供应市场的原油的生产成本）、市场需求、供给能力（以过剩产能来代表）、美元汇率和地缘政治以及突发事件，具体来说，有以下因素。

（一）边际生产成本

沙特、科威特等海湾产油国成本最低，其他地区油田的生产成本则有很大不同。美国页岩油的生产成本随着开采期的延长而下降。尽管具体油田和非常规石油的成本难以掌握，但是根据经济学理论，当市场需求快速下降、过剩产能巨大时市场价格可以视为原油的边际成本。1986 年的最低点约为 9 美元/桶（本文使用的都是 WTI 油价），1997 年的最低点约为 15 美元/桶，2008 年的最低点为 27 美元/桶，2014 年的最低点为 27 美元/桶，本次的最低点仍为 27 美元/桶。从历史经验来看，每次油价暴跌的最低点，经过货币因素调整后，都非常接近。27 美元/桶可以近似视为当前美元币值和需求支撑下的边际石油生产综合成本。可以相信，沙特、科威特等海湾国家的油田生产成本低于这一价格水平，美国页岩油的综合会计成本也低于这一价格水平。之所以能高于这些最低成本油田的边际成本，是基于需求因素的支撑，也就是说，还需要这些油田之外的额外产量来满足整个市场需求。

然而，如果本次疫情持续且无法获得根本性缓解，国际需求因素支撑面可能出现下降，那么高盛预计的 20 美元/桶左右的价格是可能出现的。

（二）其他因素

需求方面，21 世纪以来最大的变化是，以中国为代表的新兴市场经济体的崛起使得石油需求上了一个台阶。同时，可再生能源成本大幅度下降，导致全球石油需求增速没有那么快了。供给方面，美国页岩油是近年来的主要变化因素，它的出现使得加拿大油砂和委内瑞拉重油的利用时间被大大推后了。美元汇率的波动实际上是在各主要经济体经济走势作用下形成的，如果美国以外的其他经济体出现问题，美元必然走强，以美元计价的国际油价就会出现下跌。在经济危机或其他冲击之下，人们往往选择美元资产作为避险工具（黄金之外），这也间接推动了美元走高、油价走低。地缘政治冲突和其他突发事件的影响方面，以前的突发事件多是生产事故、气候灾难等，影响一般是暂时的，如卡特里娜飓风。而本次的疫情毫无疑问时间会较长，因此对油价的影响也会持续较长时间。本次的低油价将呈一个"L"形走势。

根据国际卫生组织（WHO）和中国、美国、欧洲、日本等的预计，疫苗很可能在年底投入使用。之后全球经济将逐步恢复，尽管会伴有结构性调整，但是油价很自然地就会出现恢复性上涨。因此，可以预计，全球经济和国际油价都将在下半年或者四季度摆脱低迷状态。当然也不排除其他的正向或负向冲击带来的变数。

四　对中国的影响和建议

目前，可以说对中国的影响主要来自疫情，而不是油价下跌。短期来看，恢复生产最为重要。较低的油价对于中国应对经济危机、降低经济成本是有好处的。从长期看，我们要注意全球产业链、供应链变化带来的影响。

（一）部分生产将会向发达国家转移，注意我国后续产业调整

如前所述，发达国家尤其美国将会重构化工与医药产业链，而原

本这些化工和医药中间体是从中国进口的。伴随着这些国家的产业重构，中国相应产业的出口需求会有所下降，这对未来的石油需求将产生负向影响。因此，有关企业应提前做好后续产业调整准备。

（二）积极支持相关国家的抗疫工作

本次疫情再次体现出人类命运共同体的意义：在重大灾难面前，没有一个国家能够独善自身，只有所有国家通力合作、共同面对，每个人才是安全的。中国在疫情逐步得到控制的情况下应对其他国家尤其是发展中国家进行援助。

（三）加强与"一带一路"国家的产业园区合作

中国可以加强与"一带一路"沿线国家的产业合作，在各方面因素适宜的地区尤其是临港地区建设产业园区，形成本地的供给能力。这在部分国家已经有较好的基础，如沙特等。未来在产业园区的合作建设上，中国可以更加侧重于对东道国的物资保供能力建设，充分利用本地资源，形成中国与东道国之间的新型合作模式。

（四）加强电力与能源设施的互联互通

本次疫情也是对能源安全的重大考验。疫情暴发后，海路运输与港口装卸方面出现了困难。这表明，电力与油气管道设施的互联互通可以有效提升能源安全。因为其优点是可以自动运行，不需要过多的人力投入和人员接触。因此，建议中国继续加强与陆地邻国之间的电力与油气互联互通合作，在经济合理的前提下，加快油气管道建设，包括中缅管道、中国中亚油气管道、中俄油气管道。同时，也应探索和加强电力互联互通方面的合作，包括中国—中南半岛、中国—中亚、中俄、中国—韩国（海底电缆）、中蒙、中国—尼泊尔等电力互联项目。

（五）避免宏观经济的应对措施用力过猛，实施精准应对

受疫情冲击中国经济出现了一些困难，国家也出台了一些应对政策。各行业企业当然都希望国家加大财政政策与货币政策支持力度，简单地说，就是加大项目投资，加大货币投放力度。但是，这种扩张性政策一定要注意力度的把握。2008年的"四万亿元"政策表明，过大的政策力度，会影响市场配置，海量的资金投放不可避免地会涌向房地产市场。2020年一季度部分城市出现了房价上涨的苗头，应该把握政策的火候，不宜"大水漫灌"，否则将会进一步抬高实体经济的成本，损害中国经济的国际竞争力和可持续发展潜力。

综合分析篇

Comprehensive Analysis Reports

B.13
突发公共卫生危机对经济的影响：逻辑与预测

陈秋霖 谈佳辉*

摘 要： 2020年伊始，突如其来的新冠肺炎疫情给全球经济、社会、生活带来了巨大影响。尽管此次重大突发公共卫生危机已经成为当今世界经济增长的最大威胁，但传染病危机仍是全球安全框架中一个被忽视的层面。我们不仅对疫情带来的不确定性缺乏必要的应对方案和有效的预警机制，也缺乏对其造成的经济风险的科学评估和判断能力，甚至至今仍然没有主流的经济增长模型正式将突发传染病危机纳入考虑。疫情的蔓延，

---

* 陈秋霖，中国社会科学院人口与劳动经济研究所；谈佳辉，中国社会科学院人口与劳动经济研究所。

更加凸显世界各国在应对突发公共卫生危机时的困难和不足,也暴露了各国经济系统中的短板和结构性问题。本文基于历史并综合国内外形势,对突发公共卫生危机的影响逻辑进行判断,并对经济的发展形势作出预测。

关键词： 疫情　公共卫生危机　经济

有史以来,流行病危机同战争、金融危机及自然灾害一样,会对人类的生产和生活造成难以估量的伤害。而此次新冠肺炎疫情作为一场严重危害人类健康安全的"大流行病",对全球社会运行和经济发展构成了严峻的挑战。据国际货币基金组织预测,各国为控制疫情所采取的必要措施使世界陷入了"大封锁"状态,并由此造成了世界经济活动的大规模崩溃,这可能会引致"大萧条"以来最严重的经济衰退。

因此,如何应对疫情及其带来的经济影响成为经济学、医学、社会学等诸多学科共同面临的结构性难题。为了提高公共卫生危机的经济影响相关研究的信度和效度,本文意在通过梳理国内外文献及相关理论,为学界提供一套可借鉴的科学研究范式,并在理清新冠肺炎疫情对我国经济影响路径和机制的基础上,比较相关经济形势预测,提出将健康因素纳入长期经济增长分析框架的可行性建议。

一　突发公共卫生危机的经济后果：研究逻辑

要对突发公共卫生危机的经济后果进行可靠研判,必须在识别和认清危机带来的真实经济现象的基础上，对其影响经济运行的方式和最终结果进行把握。从流行病危机影响经济的方式来看，可以简单归纳为供给（劳动力）冲击、需求冲击、财务冲击和不确定性冲击。[①] 这些冲击具体表现为疫情的蔓延及其遏制措施客观上导致了劳动者工作能力及工作效率的降低，社交隔离和封锁措施则明显影响了消费，对风险的预期和恐慌因素则导致金融体系压力骤增，最后经济主体对未来状况的不确定性降低了其投资意愿，这些影响方式相互联系又相互交织，进而增加了经济状况的复杂性。从流行病危机影响经济的结果来看，世界银行[②]将流行病造成的经济损失大致分为四类：①因病死造成的劳动力减少；②因流行病造成的旷工、停工和劳动生产率下降；③因控制和治疗流行病的需要而造成的大量资源投入；④因公共防控政策和个人保护行为造成的经济影响。其中第四项往往是造成中长期影响的关键。

当然，在厘清公共卫生危机影响经济的方式和后果的同时，需要以经济研究的基本理论为起点，综合公共卫生危机对经济冲击的特征和事实来进行判断，因此本文认为还需要将以下四点研究逻辑贯穿始终。

（一）回归对不确定性的讨论

毋庸置疑的是，不确定性问题一直是经济研究领域的重要话题。Knight[③] 率先对不确定性进行了界定，认为不确定性是不可度量的风险，并指出不确定性中蕴含的机遇是利润的真正来源。而自 Alchian[④] 将不确定性引入经济分析以来，特别是 2018 年国际金融危机后，

[①] Zhixian Lin, Christopher M. Meissner, "Health VS. Wealth? Public Health Policies and The Economy During COVID-19," National Bureau of Economic Research, Working Paper No. 27099, April 2020.

[②] Jonas, Olga B., "Risk Pandemic," World Bank Development Report Background Papers, 2014.

[③] Knight F. Risk, "Uncertainty and Profit," Social Science Electronic Publishing, 1921（4）.

[④] Alchian, Armen A., "Uncertainty, Evolution, and Economic Theory," Journal of Political Economy, 1950, 58（3）.

Bloom[1]发现宏观不确定性冲击对投资、就业、产出都具有显著影响，涉及微观个体决策、宏观经济波动和金融功能发挥的不确定性研究才逐渐在经济形势评估和政策制定中发挥重要作用。

突发公共卫生危机作为难以预测、具有重大影响的"黑天鹅"事件，几乎在经济社会运行的方方面面都助长了不确定性，如公共卫生和医疗系统是否具备控制疫情蔓延的能力、病死人群规模、隔离和封锁措施持续时间、经济何时会恢复正常运行等。鉴于不确定性几乎覆盖了公共卫生危机对经济影响的各个传导路径，我们在预测和判断经济运行情况时也必须回归到对不确定性理论的讨论上来。

目前国内学界对于突发事件带来的不确定性冲击的研究也愈发重视[2]。陈国进等[3]认为灾难风险除了会对实体经济造成实际损害之外，也会改变经济主体对灾难风险的预期，这使得他们一方面会对未来要求一个更高的风险溢价（贴现率），另一方面也会增加预防性储蓄，减少风险投资，同时还据此构建了一个包含灾难风险因素的 RBC 模型来分析其对经济波动的解释能力。庄子罐等[4]也通过构建 DSGE 模型发现预期冲击已经成为改革开放以来中国经济周期波动最主要的驱动力，可以解释超过三分之二的经济总量波动。除了经济主体对未来预期的不确定性以外，政策本身的不确定性也是需要关注的问题，Nakata[5]就认为宏观不确定性冲击是危机中造成经济波动和经济衰退的关键因素，而在危机后由复杂的经济局面造成的政策争论和困境又将对经济造成二次冲击。

---

[1] Nicholas, Bloom, "The Impact of Uncertainty Shocks," *Econometrica*, 2009.
[2] 屈文洲、崔峻培：《宏观不确定性研究新进展》，《经济学动态》2018 年第 3 期。
[3] 陈国进、晁江锋、武晓利等：《罕见灾难风险和中国宏观经济波动》，《经济研究》2014 年第 8 期。
[4] 庄子罐、崔小勇、龚六堂、邹恒甫：《预期与经济波动——预期冲击是驱动中国经济波动的主要力量吗?》，《经济研究》2012 年第 6 期。
[5] Nakata, T., "Uncertainty at the Zero Lower Bound," *American Economic Journal: Macroeconomics*, 2017, 9 (3).

当然，由于不确定性难以量化，将不确定性真正纳入宏观经济定量研究的框架中还面临一些挑战。因此 Baker 等[1]在总结现有不确定性度量研究的基础上，整理得出了可以及时对经济不确定性进行适当度量的五种方法：①股票市场的波动性，如 VIX 指数等；②基于报纸的度量，主要是通过观察报纸文章中某些包含不确定性关键词的出现频率来进行度量；③商业预期调查；④专业人员对宏观经济结果的预测分歧；⑤统计模型预测。由此可见，大数据、文本分析等新技术也为准确度量不确定性提供了可能，以不确定性为中心来探究公共卫生危机对经济的深远影响有助于深化我们对宏观经济波动的认知，并提供具有前瞻意义的理论指导。

（二）区分短期和长期两种影响机制

流行病危机的短期影响主要是指疫情暴发初期医疗卫生部门用于防控和救治的开支骤增、由隔离等原因造成的个人收入减少、大量企业无法正常开工等，从而导致经济增长率、季度生产总值等增量指标值明显下降。以"非典"为例，Donald 等[2]研究了 SARS 暴发对亚洲各经济体的短期影响，发现"非典"对中国的旅游业产值、进出口贸易以及 FDI 都造成了严重干扰，并预测在没有积极政策干预的情况下这些冲击会使得中国当年 GDP 增速下降达 1.5 个百分点（实际上增长了 0.9%）；宋宁等[3]则更为细致地对各行业受到的影响进行了讨论，其中估计旅游业、餐饮业和饭店住宿业全年增速将呈下降趋势，

---

[1] Scott R. Baker, Nicholas Bloom, Steven J. Davis, Stephen J. Terry, "Covid-induced Economic Uncertainty," National Bureau of Economic Research, Working Paper No. 26983., April 2020.

[2] Hanna, Donald, Huang, Yiping, "The Impact of SARS on Asian Economies," *Asian Economic Papers*, 2004, 3 (1).

[3] 宋宁、陈祖新、侯万军、向东：《SARS 对我国经济的影响及其新变化》，《经济学动态》2003 年第 7 期。

最大降幅预计达50%；史月英[1]同样认为服务业受到SARS疫情的影响最为集中，并指出SARS带来的投资信心减弱、社会成本增加、诸多社会活动取消等间接影响不容低估，可能会带来意料之外的负面影响。可见，除了短期刺激某些特定行业外，突发公共卫生危机对经济的短期影响基本上是消极的。

探究流行病危机长期经济影响的相关机制则较为复杂，唐文进等[2]认为经济增长和物价稳定是突发公共事件中宏观经济政策需要实现的长期目标，因此我们主要从经济增长角度出发考察流行病危机的负面与正面影响。

首先，流行病危机对长期经济增长具有不可忽视的消极影响。Ambrus[3]通过研究19世纪伦敦附近霍乱流行对长期房价的影响发现，霍乱使得作为家庭经济支柱的劳动力死亡从而提高了贫困人口比例，这在影响城市的贫困空间分布的同时导致了居民陷入长期贫困。Douglas[4]则采用1918年的西班牙大流感作为一个自然实验验证了经历流感的儿童在成年后确实出现了受教育程度降低、残疾率提高、收入和社会经济地位降低等现象，这告知我们如果疫情蔓延的周期很长，那么病毒对于人力资本的负面影响可能产生累积效果，从而带来经济衰退和增长乏力的风险，对发展中国家来说这个问题尤为严峻。相对地，李正全[5]则从制度演进角度认为SARS的冲击加快了当时制度的改革，提高了资源的配置效率，还导致了社会道德、社会心理承受能力等非正式制度的变迁，有利于形成一套降低

---

[1] 史月英：《SARS对经济的影响综述》，《中国国情国力》2003年第8期。
[2] 唐文进、廖荣荣、刘静：《突发公共事件经济影响研究述评》，《经济学动态》2009年第4期。
[3] Ambrus, Attila, Erica Field, and Robert Gonzalez, "Loss in the Time of Cholera: Long-Run Impact of a Disease Epidemic on the Urban Landscape," *American Economic Review*, No. 2, 2020.
[4] Douglas Almond, "Is the 1918 Influenza Pandemic Over? Long-Term Effects of in Utero Influenza Exposure in the Post–1940 U. S. Population," *Journal of Political Economy*, No. 4, August 2006.
[5] 李正全：《SARS影响国民经济的短期与长期分析》，《经济科学》2003年第3期。

社会交易成本、提高社会对突发性事件和危机处理控制能力的社会规范，因此在长期中SARS对国民经济有一定的正向效应。Mckibbin[1]则发现疫情对GDP的影响将会在其发生大约4年后几乎消退为零。

因此，在评估流行病危机的经济影响时，有必要区分和剥离短期影响和中长期影响的不同机制，避免在讨论其净效应时出现混乱。

（三）考虑健康与经济之间的政策权衡

在突发公共卫生危机中，危机本身、防控政策措施和经济状况三者是相互伴生、不可分割的。突发危机产生了对防控隔离措施的客观需要，但这些措施又不可避免地对国民经济运行造成损失，同时政策应对也会随着流行病蔓延态势而作出调整，在时间路径上对整体经济运行产生不同影响。因此要研究在危机中为维护生命健康所付出的经济代价，必须要将判断建立在流行病学曲线上，有效控制疫情所带来经济危害的目标是在抑制病毒传播和降低经济成本之间取得平衡。

另外，在分析经济影响时，除了研判经济运行态势以外，我们还需要将针对疫情的政策纳入考虑[2]。一方面，由于控制疫情所采取的停工停产、出入境管制等压力性"停摆"和"封锁"政策在大幅降低传染率的同时对经济运行具有极强的负外部性；另一方面，各地区采取的发放"消费券"等支持性措施在刺激需求方面已经显示出一定作用。因此，综合考虑防控性政策和支持性政策的替代和补偿效应将是客观分析流行病危机造成的经济影响的前提。

---

[1] Mckibbin, W., A. A. Sidorenko, "Global Macroeconomic Consequences of Pandemic Influenza," Lowy Institute for International Policy, Sydney, 2006.

[2] 徐高：《疫情经济影响的两条分析原则》，《21世纪经济报道》2020年2月3日。

（四）认识疫情冲击的非均衡性

尽管"倾巢之下无完卵",疫情会无差别地对每个人的健康构成威胁,但经济个体之间存在的固有异质性告诉我们,必须认识到疫情冲击的非均衡性,这种非均衡性不仅体现在人群之间,也体现在企业之间、行业之间及国家之间。

总的来说,疫情冲击将具有明显的结构性、阶层性和区域性特征。蔡昉[1]认为,在疫情冲击面前并非人人平等,这是因为在富国和穷国之间、在不同等级收入群体之间,对于获得治疗、康复机会的可得性以及对于疫情经济冲击的程度和承受力都是不相同的。Aum 等[2]对美国的经验研究充分佐证了这一观点,他们发现由于低技能工作往往会与人群密切接触（如餐饮业和零售业）,其面临更高的感染风险和更强的心理恐惧。另外,个体经营者由于必须在家工作,其将面临更大的损失。在企业层面上,张平等[3]基于疫情期间对全国 542 家企业进行的问卷调查发现,规模越小的企业复工概率越低,且相比大型国资企业来说民营中小企业面临较大的现金流压力；而在国家层面上,由于各地区之间经济发展和医疗水平的固有差异,必然会在面临疫情时表现出不同的风险承担能力和经济复苏速度,特别是对拉美、非洲地区的发展中国家来说,如何应对疫情及其带来的经济损失将是一个重大挑战。

---

[1] 蔡昉：《疫情冲击和应对政策的特征化事实》,中国金融四十人论坛,2020 年 4 月 13 日。
[2] Sangmin Aum, Sang Yoon (Tim) Lee, Yonggseok Shin, "Inequality of Fear and Self-Quarantine: Is There a Trade-off between GDP and Public Health," National Bureau of Economic Research, Working Paper No. 27100, April 2020.
[3] 张平、杨耀武：《疫情冲击下增长路径偏移与支持政策——基于对企业非均衡冲击的分析》,《经济学动态》2020 年第 3 期。

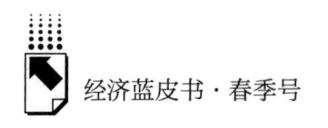

二 COVID-19疫情影响经济的路径

（一）新冠肺炎疫情的短期经济影响

从目前国内可以观察到的诸多经济现象来看，新冠肺炎疫情对于我国经济社会运行造成的短期剧烈冲击是显而易见的。据国家统计局发布的数据，2020年一季度国内生产总值同比下降6.8%，其中最终消费支出、资本、货物和服务净出口分别拉动GDP下降4.4个、1.4个和1.0个百分点。而国内经济学家也从不同维度给出了对经济增长率的预测。梁红[1]认为一季度的短期经济暂停可能会拖累全年GDP增长3~3.5个百分点；林毅夫[2]则认为在需求和供应端都受到冲击的情况下，中国能够实现3%~4%的增长；国际货币基金组织认为中国经济有望迅速复苏，实现"V"形增长；花旗银行则预计2020年中国经济增速为5.3%。综合国内外不同主体对我国经济增长率进行的预测后，我们可以将其简单划分为乐观、持中、悲观三种情景，如表1所示。

表1 不同情况下的中国和世界GDP增速情况

情景	2020年中国GDP增速	世界GDP增速 2020年	长期
乐观	6%左右	3%~4%	1%~2%
持中	3%~4%	1%~2%	趋近于0
悲观	1%~2%	-40%	-1%~-2%

---

[1] 梁红：《一季度实际GDP增速可能为-9.3%》，搜狐网，2020年3月31日。
[2] 林毅夫：《当前形势下国内外宏观经济走势判断》，《中华工商时报》2020年4月1日。

当然,疫情的影响不仅体现在增长率等宏观指标上,数字增减的背后是疫情影响经济生活的各个层面,因此本文将从微观、中观、宏观三个维度出发,更为细致地讨论疫情影响经济的具体路径。

1. 对微观经济个体的影响

个人作为经济活动和社会活动的主体,疫情对其影响是多层次、高密度的。在个人健康层面,疫情的发生不仅会产生感染、传播和病死的可能性,从而直接威胁个体生命健康,也会由于封锁政策和社交疏远等措施客观上间接影响个体长期心理健康。Harmermesh[1]就证实了禁闭会使得特定人群产生孤独感,而收入和工作的损失会使这种不幸福感更为严重。而在工作层面,居家隔离措施使得几乎全国除医务人员和应急保障人员外所有的劳动力都需要进入居家办公状态,这一方面从一定程度上使得大量无法通过居家办公获得劳动报酬的个体经营者等人群损失了短期收入,另一方面由于就业单位的生存压力,其他劳动力失业的可能性也大大增加。王震[2]认为由于服务业在我国经济结构中所占的重要地位及农民工就业的特殊性质,服务业就业人员、小微企业员工和外来农民工将成为受疫情冲击最为严重的就业群体,据国家统计局的数据,2020年2月全国城镇调查失业率为6.2%,相较1月的5.3%提高了近1个百分点。而在收入分配的决策层面,正如上文提到的,疫情存在较强的不确定性,使得个体在短期内降低消费需求、改变消费方式,并降低对未来收入的预期,从而减少风险投资行为,增加预防性动机的储蓄。

值得关注的是,作为市场经济中最为活跃但也具备脆弱性的主体,企业特别是小微企业更是在疫情中面临重重困难。首先,由于无法正常开复工,企业面临着房租、借贷等资金流动性压力。其次,

---

[1] Daniel S., Harmermesh, "Lock-downs, Loneliness and Life Satisfaction," National Bureau of Economic Research, Working Paper No. 26983, April 2020.
[2] 王震:《新冠肺炎疫情冲击下的就业保护与社会保障》,《经济纵横》2020年第3期。

由于各地基层严格的管控措施，企业大量用工无法到岗，生产效率大大降低。就生产供应链而言，某些疫情严重地区的复工复产进度滞后，这一方面会导致大量企业的原材料出现短缺，还会减少订单量，进一步加大企业经营压力。朱武祥等[1]基于两次全国问卷调查发现，85%的中小微企业现金余额维持不了3个月，税收减免、信贷优惠等政策对现金流的缓解作用也并不大。金泉等[2]则刻画了疫情下中小微企业企业家信心的特征，发现疫情对企业家信心产生了直接且剧烈的影响。

当然，我们也要看到，突发疫情确实会在短期内刺激一部分医疗卫生设施和应急物资生产企业的市场需求[3]，也促进了数字经济和平台经济的发展，特别是"互联网+"医疗行业在特殊情形下发挥了更大作用。

2. 对中观部门的影响

分部门来看，对服务业的直接冲击尤为严重，特别是旅游业及与其密切相关的交通运输业、餐饮业、酒店业、批发零售业、会展业。[4] 由于疫情发生初期恰好与春节假期重合，这意味着旅游、娱乐等众多消费需求都将受到完全抑制，"面对面"服务的传统领域受到重大冲击。[5] 以餐饮业为例，据恒大研究院数据，仅春节7天内疫情就造成餐饮业零售额损失5000亿元。当然，互联网数字经

---

[1] 朱武祥、张平、李鹏飞、王子阳：《疫情冲击下中小微企业困境与政策效率提升——基于两次全国问卷调查的分析》，《管理世界》2020年第4期。

[2] 金泉、李辉文、苏庆新、马文杰：《新冠肺炎疫情突发事件对中小微企业企业家信心的影响及对策——基于中国企业创新创业调查（ESIEC）数据库的分析》，《产业经济评论》2020年第2期。

[3] 许光建、黎珍羽：《"新冠肺炎"疫情对我国口罩产业的影响》，《经济与管理评论》2020年第3期。

[4] 张文斗、祖正虎、许晴、徐致靖、刘巾杰、郑涛：《突发大规模疫情对经济的影响分析》，《军事医学》2014年第2期。

[5] 王晓红、郭霞：《暂时的考验或许也是高质量发展的起点——浅谈新冠肺炎疫情对我国服务业的影响与政策建议》，《瞭望》2020年3月13日。

济新业态等"无接触"服务业也在本次疫情中逆势上扬,特别是远程教育、互联网医疗、网络办公等行业均实现了市场占有率的增长。

而在第二产业方面,疫情引发的原材料供应、劳动力供给等困难及需求减少、出口受阻等都会给工业部门带来较大的冲击,特别是对劳动密集型产业和出口导向型产业造成的负面影响较大。[1] 由于劳动密集型产业具备用工数量大、日常成本高的特征,停工造成的损失也相应较大。另外,其复工复产带来的传播风险较高,为此防护成本也更高。

农业部门即便受到疫情的直接冲击较小,但出于粮食安全的考虑,依然是疫情期间需要稳定的重中之重。当然,即便当前农业生产技术已经有了长足进步,但由于隔离措施的实施,仍然会在一定程度上导致春忙期间农业劳动力出现缺口,从而延误农业生产时机,而对于某些粮食进口国来说,本次疫情很有可能导致其面临用粮危机。

总体来讲,此次疫情对各个生产部门都产生了不同程度的净负向影响。程杰[2]认为疫情将带来潜在经济损失近5万亿元,分三次产业来看,农业损失约2000亿元,工业和建筑业损失1.92万亿元,服务业损失2.85万亿元,分别相当于2019年各行业增加值的2.6%、4.5%和4.9%,假定通过各方努力挽回一半的潜在损失,也意味着全年GDP增速将被拉低2~3个百分点。

3. 对宏观经济要素的影响

首先,流行病危机会在消费端形成强烈冲击,门店关闭、居家隔离、交通管控等客观因素都造成了社会消费需求几近探底。据统计局

---

[1] 李亚光、李芳芳:《新冠肺炎疫情对我国工业的影响与对策研究》,《产业经济评论》2020年第2期。
[2] 程杰:《新冠疫情对就业的影响及对策建议》,《中国发展观察》2020年第2期。

公布的一季度数据，全国居民人均消费支出实际下降12.5%。韩玉锦[1]则采用灰色预测模型测算了受疫情影响的社会消费品零售总额，发现武汉地区的预估损失额达192亿元。而郑江淮等[2]则通过对比"非典"期间细分行业零售额得出疫情对总体消费的影响巨大。

投资方面，疫情对其产生的影响仍然需要结合不确定性来讨论。短期来看，由于个体和机构投资人对经济状态具有不确定性，投资活动和投资计划很大程度上会被暂时搁置和延后；而长期来看，为了刺激经济复苏，政府部门开展一系列大型投资项目特别是新兴基础设施建设项目几乎势在必行。

进出口方面，可以分为进口和出口两个部分来讨论。在进口层面，由于进口规模很大程度上依赖于我国的总体消费需求，在消费停滞的疫情期间进口规模很可能出现大幅下滑。在出口层面，一方面由于大量工厂停工停产，2020年一季度出口规模绝对值必然呈现下降趋势，而另一方面祝坤福等[3]认为，疫情造成的中国出口产能供给不足很有可能给全球生产体系造成冲击，从而使得跨国企业加快生产链布局调整，因此，需要密切关注疫情造成部分产业链加速外移的风险。

此外，流行病危机可能具有严重的区域溢出效应。[4] 传染病流行的负外部性很有可能导致旅游往来和跨境贸易的中断，同时导致全球经济预期和增长信心的下降。

---

[1] 韩玉锦：《新冠肺炎疫情对经济会有多大影响——基于社会消费品零售总额的角度》，《产业经济评论》2020年第2期。

[2] 郑江淮、付一夫、陶金：《新冠肺炎疫情对消费经济的影响及对策分析》，《消费经济》2020年第2期。

[3] 祝坤福、高翔、杨翠红、汪寿阳：《新冠肺炎疫情对全球生产体系的冲击和我国产业链加速外移的风险分析》，《中国科学院院刊》微信公众平台，2020年3月2日。

[4] Binlei Gong, Shurui Zhang, Lingran Yuan, Kevin Z. Chen, "A Balance Act: Minimizing Economic Loss While Controlling Novel Coronavirus Pneumonia," *Journal of Chinese Governance*, 2020, DOI: 10.1080/23812346.2020.1741940.

（二）新冠肺炎疫情的长期经济影响

在关于疫情对我国长期经济运行走势影响的研判上，目前学界仍莫衷一是。一方面，部分学者认为疫情将可能导致美国和全球的产出均下降40%[1]，如果以失业率达到10%为标准，"大萧条"已经发生[2]，在此外部环境下，中国的经济增长动力也将受到一定的抑制；另一方面，部分学者认为我国社会主义经济体系能够有效抵御疫情引发的短期波动，坚定长期向好的判断不变[3]，甚至是在世界经济衰退甚至萧条时，我国仍可以像2008年以来一样成为全球经济增长和复苏的最主要动力源头[4]。统计局国民经济综合统计司在就2020年1~2月国民经济运行情况进行解读时提出，经济的内生动力和一些前期被压抑的经济活动将在疫情防控的成效巩固后不断释放，还有一些前期被压抑的经济活动会释放，特别是更大力度的对冲政策出台以后，政策效应会在下半年不断显现。当然，就此次疫情来说，目前准确判断其对经济的影响还很困难，但在国内结构性、体制性、周期性问题相互交织的情况下，又遭遇此重大公共卫生事件的突发性冲击[5]，可以想见它将显著影响年度经济增长。

而对于全球范围内疫情造成的长期经济影响，学界的态度普遍并不乐观，这一方面是欧美等发达国家在疫情初期并没有及时采取有效的防控措施，导致受流行病感染的人群规模大、疫情蔓延时间长，另一方面危机已在诸多发展中国家中蔓延，全球经济雪上加霜。

---

[1] 金刻羽：《为什么说可能面临1930年代的经济萧条》，网易研究局，2020年3月26日。
[2] 张五常：《新冠病毒会导致经济大萧条吗?》，凤凰财经，2020年5月7日。
[3] 姜峰、闫强明：《北大经院学者"新冠疫情对经济影响"笔谈综述》，《经济科学》2020年第2期。
[4] 林毅夫：《当前形势下国内外宏观经济走势判断》，《中华工商时报》2020年4月1日。
[5] 许宪春、刘瑾钰：《2019年中国经济运行情况分析与2020年展望》，《经济学动态》2020年第2期。

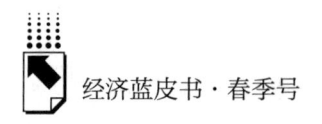

三 将健康纳入长期经济增长研究框架

尽管此次重大突发公共卫生危机成为当今整个世界经济增长的最大威胁,但显然,传染病危机仍是全球安全框架中一个被忽视的层面①。我们不仅对于疫情带来的不确定性缺乏必要的应对方案和有效的预警机制,也缺乏对其造成的经济风险的科学评估和判断能力,甚至至今仍然没有主流的经济增长模型将突发传染病危机正式纳入考虑范畴。

Sands 等②认为是以下三种原因造成了这种经济分析的不完全:①经济学家对低概率、高风险事件存在认知偏差;②针对宏观经济风险往往以未来12个月为分析重点,因此对发生在近期的小概率事件评估有限;③经济学家更愿意评估那些具有良好数据和丰富理论的风险,其中很多经济学家虽然愿意将传染病风险纳入宏观经济分析范畴,但他们并不具备相关的专业知识和信息。因此,虽然目前关于疫情所造成经济影响的研究和讨论层出不穷,但探究流行病危机对经济增长的影响路径和结果的可信理论与方法却似乎成为一个"黑箱"。

面对世界经济愈发复杂情况下的研究缺位,更需要经济学家探索和完善有效的经济增长分析框架,将健康作为一个必不可少的要素纳入整体经济运行态势的研判当中。首先,健康本身就是人力资本的重要形式,在微观层面健康对于个体劳动生产率的积极作用已经具备了诸多经验依据,而在宏观层面各地区的总体健康指标(如

---

① Gostin, Lawrence O., Mundaca-Shah, Carmen C., Kelley, Patrick W., "Neglected Dimensions of Global Security," *JAMA*, 2016.
② Sands, Peter, El Turabi, Anas, Saynisch, Philip A., et al., "Assessment of Economic Vulnerability to Infectious Disease Crises," *Lancet*, 2016: S0140673616305943.

预期寿命）也从一定程度上被证明会显著影响其经济发展方式和潜力，当然由于健康与经济增长之间存在相互关系，目前健康对经济增长的总效应及其因果机制还没有定论。其次，健康对经济影响的微观和宏观维度实际上是可以相互比较的，Bloom 等[①]的研究发现健康对宏观经济影响的点估计在数量上接近于汇总微观经济的影响，这为我们使用微观方法来估算卫生干预措施的直接经济效益的合理性提供了佐证。

特别是在突发公共卫生危机再次侵袭前，我们迫切需要一整套考虑健康的宏观经济脆弱性的前瞻性评价办法，并需要将健康因素稳定地纳入宏观经济评估和预测的研究框架中，如此才能更好、更早地发现和应对突发公共卫生危机给经济带来的巨大风险。

---

① Bloom D. E., Canning D., Kotschy R., et al., "Health and Economic Growth: Reconciling the Micro and Macro Evidence," *Johannes Schünemann*, 2019.

B.14
疫情冲击下中国数字经济的挑战机遇及"十四五"规模预测

蔡跃洲[*]

摘　要： 1996年以来，中国数字经济年均增速高达15.7%，远高于同期GDP年均9.3%的增速，2019年增加值规模估计已超17万亿元，占GDP比重约为17.2%，成为中国经济增长的重要引擎，但数字经济发展质量仍有较大提升空间。疫情对中国数字经济发展带来多方面冲击，但数字化在抗击疫情中发挥的积极作用、政府主导的新基建布局等都孕育着"化危为机"的潜力，2020年以及"十四五"期间，中国数字经济快速发展的基本趋势不会改变。预计2020年中国数字经济规模有望达到19万亿元，占GDP比重将达到19%。到2025年，中国数字经济增加值规模将达到344291.9亿元（以2019年不变价计算）。未来应尽可能缓和中美关系，维持同美国、日本、欧盟、英国等主要发达经济体之间的科技和经贸交流合作，为疫情后中国数字经济发展争取国际空间。

关键词： 数字经济　数字产业化　产业数字化

---

[*] 蔡跃洲，中国社会科学院数量经济与技术经济研究所研究员。

一 疫情前的中国数字经济发展状况

（一）中国数字经济规模增速估算分析

"数字经济"概念的正式提出至少可以追溯到1996年。当时，正值美国"信息高速公路"计划全面实施和互联网热潮快速兴起，加拿大商业分析师 Don Tapscott 出版了《数字经济：网络智能时代的希望和危险》(*The Digital Economy: Promise and Peril in the Age of Networked Intelligence*)。1998年前后，以丁磊、张朝阳、李彦宏、马化腾、马云等为代表的中国创业者，借助美国互联网热潮大势，在国内先后成立了新浪、网易、百度、腾讯、阿里等一批互联网公司，并开启了中国数字经济超常规的快速发展历程。[①] 经过20多年的发展，中国企业在社交、电商、搜索等领域都取得了迅猛发展。全国互联网上网人数由1999年的890万增加到2017年的7.72亿；电子商务交易额由1999年的1.8亿元增加到2017年的29.16万亿元。

中国社会科学院数量经济与技术经济研究所数字经济课题组（以下简称"数技经所课题组"）在数字经济概念辨析基础上，围绕信息通信技术（ICT）在数字经济中的基础性支撑作用，从ICT渗透性、替代性、协同性等技术—经济特征出发，将数字经济界定为"数字产业化"和"产业数字化"两部分。在此基础上，构建了以增长核算为基础，包括国民经济核算等定量分析工具的数字经济增加值

[①] 1997年6月网易成立，并于1998年推出免费邮箱；1998年2~12月，搜狐、腾讯、新浪先后成立；而阿里巴巴、携程、51job、当当等均成立于1999年；2000年1月百度成立，同年网易、搜狐、新浪均在纳斯达克上市。

测算框架，据以对1993～2016年期间各年中国数字经济规模进行测算，并推算2016年以后的数据。①

表1 中国数字经济规模测算

单位：亿元，%

年份	数字产业化 ICT制造业	数字产业化 ICT服务业	数字产业化 小计	产业数字化 ICT替代效应	产业数字化 ICT协同效应	产业数字化 小计	数字经济规模合计	GDP	数字经济占比
1993	470.3	441.3	911.6	58.8	124.8	183.6	1095.2	35673.2	3.1
1994	617.8	668.9	1286.7	218.1	380.4	598.5	1885.2	48637.5	3.9
1995	767.1	1005.0	1772.1	552.6	675.4	1228.0	3000.1	61339.9	4.9
1996	827.0	1235.1	2062.1	953.5	896.5	1850.0	3912.1	71813.6	5.4
1997	1025.8	1581.5	2607.3	1197.6	1163.7	2361.3	4968.6	79715.0	6.2
1998	1259.9	1838.1	3098.0	1314.7	1427.2	2741.9	5839.9	85195.5	6.9
1999	1519.2	2139.8	3659.0	1468.1	1628.8	3096.9	6755.9	90564.4	7.5
2000	2145.9	3003.7	5149.6	1820.7	2017.2	3837.9	8987.5	100280.1	9.0
2001	2372.2	3319.7	5691.9	2428.7	2428.6	4857.3	10549.2	110863.1	9.5
2002	2714.9	3924.2	6639.1	3358.9	2770.6	6129.5	12768.6	121717.4	10.5
2003	3545.5	4496.5	8042.0	4457.7	3102.9	7560.5	15602.5	137422.0	11.4
2004	5193.0	5279.5	10472.5	5861.6	3647.6	9509.2	19981.7	161840.2	12.3
2005	6700.5	6114.5	12815.0	7256.5	4268.0	11524.5	24339.5	187318.9	13.0
2006	8155.4	6283.4	14438.8	8566.3	4877.2	13443.5	27882.3	219438.5	12.7
2007	9947.9	7383.7	17331.6	10530.7	5999.0	16529.7	33861.4	270232.3	12.5
2008	11407.9	7799.8	19207.7	12654.7	7230.0	19884.7	39092.4	319515.5	12.2
2009	12013.5	9196.9	21210.4	14538.4	7773.1	22311.5	43521.9	349081.4	12.5
2010	14043.8	11611.0	25654.8	18620.9	9835.3	28456.2	54111.0	413030.3	13.1
2011	15995.9	13991.1	29987.0	23656.5	11596.7	35253.1	65240.1	489300.6	13.3
2012	17931.4	16538.1	34469.5	27776.8	12839.3	40616.2	75085.7	540367.4	13.9
2013	19957.6	19919.4	39877.0	31465.3	14457.4	45922.7	85799.7	595244.4	14.4
2014	22392.4	23484.8	45877.2	34971.2	15628.6	50599.7	96476.9	643974.0	15.0

① 蔡跃洲：《数字经济增加值及贡献度测算：历史沿革、理论基础与方法框架》，《求是学刊》2018年第5期；蔡跃洲、陈楠：《新技术革命下人工智能与高质量增长、高质量就业》，《数量经济技术经济研究》2019年第5期。

续表

年份	数字产业化			产业数字化			数字经济规模合计	GDP	数字经济占比
	ICT制造业	ICT服务业	小计	ICT替代效应	ICT协同效应	小计			
2015	24743.6	27615.0	52358.6	38001.4	17695.4	55696.8	108055.4	689052.1	15.7
2016	27218.0	30913.1	58131.1	41138.6	19926.1	61064.7	119195.8	743585.5	16.0
2017	30271.8	36235.0	66506.9	45973.1	22207.6	68180.7	134687.6	832035.9	16.2
2018	33615.0	42401.5	76016.6	50854.8	24783.0	75637.8	151654.4	919281.1	16.5
2019	37310.3	49326.8	86637.1	55984.3	27607.2	83591.5	170228.6	990865.0	17.2

注：①1993~2016年测算数据来自蔡跃洲、牛新星《数字产业化与产业数字化视角的中国数字经济测算》，《中国社会科学内部文稿》2020年第2期；②根据1993~2016年各部分实际增长率趋势外推，得到2017年以后各年份各部分增长率预测值，据以倒推对应的增加值；③2017~2019年数据利用GDP平减指数折算成当年名义值。

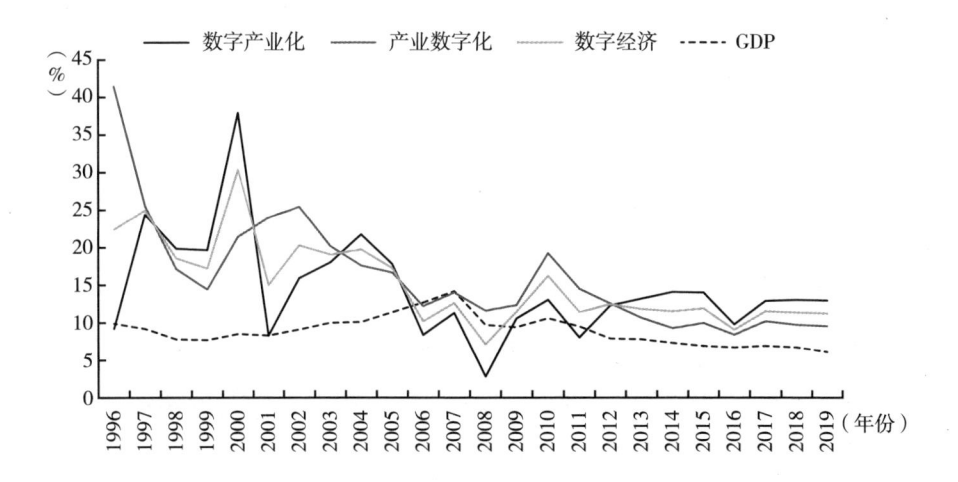

图1 数字经济及其组成部分增速

图1是在表1测算数据基础上形成的，展示了中国数字经济及其两大部分"数字产业化"和"产业数字化"的增速情况。从图1可以看出，1996年以来，除2008年外，中国数字经济总体都保持着高速增长势头，年均增速高达15.7%，远高于同期GDP 9.3%的年均增速，其中，数字产业化和产业数字化两部分的年均增速分别为15.0%和16.7%。

分年度来看，2005年之前中国数字经济每年增速都在18%以上，呈现持续超高速增长；2005~2010年，数字经济的平均增速为9.1%，与GDP增速基本持平；2010~2015年，伴随着移动互联网、云计算、大数据等新一代信息技术的爆发，中国数字经济每年增速都在11.4%以上，年均增速11.8%；2016年以后平均增速有所下降，为9%。2019年，中国数字经济增加值规模超过17万亿元，占GDP比重约为17.2%。

从构成情况来看，产业数字化的增速整体快于数字产业化，2012年之前产业数字化增速大部分年份高于数字产业化，在2012年后则出现相对增速的逆转。在数字产业化内部，"ICT制造业"与"ICT服务业"的增速大体相当，但2010年以后"ICT服务业"的增速明显高于"ICT制造业"，在规模上也于2014年实现反超。在产业数字化内部，"ICT替代效应"无论从平均增速还是对应的增加值规模来看，都明显大于"ICT协同效应"。

（二）中国数字经济发展质量分析

考虑到"数字产业化"在数字经济中的基础性作用，数技经所课题组还专门从全要素生产率角度对"ICT制造业""ICT服务业"的发展质量进行了专门的测算分析。具体来说，就是运用增长核算和DEA-Malmquist两种方法，从产业细分和区域分布两个角度，对"数字产业化"的发展质量进行了定量分析。[1]

从表2、表3的测算结果来看，在过去的20多年时间里，尽管ICT制造业和ICT服务业都实现了高速增长，产业规模在宏观经济中也占据较大比重，但我国"数字产业化"的发展质量总体来说还有很大提升空间。

---

[1] 蔡跃洲、陈楠：《新技术革命下人工智能与高质量增长、高质量就业》，《数量经济技术经济研究》2019年第5期；陈楠、蔡跃洲：《数字经济热潮下中国ICT制造业的发展质量及区域特征》，《中国社会科学院研究生院学报》2019年第5期。

疫情冲击下中国数字经济的挑战机遇及"十四五"规模预测

表 2　1996~2016 年 TFP 增长率测算结果

单位：%

年份	ICT制造业	细分行业							软件和信息技术服务	第二产业	第三产业	宏观
		通信设备	雷达	广播电视设备	电子计算机	家用视听设备	电子器件	电子元件	其他				
1996	1.5	-53.9	-92.7	14.6	27.9	47.4	0.1	12.8	11.4	-9.7	3.8	0.6	1.5
1997	3.0	33.6	-78.9	-52.6	-20.6	32.4	-23.6	6.3	33.6	9.7	4.2	1.1	4.5
1998	-3.0	16.5	-0.4	-6.8	-26.6	-25.9	-26.4	-13.9	-14.8	12.4	3.1	-0.7	1.6
1999	-1.5	-1.1	3.7	19.5	-33.3	-3.2	21.8	9.6	-8.7	8.4	1.7	-1.9	2.1
2000	-0.8	14.8	-6.6	6.4	-0.8	-27.5	-4.6	-16.5	7.0	22.7	4.2	2.6	7.3
2001	-0.1	13.0	47.4	-29.1	-6.4	-16.9	-20.0	-5.2	9.3	-4.0	-0.6	0.5	4.9
2002	2.6	-29.1	22.1	4.0	100.8	9.5	5.9	12.0	-27.3	7.6	3.4	0.5	3.5
2003	-1.3	-0.5	7.6	1.6	20.6	21.4	8.1	5.3	-19.6	-7.2	-0.3	1.9	4.1
2004	-4.0	-11.7	-41.1	4.6	-12.5	-20.0	-22.2	-4.5	-19.8	-12.0	5.7	-1.6	3.5
2005	-1.0	1.2	-2.3	57.4	-4.4	-13.3	-7.2	12.3	-6.6	-5.7	-4.2	6.2	5.6
2006	-6.2	-7.6	6.7	1.8	-11.9	-13.0	-6.5	3.7	-1.1	-1.2	0.4	2.9	4.4
2007	7.6	-37.5	0.3	-0.8	17.5	2.2	34.1	6.6	27.7	1.8	0.6	4.1	4.5
2008	-0.6	22.7	29.4	1.5	-26.7	-6.7	16.4	5.5	7.5	10.9	1.8	2.4	4.8

229

续表

年份	ICT制造业	通信设备	雷达	广播电视设备	电子计算机	家用视听设备	电子器件	电子元件	其他	软件和信息技术服务	第二产业	第三产业	宏观
2009	2.8	3.7	-25.1	25.3	9.7	4.6	1.8	0.9	1.5	26.6	0.7	-2.6	0.5
2010	1.5	-8.8	50.7	9.0	-21.7	3.1	8.3	23.5	5.2	24.8	2.1	3.6	6.2
2011	1.5	-3.9	17.0	15.4	8.4	17.9	0.3	2.7	-8.2	14.1	-5.9	6.3	4.3
2012	0.5	-0.1	-8.1	2.5	14.4	4.9	-3.5	2.9	-12.3	14.6	-0.8	0.2	2.0
2013	1.6	9.8	7.4	-7.4	-4.2	4.0	0.3	2.2	6.2	10.1	-3.1	0.8	1.7
2014	-1.3	0.0	-30.0	8.1	-7.4	1.8	-4.6	-0.8	6.2	13.9	2.9	-0.1	2.3
2015	-0.3	5.6	0.2	-3.6	-3.6	-10.1	-3.0	0.9	1.6	4.6	4.9	3.9	4.7
2016	0.1	-14.0	-6.1	4.5	1.8	5.4	9.8	1.9	1.5	3.3	8.0	2.9	5.5

资料来源：牛新星、蔡跃洲：《中国信息通信技术产业的全要素生产率变化与发展模式》，《学术研究》2019年第11期。

表3 2000~2016年不同阶段ICT制造业TFP及其分解

区域	2000~2005年平均					区域	2005~2010年平均				
	TFP	TECHCH	EFFCH	PEFFCH	SCH		TFP	TECHCH	EFFCH	PEFFCH	SCH
北京	0.812	0.966	0.841	0.841	1.000	北京	1.169	0.982	1.190	1.190	1.000
天津	1.166	1.166	1.000	1.000	1.000	天津	0.877	0.849	1.033	1.045	0.989
河北	1.099	1.000	1.098	1.099	0.999	河北	1.196	1.064	1.124	1.115	1.009
山西	1.188	1.188	1.000	1.000	1.000	山西	1.003	0.843	1.190	1.189	1.001
东北	0.811	0.980	0.828	0.826	1.002	东北	1.196	0.958	1.248	1.267	0.985
上海	0.938	1.157	0.811	0.875	0.927	上海	0.922	0.896	1.029	1.048	0.981
江苏	0.947	1.110	0.853	1.006	0.848	江苏	1.151	0.844	1.364	1.119	1.219
浙江	0.898	1.073	0.837	0.836	1.001	浙江	1.346	0.986	1.365	1.362	1.002
安徽	0.937	1.058	0.886	0.892	0.993	安徽	1.016	0.874	1.162	1.154	1.007
福建	1.088	1.121	0.971	0.971	1.000	福建	0.893	0.911	0.980	1.015	0.966
江西	0.878	1.090	0.806	0.807	0.998	江西	1.377	1.081	1.274	1.304	0.977
山东	0.965	1.131	0.853	0.909	0.939	山东	1.210	0.928	1.304	1.302	1.001
河南	0.665	0.930	0.715	0.715	1.000	河南	1.400	0.892	1.570	1.570	1.000
湖北	0.869	1.000	0.868	0.868	1.000	湖北	1.013	0.988	1.025	1.025	1.000
湖南	0.900	1.104	0.816	0.819	0.996	湖南	1.170	0.973	1.202	1.144	1.051
广东	0.964	0.983	0.980	1.062	0.923	广东	0.983	0.759	1.295	1.015	1.275
琼桂	0.770	0.935	0.824	0.824	1.000	琼桂	1.120	0.804	1.393	1.393	1.000
重庆	1.166	1.015	1.149	1.149	1.000	重庆	0.958	0.838	1.143	1.126	1.016
四川	0.920	1.099	0.837	0.836	1.001	四川	1.469	1.094	1.343	1.264	1.062
云贵	1.303	1.106	1.178	1.167	1.009	云贵	1.055	0.835	1.263	1.282	0.985
西北	0.919	0.950	0.967	0.938	1.031	西北	1.757	0.941	1.867	1.906	0.979
全国	0.951	1.081	0.880	1.000	0.880	全国	1.047	0.858	1.220	0.999	1.221

续表

区域	2010~2016年平均					区域	2010~2016年平均			
	TFP	TECHCH	EFFCH	PEFFCH	SCH		TFP	TECHCH	EFFCH	PEFFCH	SCH
北京	0.953	0.953	1.000	1.000	1.000	北京	0.967	0.967	1.000	1.000	1.000
天津	0.996	0.963	1.034	1.021	1.013	天津	1.006	0.984	1.022	1.022	1.001
河北	0.972	1.054	0.922	0.926	0.995	河北	1.085	1.039	1.044	1.043	1.001
山西	0.832	0.896	0.929	0.929	1.000	山西	0.997	0.964	1.034	1.034	1.000
东北	0.957	0.996	0.960	0.960	1.000	东北	0.975	0.978	0.997	1.002	0.996
上海	1.041	0.990	1.051	0.998	1.053	上海	0.966	1.009	0.957	0.971	0.986
江苏	1.001	0.953	1.051	1.000	1.051	江苏	1.030	0.963	1.069	1.040	1.028
浙江	1.000	0.930	1.075	1.027	1.047	浙江	1.065	0.995	1.071	1.054	1.016
安徽	1.118	1.039	1.075	1.084	0.992	安徽	1.021	0.987	1.034	1.037	0.997
福建	0.996	0.979	1.017	1.002	1.014	福建	0.989	1.000	0.989	0.996	0.993
江西	1.080	1.034	1.045	1.084	0.964	江西	1.093	1.068	1.024	1.045	0.979
山东	1.078	1.029	1.048	1.015	1.032	山东	1.080	1.026	1.052	1.063	0.990
河南	1.278	1.062	1.204	1.204	1.000	河南	1.060	0.959	1.105	1.105	1.000
湖北	0.939	1.006	0.934	0.939	0.995	湖北	0.938	0.998	0.940	0.942	0.998
湖南	0.934	0.994	0.939	0.954	0.985	湖南	0.994	1.022	0.973	0.963	1.010
广东	0.945	0.921	1.026	1.000	1.026	广东	0.964	0.882	1.092	1.025	1.065
琼桂	1.076	1.076	1.000	1.000	1.000	琼桂	0.975	0.932	1.047	1.047	1.000
重庆	1.014	1.011	1.003	1.008	0.995	重庆	1.042	0.951	1.096	1.092	1.004
四川	1.088	1.002	1.086	1.075	1.010	四川	1.137	1.064	1.069	1.044	1.024
云贵	0.869	0.986	0.881	0.881	1.000	云贵	1.061	0.969	1.094	1.097	0.998
西北	1.130	1.065	1.061	1.061	1.000	西北	1.222	0.984	1.242	1.238	1.003
全国	1.020	0.962	1.060	1.000	1.060	全国	1.005	0.963	1.044	1.000	1.044

资料来源：陈楠、蔡跃洲：《数字经济热潮下中国ICT制造业的发展质量及区域特征》，《中国社会科学院研究生院学报》2019年第5期。

第一，ICT制造业的要素和投资规模驱动的特征较为突出。从增长核算角度看，TFP对增长的平均贡献接近于零；从TFP分解来看，表现为整体全要素生产率略有提升，而（平均）技术水平甚至出现较为显著的负向增长。发展质量不高的根源在于我国ICT制造业技术水平与发达经济体存在较大差距。新世纪数字经济兴起和入世虽为产业规模扩张提供了市场空间，但技术基础决定了我国在全球价值链中仅处在中低端环节。

第二，ICT服务业（软件和信息技术服务业）在实现高速增长的同时，表现出较为明显的高质量增长特征，从增长核算看，TFP增长贡献率高达57.7%。

第三，ICT制造业各细分行业的增长质量大多不尽如人意，最为传统的两个领域"通信设备"和"电子计算机"的要素和投资规模驱动特征更为显著。不过2005年以后代表价值链高端和技术及应用前沿的一些行业出现了增长质量向好的趋势。

第四，从区域分布来看，作为我国三大科技创新中心，北京、上海、广东（深圳）三地的ICT制造业并未取得与之地位相匹配的TFP提升，甚至呈现显著负增长。北京和上海的技术溢出带动周边区域TFP提升，自身负增长可归因于企业为应对高成本保留研发环节而将制造环节外迁等；广东则主要是低端环节扩张影响了整体TFP水平。当然，2005年后，伴随ICT制造业东、中、西地区梯度转移，欠发达区域借助后发优势获得较大技术红利，为提升ICT制造业TFP水平进而推动全国产业TFP增长提供支撑。

第五，从2000年以后的TFP增长率变化趋势来看，ICT制造业和ICT服务业遵循着相似的变化轨迹。其中，2000~2005年期间，可能是受互联网泡沫和加入WTO的负面影响，增长质量都不尽如人意，TFP增长率显著为负；2006年前后，可能得益于移动互联网等新一代信息技术的加速推广应用，TFP实现显著的正向增长，并基本持续到2013年前后；2014年中国经济进入新常态以来，二者的增长质量似乎又都有滑落的迹象。

二 疫情对中国数字经济的挑战机遇

（一）疫情冲击下中国数字经济面临的挑战

数字经济的发展以新一代信息技术等为核心支撑，需要全球各国特别是主要经济体之间加强科技和经贸合作。其中，作为数字经济物质基础和重要组成部分的"数字产业化"，即ICT产业，具有全球产业链分工、网络规模效应、数据要素跨境流动等特征，产业健康发展更是高度依赖于全球化的不断深入。2020年3月以来，新冠肺炎疫情在全球加速蔓延。为防控疫情，世界主要经济体都采取了不同程度的限制措施，引发了全球性金融动荡和经济衰退。伴随疫情的蔓延，全球性衰退可能持续较长时间。疫情在欧洲、美国的暴发，导致贸易保护主义和民粹主义抬头，逆全球化趋势不断强化，由此给中国乃至全球数字经济发展带来巨大的风险和挑战。

第一，作为数字化转型基础的ICT制造业发展将受到重大冲击。以半导体集成电路为代表的ICT制造业，既是数字经济的组成部分，也是支撑产业数字化的物质技术基础。集成电路具有超长产业链条和高度全球化分工特点。其中，日本、美国及部分欧洲国家在上游材料设备等关键环节具有垄断地位；韩国、中国台湾则在中游加工制造环节具有领先优势；中国大陆在上下游各环节都具备一定能力，主要优势体现在下游应用市场规模上。受技术门槛和资金门槛限制，中短期内产业链布局难以调整。疫情在多国快速蔓延，停工停产造成全球半导体原材料和核心零部件短缺，下游消费电子等领域受到的负面影响已经显现。一旦疫情蔓延，上下游错配失调问题将进一步加剧，产业链整体将严重受损。

第二，传统产业数字化转型的进程将迟滞甚至中断。2008年全球金融危机后，新一代信息技术加速商业化应用，涌现出平台经济、消费互联网等数字经济新模式，但尚未达到全面支撑实体经济、提高经济运行效率的程度。2018年以来，传统产业数字化转型正在由复杂度较低的消费服务领域向复杂度更高的制造业拓展，并有望切实提升实体经济效率。疫情引发的衰退短期内可能会使这一进程迟滞甚至中断。毕竟制造业数字化改造需要大量资金投入，而在全球衰退背景下大多数企业将为生存苦苦挣扎，很难筹措到足额资金进行数字化建设和改造。

第三，主要经济体在数字领域研发投入将大幅缩减，影响数字经济长期发展的驱动力。在政府层面，全球性衰退下各国财政面临收入减少、支出增加、赤字扩大的压力。为满足短期调控支出需要，各国数字领域及其他基础研究投入很可能被迫削减。在企业层面，互联网巨头繁荣时期能凭借网络规模经济和放大效应获得巨额的利润及股票市值的大幅溢价，衰退时期网络效应也会加剧利润的缩减和市值的下跌，互联网巨头研发投入也面临大幅缩减。

（二）疫情冲击下孕育的数字经济发展机遇

在充分认识和估计外部环境变化带来的挑战的同时，也要看到疫情冲击下中国数字经济发展的潜在机遇。

第一，抗击疫情过程中，大数据和数字化建设发挥出的积极作用已经让全社会认识到发展数字经济的重要性。疫情期间，虽暴露出医疗卫生公共服务供给不足、基层社会治理方式和治理能力不适应数字经济时代要求等诸多短板，但不乏危重症患者专家远程会诊、轻症医生带病在线问诊、数字化智能化企业快速转产口罩抗击疫情等令人振奋的亮点。教育、购物等日常学习和生活方面，在疫情期间也衍生出线下场景向线上迁移、无接触式线上线下融合等更高质量的服务需求。

第二，企业数字化建设在抗击疫情、复工复产中发挥了积极作用。根据数技经所课题组2020年2月对广东佛山、福建泉州制造业企业开展的"数字化建设应对疫情影响"问卷调查，数字化建设在应对疫情中的积极作用主要体现在：一是在运营管理和销售环节，数字化建设发挥的积极作用最为显著。从问卷反映的情况来看，认为运营管理和销售环节的数字化建设在应对疫情中发挥出关键性作用的企业占比分别为67.6%和58.6%。51%的企业都能借助数字化建设基础迅速协调上下游客户，调整采购销售计划，减少损失。二是能够减弱企业对人工的依赖，加快复工复产。从问卷反馈情况来看，大多数企业都采取了远程办公、启用自动化生产线或使用机器人替代等方式进行复工复产，其中，53%的被调查企业采用了远程办公并取得了较为显著的对冲效果。三是助力制造业企业调整生产线，快速转向抗疫物资生产。事实上，有27.6%的被调查企业凭借着较好的数字化建设基础，转产抗疫物资，为疫情防控做出贡献。

第三，以5G通信、工业互联网、数据中心、人工智能等为代表的新基建加快布局，将为疫情后传统产业和广大中小企业加快数字化转型步伐提供有力支撑。2020年3月4日，中央政治局常务委员会明确提出"加快推进国家规划已明确的重大工程和基础设施建设，加快5G网络、数据中心等新型基础设施建设进度"。在这个时点推出新基建，短期内可以形成较大投资需求，直接对冲疫情防控对经济造成的负面影响，对于稳需求保增长有立竿见影的效果。长期来看，把握新一轮科技革命和产业变革的机遇，顺应熊彼特长周期趋势，必须有5G、工业互联网等新基建支撑。没有低时延、大容量、高速率的数据信息传输网络，传统产业特别是中小企业的制造业数字化转型将难以向纵深推进。而对于这些基础设施，如果中小微企业仅依靠自身投资，肯定是难以承受的。政府引导公用事业部门进行新型基础设施的投资建设，本质上是降低众多中小微企业数字化转型的门槛，对于未来数字经济的发展有着重要的支撑作用。

第四，外部环境变化，国际科技研发合作停滞，也会在很大程度上倒逼国内企业加大研发力度、尽快补齐短板，这有利于改变数字经济前沿技术领域核心环节受制于人的局面。以集成电路为例，疫情前美国就加大了对华芯片出售的限制力度，疫情期间各种遏制措施也是频繁出台，这种趋势在疫情后大概率将延续甚至强化。从中短期来看，我国数字经济发展将受到较大负面影响。然而，我们也要积极发现其中"化危为机"的潜力。从技术水准来看，在集成电路上下游各环节，国内企业同国际领先水平普遍存在 2 个世代甚至更高的技术代差，但我国本土企业确实也形成了较为完备的集成电路产业链，在集成电路上下游几乎每个环节都有所布局。在国际禁售倒逼下，国内本土企业将获得更多市场机会，客观上有利于缩小代差，并完善国内本土的产业生态体系。

三 "十四五"时期规模增速预测及数字经济测算再思考

（一）"十四五"时期中国数字经济规模增速估算

基于前文对疫情前发展状况与疫情冲击下的挑战与机遇的分析，对于疫情后中国数字经济发展的情景，我们依然要充满信心。从全球经济科技发展角度来看，世界新一轮科技革命和产业变革加速演进的总体态势不会因疫情的冲击而发生方向性变化。对中国来说，短期内数字化转型的进程可能会有所迟滞，但长期发展的动力依然存在；而中长期来看，疫情冲击下衍生出的各种机遇，也会对中国数字经济发展形成新的助力。正向和负面影响相互对冲，中国数字经济至少能延续疫情前的快速发展势头。基于上述判断，数技经所课题组依据表1、图 1 相关数据，对 2020 年和"十四五"时期中国数字经济规模增速情况进行估算，相关结果见表 4、表 5。

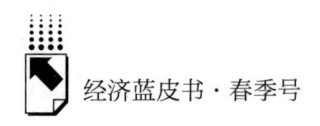

表4 2020年及"十四五"时期中国数字经济规模估算

单位：亿元

年份	数字产业化 ICT制造业	数字产业化 ICT服务业	数字产业化 小计	产业数字化 ICT替代效应	产业数字化 ICT协同效应	产业数字化 小计	数字经济规模合计
2020	41321.6	57228.6	98550.2	61513.0	30935.1	92448.2	190998.4
2021	45785.1	66216.7	112001.8	67736.7	34591.8	102328.5	214330.3
2022	50804.0	77114.9	127918.9	74842.3	38626.5	113468.7	241387.6
2023	56346.9	89689.8	146036.7	82504.3	43148.2	125652.5	271689.2
2024	62479.4	104187.8	166667.2	90888.0	48208.7	139096.6	305763.9
2025	69265.8	120994.2	190260.0	100137.1	53894.7	154031.8	344291.9

注：①根据1993~2016年各部分实际增长率趋势外推；②为2019年不变价。

表5 2020年及"十四五"时期中国数字经济增速估算预测

单位：%

年份	数字产业化 ICT制造业	数字产业化 ICT服务业	数字产业化 小计	产业数字化 ICT替代效应	产业数字化 ICT协同效应	产业数字化 小计	数字经济规模合计
2020	9.8	15.0	12.7	8.9	11.1	9.6	11.2
2021	9.6	14.5	12.4	8.9	10.6	9.5	11.0
2022	9.8	15.2	13.0	9.3	10.5	9.7	11.4
2023	9.8	15.1	13.0	9.1	10.6	9.6	11.4
2024	9.8	15.0	13.0	9.1	10.6	9.6	11.4
2025	9.8	15.0	13.0	9.1	10.7	9.6	11.5

注：①根据1993~2016年各部分实际增长率趋势外推；②为2019年不变价。

根据表4、表5的估算结果，2020年中国数字经济规模有望达到19万亿元，考虑到2020年宏观经济整体难以实现大幅增长，数字经济规模占GDP比重将达到19%。到2025年，中国数字经济规模将达到344291.9亿元（以2019年不变价计算），其中数字产业化增加值为190260.0亿元，产业数字化增加值为154031.8亿元。数字产业化增速高于产业数字化，其中重要原因为ICT服务业（如信息技术和软件服务业）呈现高速增长态势。这种趋势也是可以预期的，如随着工业互联网的推进，工业软件、工业App等将迎来大发展。

（二）数字经济测度相关问题再思考

关于数字经济发展状况的衡量和测度，目前国内外都尚未出现一套被各界所普遍接受的测度评价方法。我们认为当下的测度实践，总体都还没有跳出国民经济行业分类的惯性思维，很多测算仍然习惯于将细分产业（4位码、6位码）划归到数字经济，忽略了数字经济作为新型经济形态，不同于现行行业分类的特征。

数字经济测度困境的根源在于，现行统计核算体系和国民经济行业分类与新经济、新模式、新业态的错配。现行以增加值为核心的国民经济核算体系，是两次工业革命的产物，反映了工业化成熟阶段的经济结构和经济形态。而数字经济本质上是新一轮科技革命和产业变革的产物，数字经济各种新业态、新模式带来的效率提升、效用提升、消费者剩余增加等，无法在传统的增加值核算中体现，如平台经济带来的长尾效应。

事实上，无论是行业分类还是基于增长核算的产业数字化测算，本质上都没有脱离传统国民经济统计核算的惯性思维，难以对数字经济作为一种新型经济形态的运行状况给予全面的展示。要全面刻画数字经济发展状况，需要超越增加值核算，尝试新的测度衡量方式，特别应注意将基于网络复杂度而衍生出的效用、使用价值等提升以适当方式进行刻画。当下，欧盟、腾讯、阿里等推出各种数字经济指数，如腾讯提出的"用云量"，虽然简单，但从投入角度给出了一种较为

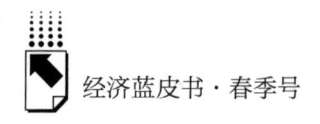

直接的衡量方式。另外，其他以互联网为基础的统计数据，如信息通信基础设施、2020年重点推出的新基建概念等都可以作为从不同侧面衡量数字经济发展状况的指标。

四 结论和建议

基于前文分析，就中国数字经济发展状况及疫情冲击下如何继续促进其有序发展，有如下结论和建议。

第一，疫情前中国数字经济已经实现了20多年的高速增长，并成为中国经济增长的重要引擎。1996年以来，年均增速高达15.7%，远高于同期GDP年均9.3%的增速，其中，数字产业化和产业数字化两部分的年均增速分别为15.0%和16.7%。2019年中国数字经济规模超过17万亿元，占GDP比重约为17.2%

第二，疫情前中国数字经济发展的质量仍有较大提升空间。一方面，ICT制造业的要素和投资规模驱动的特征较为突出，技术水平与发达经济体存在较大差距；另一方面，产业数字化还处于初期，很多产业和领域的数字化建设才开始。

第三，疫情从产业链断裂、企业效益下滑难以支撑后续数字化改造等多方面带来负面影响，但数字化在抗击疫情中发挥的积极作用、政府主导的新基建布局等都孕育着"化危为机"的潜力。2020年以及"十四五"期间中国数字经济快速发展的基本趋势不会改变。

第四，预计2020年中国数字经济规模有望达到19万亿元，数字经济规模占GDP比重将达到19%。到2025年，中国数字经济规模将达到344291.9亿元（以2019年不变价计算），其中数字产业化增加值为190260.0亿元，产业数字化增加值为154031.8亿元。

第五，应以加强疫情防控合作为抓手，倡导合作共赢理念，尽可能缓和中美关系并维持同美国、日本、欧盟、英国等主要发达经济体之间的科技和经贸交流合作，为疫情后中国数字经济发展尽可能争取国际空间。

参考文献

蔡跃洲：《数字经济增加值及贡献度测算：历史沿革、理论基础与方法框架》，《求是学刊》2018年第5期。

蔡跃洲、陈楠：《新技术革命下人工智能与高质量增长、高质量就业》，《数量经济技术经济研究》2019年第5期。

蔡跃洲、牛新星：《数字产业化与产业数字化视角的中国数字经济测算》，《中国社会科学内部文稿》2020年第2期。

陈楠、蔡跃洲：《数字经济热潮下中国ICT制造业的发展质量及区域特征》，《中国社会科学院研究生院学报》2019年第5期。

牛新星、蔡跃洲：《中国信息通信技术产业的全要素生产率变化与发展模式》，《学术研究》2019年第11期。

Tapscott, D., "The Digital Economy: Promise and Peril in the Age of Networked Intelligence," New York: McGrawHill, 1996.

B.15
以危机思维打赢湖北民生保卫战、经济发展战

罗 知[*]

摘 要： 2020年1月，全国暴发了新冠肺炎疫情，其中湖北的疫情最为严重，这是全球近50年来最严重的疫情之一，"封城"更是新中国历史上的第一次。在以习近平同志为核心的党中央坚强领导下，湖北市委、市政府和湖北人民做出了巨大努力和牺牲，疫情得到了有效控制，武汉于2020年4月8日开始复产复工，经济和社会逐步步入正轨。但总体而言，疫情导致湖北省特别是武汉市大面积、长时间停工停产，再加上国内外的需求都因疫情而出现大幅下滑，湖北经济面临非常大的下行压力，特别是民营企业有大面积破产倒闭的风险。湖北只有强化危机思维，才有可能打赢湖北民生保卫战、经济发展战。

关键词： 危机 疫情 湖北 武汉

一 新冠肺炎疫情对湖北GDP造成的损失预测

截至4月8日解封，湖北"封城"已经超过2个月。"封城"期

---

[*] 罗知，武汉大学新民营经济研究中心主任，武汉大学经济系教授。

间，湖北几乎所有的企业都停工停产，这对湖北经济的正常运行造成了极大的负面冲击。

湖北 GDP 的损失不仅包括停工当月的损失。事实上，居民消费、固定资产投资、政府支出的下滑都有乘数效应，会进一步扩大损失。我们利用 GDP 支出核算法并结合乘数效应，计算了湖北省每停工 1 个月所造成的 GDP 损失：在乐观情况下，湖北每停工 1 个月，导致 GDP 损失 3878.07 亿元；在中观情况下，湖北每停工 1 个月，导致 GDP 损失 4783.6 亿元；在悲观情况下，湖北每停工 1 个月，导致 GDP 损失 5236.36 亿元。目前，湖北已经停工近 2 个月，GDP 损失预测为 7756.14 亿～10472.72 亿元。

湖北公布了一季度的经济数据，GDP 增速下滑 39.2%，即与 2019 年一季度相比下滑了 4113 亿元，如果考虑到有一个正常的 6.5% 左右的增速，实际上下滑了 4380 亿元。湖北一季度的数据显示，固定资产投资无论是政府投资还是民间投资都下滑了 82% 左右，这意味着投资在 2～3 月几乎为 0，如果不是在 1 月的前 20 天，湖北经济仍然正常运行，可以想象固定资产投资几乎是没有的。而社会消费品零售总额增速下降 44.9%，下降幅度不太大的原因：一方面是 1 月的前 20 天基本正常，二是居民有维持基本生活的必需品消费。湖北省 1～3 月的 GDP 损失数据还未考虑到前期的 GDP 下滑对后三个季度的影响。整个地区从启动到恢复正常运转事实上需要一段较长的时间，在此期间，地区的各个组成部分也不可能是全负荷运转，GDP 的损失还将扩大。

武汉是湖北经济的中心，是国家中心城市，占湖北省 GDP 的四成左右。武汉的停工停产、疫情严重程度都高于湖北省其他地区，因此武汉的损失在很大程度上决定了湖北的 GDP 损失。我们更加精细地计算了武汉的 GDP 损失，从停工停产期的 GDP 损失、复工期的服务业损失、复工期的制造业损失、需求端萎缩造成的制造业损失四个

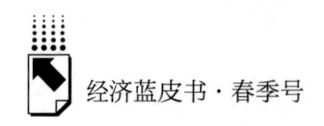

表1 湖北主要经济指标

单位：%

时间	GDP	规模以上工业增加值	工业用电量	固定资产投资	民间投资	社会消费品零售总额
2019年1~3月	8.1	9.9	4.8	10.5	10.6	10.5
2019年4月	8.1	9.8	6.0	10.7	11.6	10.1
2019年5月	8.1	9.1	6.1	10.7	9.1	10.0
2019年6月	8.0	8.9	6.0	10.8	10.6	10.4
2019年7月	8.0	8.6	5.8	10.7	11.6	10.3
2019年8月	8.0	8.3	8.0	10.6	11.0	10.6
2019年9月	7.8	8.3	6.4	10.7	11.0	10.7
2019年10月	7.8	8.0	5.4	10.7	11.3	10.7
2019年11月	7.8	7.8	5.3	10.7	12.0	10.2
2019年12月	7.5	7.8	4.6	10.6	11.6	10.3
2020年1~3月	-39.2	-45.8	-30.9	-82.8	-82.6	-44.9

方面进行估算。测算结果显示，乐观情况下武汉的GDP损失是3020.23亿元，中观情况下是3867.94亿元，悲观情况下是4478.48亿元。

二 民营经济困境是湖北面临的更大挑战

课题组于2020年2月24~26日收集了573家企业的调研问卷。调研结果显示，在停工停产期，高达95.64%的企业认为疫情对经营的影响大或者非常大。在不复工或者产能不恢复的情况下，57.59%的民营企业最多坚持3个月，濒临倒闭。在问及疫情结束后的发展前景时，53.23%的企业比较悲观，36.65%的企业认为比较平稳，10.12%的企业比较乐观。

课题组于4月25日开始发放新一轮湖北企业复工复产金融财税支持摸底调查问卷（问卷还未收集完成）。就目前已收集的问卷来

以危机思维打赢湖北民生保卫战、经济发展战

看,即使在复工之后,民营企业面临的形势也非常严峻。企业的复工率较高但复产率不足。只有35%的企业产能恢复到上年同期的50%以上(见图1)。很多企业有降薪甚至裁员的计划,只有57%的企业不准备降薪(见图2),而41%的企业准备裁员(见图3)。企业的营收下滑情况也非常严重,有67%的企业预计营收会下降30%以上,其中34%的企业预计营收下降50%以上(见图4)。

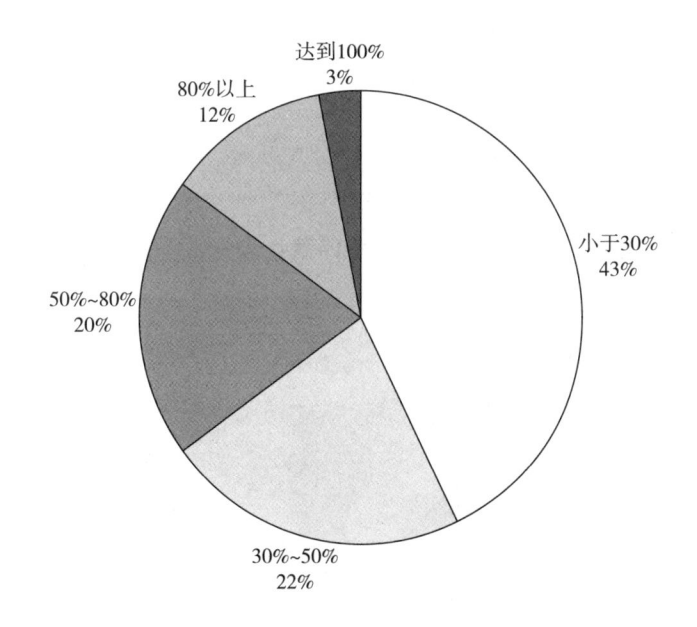

图1 企业产能恢复情况

事实上,GDP的下滑仅是湖北省经济下行的表面现象,湖北面临的深层次问题是大量的民营企业和中小企业可能出现的破产潮,以及由此可能引发的失业潮、撤资潮,经济生态的破坏和产业链的破坏。

第一,湖北停工时间超过2个月,中小企业的破产概率较高,短期内中小企业数量难以恢复。《疫情冲击下湖北省企业的经营状况分析及政策建议》指出,湖北近五成企业濒临破产边缘,57.59%的企

245

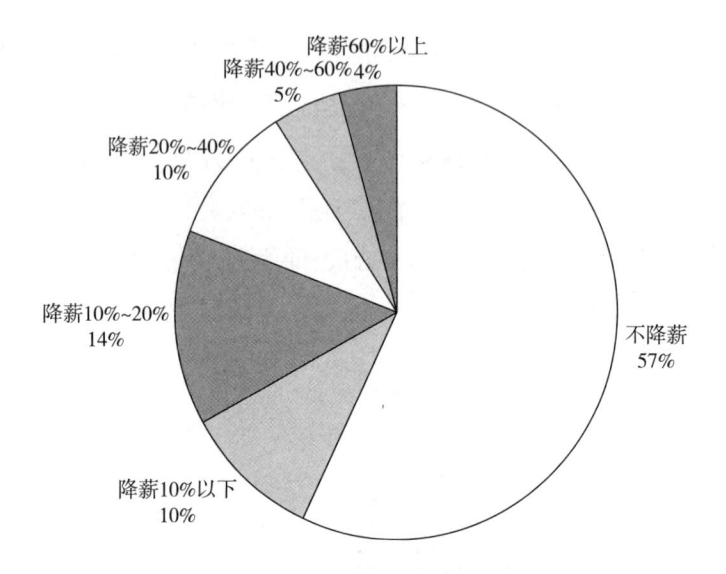

图 2 企业降薪计划

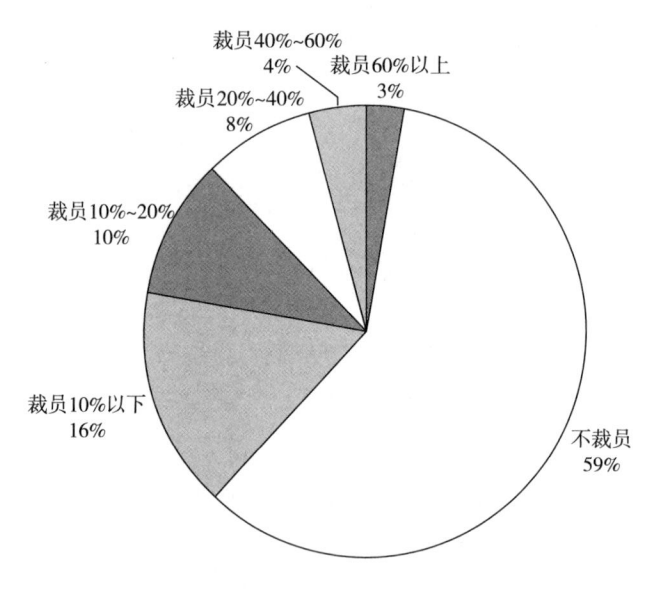

图 3 企业裁员计划

业最多坚持3个月。在3月20日的武汉某区企业调研中，有9.09%的企业反映已经濒临破产。而在4月初的餐饮企业调研中，有70%

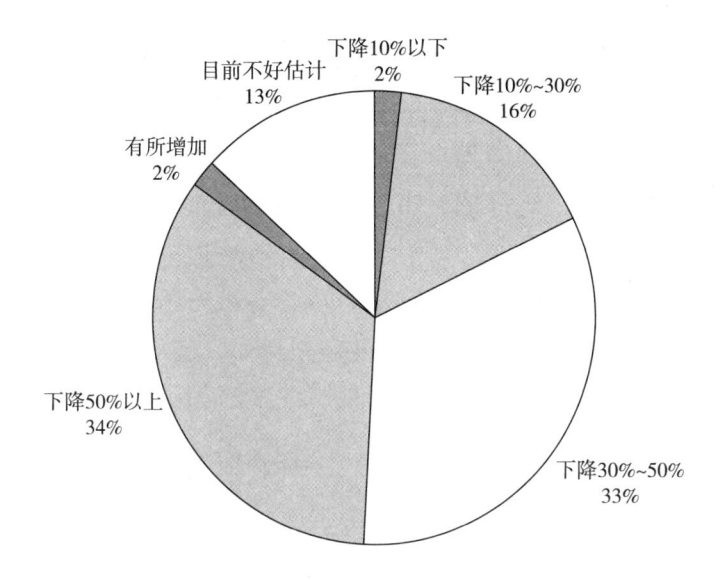

以危机思维打赢湖北民生保卫战、经济发展战

饼图数据：
- 下降10%以下 2%
- 下降10%~30% 16%
- 下降30%~50% 33%
- 下降50%以上 34%
- 有所增加 2%
- 目前不好估计 13%

图4　企业预计2020年营收下降幅度

左右的企业认为已经无力经营。

第二，对于湖北的企业特别是制造业企业而言，就算生存下来，2020年营收大幅下滑已成定局，即使2021年恐怕也很难恢复到前期水平。一方面，湖北的绝大部分企业一季度的营收几乎为0。目前复产进展并不顺利，二季度的营收也会受到极大影响。很多企业预测2020年的营收难以达到2019年的50%，企业面临的亏损在未来2~3年内都难以消化。另一方面，湖北企业的市场开始被抢占，特别是制造业。周边省份紧锣密鼓的复工必然会增加产业链上各种原材料和中间产品的需求。在停产停工期，湖北的企业如果在1个月内无法履行合约、向下游厂商供货，客户为了生存和发展会立即寻找可替代企业。很多企业的销售合同都是一年一签，客户一旦流失，公司面临的市场份额下降局面少则一年，多则长年难以恢复。

第三，企业的经营危机在特定区域内有很强的传染性。由于现代化产业的精细分工，企业之间通过产业链密切关联。产业链中的任何一环出现问题，都可能将负向影响传染到产业链上的所有企业，尤其是威胁到中小民营企业的生存。近年来，由于宏观经济进入结构性调整，再加上受中美贸易摩擦的影响，中小民营企业的利润有所下滑。一旦下游的采购方出现问题，市场出现萎缩后企业就很难支撑。根据笔者进行的企业访谈结果，受访的70%的湖北企业的供应商都在湖北省内。一批湖北企业的经营危机，将带动供应链上更多的湖北企业陷入危机。再加上产业链之间的交错关联，企业的经营危机将通过产业链的乘数效应在湖北省内被放大。

第四，疫情将导致湖北居民收入下降两成左右，并将通过消费乘数效应放大这一负面影响。由于企业停工停产，绝大部分在民营企业工作的湖北居民至少失去了两个月的工资。同时，复工以后由于企业营收下降，员工在接下来9个月中的工资极有可能低于2019年的月均水平。所以，在湖北民营企业工作的员工，2020年平均收入下降三成是有可能的。而民营企业和个体户贡献了80%以上的就业岗位，疫情将导致湖北居民收入整体下降两成以上。居民收入的大幅下降将导致湖北整体消费市场萎缩，并传导至供应端，造成企业收入下降、降薪/裁员，进而陷入员工收入下降、消费下降、降薪/裁员的循环中。

第五，目前民营企业虽然逐步复工，但是仍然面临多种困难。①资金困难。我们做的两轮企业调研都发现，能够获得银行贷款或者享受银行贷款优惠的企业占比很小，两轮问卷调查都显示七成以上的企业资金十分紧张。②员工到岗问题。一些企业考虑到疫情风险，仍然鼓励员工在家上班。还有一些外地员工害怕疫情反复，主动离岗离职。③订单萎缩的同时用工成本高。很多企业2个月没有开工，但是按照国家规定至少要给员工发停工第一个周期的全部工资。企业在停工状态下，还要支出数额很大的用工成本，这给企业带来很大压力。目前很多企业的订单萎缩，一些企业甚至反映只需要30%的员工到岗即可，人来多了，也无事可做，还要支出工资。这也反映了很多企业存在裁员风险。④物流成本。在3月中下旬调研的时候，企业普遍反映物流成本是上年的5倍左右。⑤受外地的疫情防控工作影响，湖北特别是武汉的企业无法到外地开展业务。⑥各项优惠政策重出台、轻落实，很多政策不明确、不具可操作性。

第六，大面积的企业破产将破坏武汉经济生态环境，同时产业链很可能出现断裂。

三 湖北2020年发展目标的讨论

在政策上怎么帮助湖北纾困，首先要明确2020年湖北的发展目标。2020年3月12日李克强总理指出"只要今年就业稳住了，经济增速高一点低一点都没什么了不起的"。对于受疫情影响最为严重的湖北而言，2020年的目标主要是稳就业、保民生和全面消除贫困，而不是追求GDP的增长。

这并不是指可以完全不考虑GDP的增长，GDP是保证经济正常运转的手段，但不是2020年的目标。近日，湖北开始全面地抢投资、抢基建，以弥补GDP中固定资产投资的损失。拉基建是拉动GDP的一个有效方法。另外，也可以通过降低居民个税起征点、发放消费券、稳定物价等方式，提振消费，拉动GDP增长。

但是，现在湖北面临的深层次困境主要是中小企业生存问题。中小企业对产业链的完整而言相当重要。虽然民营企业（主要是中型企业）在整个产业网络中并不是最重要的节点，但是民营企业是产业链的毛细血管，一旦部分毛细血管断掉，即使产业链的中心结点企业完好无损，整条产业链同样不能正常运转。疫情终将结束，只有尽量保障产业链的完整，在全球疫情结束时，才能快速重启，回到正常的轨道。而拉基建受益的都是大企业，数量很少，拉动的行业也都是水泥、钢铁等,并带动少量的就业增加。中小企业破产以后的失业潮是很大的问题,拉基建在带动就业方面的作用并不大。另外,拉基建也不太有助于缓解需求端的萎缩。需求端的萎缩一方面来源于疫情,另一方面也来源于居民收入下滑。2020年很多人的收入下降几乎是定局,并且就业压力非常大,因此国内消费市场的萎缩估计可能性也很大。要提振消费,需要从居民收入着手,但是拉基建对于提高居民收入的作用也不大。只能说,拉基建可以拉GDP,但是最终是否有利于为大范围的企业纾困、为居民纾困,还有待观察。

结合之前的分析,湖北2020年工作重点是尽可能地保障民营企业、中小企业生存。民营企业稳则湖北就业稳、民生稳,民营经济稳则湖北经济稳。保住了绝大部分民营企业就保住了就业,事实上也就保住了民生、保住了前期扶贫工作的成绩。

这也不意味着大型企业、重点企业就不用扶持,所有的金融政策、财政政策的优惠,大型企业、重点企业都是可以享受到甚至优先享受到,它们一直是各级政府关注的重点,这类企业生存下来的概率很高,只是发展速度的问题。相反,民营企业特别是中小民营企业十分脆弱,在疫情的冲击下它们才是最需要雪中送炭的对象。

四 以危机思维打赢民生保卫战、经济发展战

从上文的分析可以看到,疫情对湖北GDP的冲击十分巨大。我们必须对形势的严峻性有充分的认识:第一,中国改革开放以来,如此巨额的GDP损失在任何一个相同量级的省份中从未出现过。第二,20世纪以来,如此量级的冲击在全球层面只有1929年的美国经济大萧条(1929年,美国实际GDP增速下降8.5%,名义GDP增速下降11.8%)。陷入大萧条后,美国经济整整花费了8年时间才走出困境。第三,中国的任何地方政府甚至包括中央政府都没有应对如此量级经

济冲击的经验。改革开放以来，中国GDP增速的最低点出现在1990年，为3.91%。这意味着，改革开放以来的中央政府、省级政府所采用的各种经济调节手段都仅在经济的上升通道中实行过。目前，湖北面临巨大负向冲击，这些常规性政策的有效性事实上难以预判。第四，巨额的GDP损失只是经济方面的表象，背后所蕴含的经济和社会危机还有非常大的不确定性。

这意味着，湖北面临的不是非常时期，而是危机时期。现在很多地方都在谈"转危为机"，对于损失较小、元气较足的地区确实有机会"转危为机"，但是对于"失血"甚多的湖北而言，"转危为安"才比较现实。更重要的是，留给湖北经济转危为安、避免陷入长时间衰退、防范各种经济和社会危机的窗口期可能并不长。在调研过程中，很多企业指出，每年7月、8月是行业淡季，如果6月之前企业没有任何起色，极大可能就面临倒闭。重振湖北经济时间紧迫。

如果说面对一季度GDP-6.8%的增速，全国要坚守底线思维，那么面对一季度GDP-40%的增速，湖北就应该强化危机思维。中共中央政治局4月17日召开会议提出"六保"目标，政府需要上下一致加深对"六保"目标的认识。"六保"目标中的居民就业、民生才是经济发展的目标，而不是GDP增长。"六保"目标中的市场主体、产业链供应链稳定才是我国经济发展的源泉和推动力。"六保"目标中的粮食能源安全和基层运转才是我国整个社会稳定的压舱石。这些都不是仅靠拉动GDP就能够完成的。事实上，"六保"目标中的"四保"（保居民就业、保基本民生、保市场主体、保产业链供应链稳定）都是与保企业相关。只有保住了窝里的金鸡，未来才能有源源不断的金鸡蛋。在深刻认识到湖北面临的形势、深刻认识到"六保"的核心下，湖北政府需要以危机意识来打赢民生保卫战、经济发展战。

第一，思想上的转变。政府首先需要将常规思维转化为危机思维。要明确经济重启是政府目前最重要的公共职能。政府替企业按下了"暂停键",当然有义务和责任尽可能保住企业的生存。要认清严峻形势,迅速构建危机管理体系,从顶层设计上制定湖北经济重启的整体计划。政府要把目前对重点项目、重大项目、大型企业、大基建的工作重点转变为保企业特别是保中小企业、保民营企业。

第二,职能上的转变。在正常情况下,我们希望政府只做守夜人、隐形人,甚至能让企业在经营过程中感受不到政府的存在,在政府不该出现的地方绝不出现。但是,当前企业遇到了巨大困难,这不是由市场资源配置导致的,政府在此时应该挺身而出,积极筹划、帮助企业摆脱困境。危机时期的政府职能要从守夜人变成治病救人的医生。

第三,政策上的转变。危机时期,应该把政策的设计重点转向全面为企业纾困:①需要重新研究湖北的纾困政策,迅速出台一个大型、综合、分级分类的整体企业纾困方案。整体方案的核心是政府让利、银行让利和国企让利。政府让利就是减费降税,减轻企业负担。银行让利就是降低对中小企业的贷款利率,无条件延长企业的还款期限。国企让利就是应该尽快偿还中小企业的应收账款,帮助产业链、供应链上的中小企业、民营企业渡过难关。②加强纾困政策的力度。目前企业纾困政策从资金总量、覆盖面、政府让利程度来看都有很大的提升空间,甚至与兄弟省份相比都有一定差距。③提高纾困政策精准度。很多企业反映政策不明确、不清晰、可操作性不强,政策优惠的交易成本高、申请手续复杂,减轻企业负担的力度不大,很多政策重形式、轻落实。④增加纾困政策灵活度。一部分企业纾困政策没有随着疫情发展而进行调整,工商、税务、银行、公证部门也没有恢复正常运转,政府职能没有围绕疫情的变化而快速做出调整。

第四,工作方法上的转变。危机时期,需要成立湖北经济重振工作小组。工作小组要联合政府办公部门、税务部门、人力资源和社会保障部门、科技部门、市场监督管理部门、财政部门、金融监管部门和金融机构等，构建能快速有效沟通、协调、管理和落实的政策制定机制。在政策制定后，工作小组需要根据疫情防控和经济发展情况，在积极获取企业反馈的基础上对政策予以动态调整。在政策执行时，工作小组要对政策落实的效果实施监督、管理和考核，让政策最大程度上帮助企业摆脱困境。

致谢：

感谢王新雅同学和赵品钧同学在报告完成过程中提供的帮助。

B.16
疫情的影响与宏观政策调整

——2020年中国省域经济增长的目标与实现

彭 战[*]

摘　要： 2020年是全面建成小康社会和"十三五"的收官之年，也是精准脱贫的决战决胜之年。各省区市根据自身实际情况制订了2020年的增长目标，但受疫情影响，全国范围一季度数据与往年相比出现大幅下滑。本文根据各省份受疫情影响情况，分析各省份《政府工作报告》制定目标及配套措施，结合各地复产复工恢复生产生活秩序情况，为努力消除疫情影响，在"六稳六保"的基础上为"后疫情时代"提出促进经济发展的建议。

关键词： 新冠肺炎疫情　区域发展　治理体系　"六稳六保"

2020年1月23日是庚子年春节假期除夕夜的前一天。受到新冠肺炎（COVID-19）疫情影响，从这一天开始，湖北武汉实施"封城"，这是人类历史上首次对一个千万级人口的城市进行"封城"。"封城"意味着湖北武汉的日常经济社会生活全部停止，所

---

[*] 彭战，中国社会科学院数量经济与技术经济研究所、中国经济社会综合集成与预测中心、中国社会科学院经济社会发展综合集成实验室。

有的活动全部围绕抗击疫情展开，节日的聚会、旅行全部停止，往常的热闹繁华同时消失。随着国内先后发现确诊病例，各省区市也先后启动重大公共卫生一级响应，采取最严格的管控措施，应对突如其来的新冠肺炎疫情。这期间湖北武汉所有交通运输，除保障抗疫医疗物质及基本生活以外全面停止，跨境流动被严格控制。

2018年开始的中美贸易摩擦虽然在2020年1月达成第一阶段经贸协议，但随着美国对华为在内的中国高科技公司进行"长臂管辖"，双方经贸及国家间关系依然存在重大不确定性。随着全球疫情的蔓延，影响范围不断扩大，感染人数、死亡人数不断增加，各种新的不确定因素进一步增加，从国际政治经济等不同方面给我国的外资外贸、全球供应链、产业链、价值链及相关产业行业造成影响。

认清当前国内外重大形势变化，努力消除疫情等不利因素影响。按照中央决策部署"保居民就业、保基本民生、保市场主体、保粮食能源安全、保产业链供应链稳定、保基层运转""稳就业、稳金融、稳外贸、稳外资、稳投资、稳预期"要求，克服各种困难，积极促进经济社会发展，使中国经济尽快从疫情影响中恢复，尽最大努力争取最好的结果。

一 新冠肺炎疫情导致经济下滑

新型冠状病毒COVID-19肺炎作为一种恶性传染病，能够在短时间造成大量人员被感染，并导致严重的后果，比传统的季节性流感具有更强的传染性、更高的死亡率，特别是病程较长、恢复较慢，导致医疗资源占用时间长，给卫生系统造成巨大压力。

春节作为中国人最重要的节日，中小学放假，高校学生和打工者返乡过年，人们走亲访友相互拜年。很多制造企业，特别是中小私企都会停工停产，上亿人在全国范围流动，促成一年中最繁忙的春运。每年春节假期是服务业最重要的消费时段，其中餐饮、娱乐、旅游、购物等是全年假日经济最活跃的时间段，受新冠肺炎疫情的影响，从武汉"封城"到"解封"算起共计77天。受疫情影响，春节假期不断延长，全国范围除了参与湖北武汉救援的医务工作者和基本保障人员外，大多数人都在家里，最小限度的社交活动避免了疫情更广泛地传播与更大规模地暴发。

面对突如其来的疫情，在党中央坚强领导下，全国人民万众一心，顽强努力、付出了巨大代价，并取得了最终胜利。随着疫情逐步得到控制，各地陆续恢复经济社会活动。从3月底4月初开始，各地方政府根据疫情发展及相关数据变化，陆续下调公共卫生响应等级，各行业企业逐步复工复产。应该看到，新冠肺炎疫情对中国的宏观经济造成重大影响，2020年一季度GDP增速为-6.8%（见表1），其中湖北省受影响最为严重，一季度GDP增速下降36.7%。

表1　2015~2020年季度GDP同比增长速度

单位：%

年份	一季度	二季度	三季度	四季度
2015	7.1	7.1	7.0	6.9
2016	6.9	6.8	6.8	6.9
2017	7.0	7.0	6.9	6.8
2018	6.9	6.9	6.7	6.5
2019	6.4	6.2	6.0	6.0
2020	-6.8	—	—	—

资料来源：国家统计局数据。

除湖北、北京等特定区域外，各地企业"五一"假期前后开始复工复产、复市复业。经济和社会在出现长时间停顿后，并不会在短期内快速回到之前的轨迹与增长速度。世界范围的疫情仍然处于高发期，全球的供应链产业链出现了新情况，如何尽快消除国内疫情影响，在保障民生的前提下实现既定的战略目标，是对我国治理体系和治理能力的进一步考验。

二 2019年的基本情况和2020年的增长目标

2019年中国GDP增长6.1%，经济总量达到990865亿元，人均国内生产总值达到70892元，按全年平均汇率折算达到10276美元，首次超过1万美元，经济实现重要跨越。其中，广东省GDP首次突破10万亿元，江苏省GDP达到99631.52万亿元，接近10万亿元。与全国GDP增速相比，19个省份GDP增速超过6.1%，包括贵州、云南、西藏、江西、福建、湖南、四川、湖北、安徽、河南、浙江、河北、宁夏、重庆、青海、广东、山西、新疆、甘肃，江苏和北京与全国增速持平。

从1985年开始，每年3月全国政协代表大会和全国人民代表大会都会在北京召开。各省份的"两会"一般会根据当地情况在年初1~2月春节前后召开，这已成惯例。2020年，包括湖北在内的各省区市人大政协"两会"召开时间大多在春节前的1月6~18日。此时，新冠肺炎疫情尚未被充分认知，《政府工作报告》也没有考虑到其可能产生的影响，因此各地都制定了较高的增长目标，西藏、贵州、江西均制定了8%~9%的增长目标，河南、湖南、安徽、福建都定下了7.0%左右的增长目标，湖北也制定了7.5%左右的增长目标，除天津、吉林、新疆、黑龙江外，其他省份目标均在6.0%~6.5%（见表2）。

表2 2020年各省区市《政府工作报告》提出的经济增长目标

省 份	GDP目标	省 份	GDP目标
北 京	6.0%左右(6.1%)	吉 林	5.0%~6.0%(3.0%)
上 海	6.0%左右(6.0%)	新 疆	5.5%左右(6.2%)
重 庆	6.0%(6.3%)	西 藏	9.0%左右(8.1%)
天 津	5.0%左右(4.8%)	江 西	8.0%(8.0%)
广 东	6.0%左右(6.2%)	陕 西	6.5%左右(6.0%)
浙 江	6.0%~6.5%(6.8%)	贵 州	8.0%左右(8.3%)
河 北	6.5%左右(6.8%)	宁 夏	6.5%左右(6.5%)
河 南	7.0%(7.0%)	甘 肃	6.0%(6.2%)
湖 南	7.5%左右(7.6%)	江 苏	6.0%左右(6.1%)
安 徽	7.5%(7.5%)	青 海	6.0%~6.5%(6.3%)
湖 北	7.5%左右(7.5%)	辽 宁	6.0%左右(5.5%)
福 建	7.0%~7.5%(7.6%)	山 东	6.0%以上(5.5%)
广 西	6.0%~6.5%(6.0%)	海 南	6.5%左右(5.8%)
山 西	6.1%左右(6.2%)	四 川	比全国高2个百分点(7.5%)
内蒙古	6.0%左右(5.2%)	云 南	高于全国平均水平(8.1%)
黑龙江	5.0%左右(4.2%)		

注：括号内数字为2019年实际增速；四川、云南省"两会"召开时间是2020年5月。

资料来源：根据各省区市2020年《政府工作报告》整理。

在相对固定的时间召开全国"两会"，人大会上国务院的《政府工作报告》总结上一年经济社会情况，提出当年经济增长目标，是我国治理体系的重要组成部分，也是治理能力的体现。1985年至今经历过多次各类突发重大事件，包括2003年春北京的"非典"疫情，2008年冬春全国大范围发生的低温、雨雪、冰冻等自然灾害，3月的会期始终没有受到影响。2020年受到新冠肺炎疫情影响，这一传统被打破，全国"两会"推迟到了5月下旬举行。

一般情况下，各省区市和国务院的《政府工作报告》中，都会提出包括GDP在内的一系列增长目标和具体工作，这些都是根据当地和全国总体经济运行状况，同时结合上年实际数据，参考"五年规划"等中长期目标制定的。全国"两会"的推迟足见疫情对中国的经济社会影响程度之深，特别是一季度数据显示疫情的负面影响，使未来的发展状况存在巨大的不确定性。而受疫情影响2020年全国"两会"上的《政府工作报告》没有提出全年GDP增速的具体目标[①]。

三 2020年一季度各省份受影响存在差异

2020年初直到疫情被控制，全国范围都采取了全球范围内最为严格的管控措施。疫情控制的背后，各地区各行业生产生活均受到很大影响，导致2020年一季度全国GDP出现6.8%的负增长。所有省份均出现增速下滑，受损严重的省份，如天津、黑龙江、辽宁分别下降9.5%、8.3%、7.7%，其他省份负增长程度均低于全国水平，新疆、湖南、贵州、青海负增长幅度小于2%。西藏虽然相较往年也出现增速下降，但一季度GDP依然呈现正增长，这是全国范围内唯一的正向指标（见表3）。

表3 2020年一季度湖北以外各省份GDP增速

单位：%

省 份	GDP增速	省 份	GDP增速	省 份	GDP增速
西 藏	1.0	河 北	-4.08	重 庆	-6.5
新 疆	-0.2	云 南	-4.3	安 微	-6.5
湖 南	-1.9	海 南	-4.5	吉 林	-6.6
贵 州	-1.9	山 西	-4.6	北 京	-6.6
青 海	-2.1	江 苏	-5.0	广 东	-6.7

---

① 其中2000年、2001年和2002年的《政府工作报告》未设置经济增长目标具体数据，2019年《政府工作报告》的经济增长目标为6%~6.5%。

续表

省　份	GDP 增速	省　份	GDP 增速	省　份	GDP 增速
宁　夏	-2.8	福　建	-5.2	上　海	-6.7
四　川	-3.0	浙　江	-5.6	河　南	-6.7
广　西	-3.3	陕　西	-5.6	辽　宁	-7.7
甘　肃	-3.4	山　东	-5.8	黑龙江	-8.3
江　西	-3.8	内蒙古	-5.8	天　津	-9.5

资料来源：国家统计局。

全国有超过 2/3 的地区出现 3%～6.7% 的负增长，分析各省间受影响的差异，主要包括各地与疫情严重地区的空间距离、人员流动，以及口岸城市后期输入病例等因素，导致各省份疫情的发病感染人数、最终清零时间等情况各异。此次疫情是对各地经济规模、产业结构、发展阶段以及治理体系治理能力及政策执行力的一次考察，各地受影响程度不同，恢复的节奏也有所差异。

从产业层面看，城镇化率较高且第二、三产业占比较高的直辖市重庆、北京、上海一季度 GDP 增速分别降低 6.5%、6.6%、6.7%。而近年来 GDP 增速较慢的地区，往往受疫情影响较大（见表4）。

表4　2020年一季度各省份三次产业增速

单位：%

经济总量排名	省　份	第一产业实际增速	第二产业实际增速	第三产业实际增速
1	广　东	-0.3	-14.1	-1.5
2	江　苏	-1.4	-8.8	-2.0
3	山　东	-0.5	-7.1	-5.4
4	浙　江	-0.7	-11.0	-1.5
5	河　南	-9.7	-8.1	-4.9
6	四　川	-1.3	-3.4	-2.9

续表

经济总量排名	省 份	第一产业实际增速	第二产业实际增速	第三产业实际增速
7	福 建	2.2	-8.8	-2.0
8	湖 南	-3.3	-3.0	-1.0
9	上 海	-18.2	-18.1	-2.7
10	安 徽	-4.7	-10.0	-3.7
11	北 京	-22.9	-17.5	-4.8
12	湖 北	-25.3	-48.2	-33.3
13	河 北	-0.2	-7.5	-5.9
14	陕 西	-3.1	-6.9	-4.6
15	江 西	-0.5	-6.7	-1.2
16	辽 宁	-1.1	-10.7	-6.3
17	云 南	-1.1	-6.0	-3.4
18	重 庆	-1.6	-11.0	-3.4
19	广 西	1.7	-10.0	-0.1
20	山 西	1.4	-4.8	-4.8
21	贵 州	2.3	-4.9	-3.0
22	内蒙古	-12.1	-3.6	-6.8
23	天 津	-11.5	-17.7	-4.9
24	新 疆	-1.3	0.2	-0.4
25	黑龙江	-1.6	-9.9	-7.9
26	吉 林	-2.9	-13.2	-3.1
27	甘 肃	2.0	-7.1	-1.7
28	海 南	0.4	-12.5	-3.9
29	宁 夏	-3.9	-3.2	-2.2
30	青 海	4.5	-0.4	-3.4
31	西 藏	1.2	7.1	-1.7

资料来源：国家统计局。

第一产业在我国的GDP贡献值中逐年减少，一季度整体下降3.2%。从表4可以看到，各省区市第一产业受影响最大的除湖北外，包括河南（-9.7%）、天津（-11.5%）、内蒙古（-12.1%）、上海（-18.2%）、北京（-22.9%），其余省份下降幅度都低于5%，青海、贵州、福建、甘肃、广西、山西、西藏、海南仍呈现正增长。农业生产存在季节性差异，而农业人口占比、城镇化率等因素使疫情对第一产业影响存在较大差异。河南作为农业大省，执行严格的管控措施使得一产受损严重；几个直辖市一产占比较小，受疫情影响更为严重。

疫情导致一季度建筑业（-22.8%）和工业企业（-14.4%）被迫停工，损失严重。第二产业受影响的主要原因在于，除生产疫情防控设备物资的相关企业以外，其他很多企业员工无法到岗、原材料配件等供应也出现问题，并且随着全球疫情的蔓延，一些国际贸易海外订单被取消，上下游产业链受到影响。第二产业除地处偏远、工业化程度较低的西藏、新疆维持正增长，青海、湖南、宁夏、四川、内蒙古、山西、贵州小幅下降以外，其余省份均出现超过5%的下降。受到影响最大的上海、天津、北京三个直辖市下降超过15%，湖北更是下降48.2%，对我国一季度经济增长发展造成重大影响。

重大公共卫生事件对生产造成破坏，且损失重大，一方面说明新冠肺炎疫情造成的破坏巨大；另一方面我们也应该看到，目前国内第二产业发展不均衡，很多产业行业集中在东部沿海等特定区域，而主要用工来源往往需要跨省组织，中西部劳动力需要在较大范围内流动，才能回到生产岗位，使得看似平常的上亿人次参与的春运，因为疫情受到了巨大影响，导致复产复工延后。另外，劳动密集型企业对于新冠肺炎疫情这样的传染性疾病来说，是难以解决的短板，国外就出现过加工企业、屠宰场等劳动密集场所出现被集体传染的情况。如何提高生产企业的自动化程度，提高劳动生产率，用网络数字经济对生产企业赋能，是今后一段时间政府和企业应该重点考虑的问题。同时企业在扩大开放、全球配置资源的同时，也要注重本土，特别是区域间产业链的构建，预防并减轻疫情导致供应链断裂造成的伤害，最大限度地减少损失。

2019年第三产业增加值占GDP比重超过50%，消费服务业成为经济增长中最重要的推动力。而春节假期正是消费的旺季，有统计显示2019年春节档电影市场，创造了接近10%的全年票房。因此一般认为，采取封闭措施控制疫情，会对第三产业产生重大甚至破坏性影响。实际情况是，第三产业虽然"全军覆没"（全国所有地区，包括最偏远的省区市，第三产业无一例外呈现负增长），但程度低于预期（-5.1%，不含湖北-3.9%）。这一方面说明，以隔离作为防控疫情的重要手段，使传统服务业受到很大影响，人们待在家里，商场、饭店、电影院没有顾客，必然导致服务业损失惨重。这也是包括美国在内的西方国家，因为服务业占比高，而拒绝执行隔离措施，并在疫情尚未完全得到控制的情况下，追求尽早复工的原因。另一方面，以商业互联网和现代物流业为基础的新型服务业具有很大的发展空间，国内数据显示，除湖北的33.3%下降巨大外，其余大多数省份三产下降都不超过5%，究其原因在于：我国网络送餐、网上购物、直播平台带货、在线学习娱乐、网上办公会议等数字经济新业态的发展，完善的物流网络等基础设施条件，在包括社区工作者、公安基层干部、志愿者坚守岗位，快递、环卫、抗疫物资生产运输人员不辞劳苦默默奉献共同努力下，绝大多数中国人享受到了网络在线服务带来的便利，在疫情期间的生活质量并未出现显著下降。

四 疫情对增长目标的影响

十九大报告提出，中国特色社会主义进入新时代，我国社会主要矛盾已经转化为人民日益增长的美好生活需要和不平衡不充分的发展之间的矛盾。国际货币基金组织IMF（2018年）数据显示，广东省经济总量超过西班牙接近韩国、江苏省超过墨西哥接近澳大利亚、山东超过印尼、浙江超过沙特……同时福建省GDP超过台湾地区。而2018年深圳市的经济总量就已经达到24221.98亿元人民币，超过香港地区……但同时也应该看到，西藏、青海、宁夏、海南等省份GDP总量还不到5000亿元。可以看出中国各省区市仍处在不同的发展阶段，工业化、城市化进程各地也存在巨大的差异。各地在制定GDP增长目标时，根据实际情况同时制定财政、就业消费价格等目标。

作为一个拥有14亿人口的超大单一经济体，2019年中国经济总量接近100万亿元，当经济总量达到一定规模，经济发展就具有了更强的韧性。各省份制定增长目标一般情况下也是实事求是，2020年疫情之前各省份《政府工作报告》中的增长目标，除个别基数较小具有巨大增长潜力的，很少省份制定与上年实际增加值相比超过0.5个百分点的目标。疫情之前湖北制定的增长目标是7.5%，是基于2019年7.5%的增速制定的，目前来看因疫情导致的影响使全年目标肯定难以实现。但其他省份如何尽快恢复生产生活，把疫情暴露出的各项问题和短板尽快加以解决和补齐，才是当前最重要的任务。

2019年四川省GDP增速7.5%，云南则达到8.1%，均高于全国的6.1%。我们看到，疫情过后四川、云南两省召开"两会"时考虑了2020年一季度数据（云南-4.3%、四川-3%），四川制定了比全国高2个百分点、云南制定了高于全国平均水平的增长目标。可以看出，两省制定动态增长目标还是比较客观，并且具备实现条件的，同时也暗合了国务院报告不设具体增长目标的决策。

除非遇到金融危机、地震、大范围洪涝灾难等，包括此次疫情在内的重大不确定因素，给整个经济体系或特定区域造成损失巨大，难以短期内通过财政或货币手段迅速消除影响，一般情况下，目标大多是可以达到的[①]。对于局部地区，通过 2008 年汶川地震灾后重建[②]、2020 年湖北抗疫"一省帮一地"[③]，中国形成了较为成熟的国家层面的减少重大灾难对区域经济社会影响的调控体制机制。

2020 年情况的特殊性在于，虽然湖北受损严重，全国大多数省份的医护人员，包括各地的物资也参与了湖北的救援，保障了湖北渡过难关尽快恢复，但疫情造成的影响是全国范围的，所有的省份都不同程度地受到影响。另外，与之前汶川地震的灾后重建不一样，此次疫情并没有造成基础设施的破坏，但是中国在经济全球化过程中所起的作用不断加大，而全球范围经济社会恢复受到的影响和不确定因素更为复杂。

因此各地需要认清当前国内外形势，坚持旗帜鲜明的人民立场、舍我其谁的担当精神、科学决策的工作作风，把增长和发展的目标任务集中到中央提出的"六稳六保"工作上来。

五　政策建议

2020 年国务院《政府工作报告》对疫情前考虑的预期目标所作的适当调整说明，优先稳就业、保民生是 2020 年的核心任务，同时坚决打赢脱贫攻坚战，努力实现全面建成小康社会目标任务。结合前文分析的地区间、产业间存在的发展不平衡、不充分问题，以及疫情对各地区造成的影响，我们认为要从以下几个方面做好各项工作。

---

① 孙文凯、刘元春（2016）就政府制定经济增长的目标对实际增长的影响进行了定量分析，发现政府制定目标对经济实际增长有显著正向影响。
② 根据国务院办公厅 2008 年 6 月 11 日印发的《汶川地震灾后恢复重建对口支援方案》，19 个省市对口支援四川等地灾后恢复重建，期限 3 年。
③ 2020 年 2 月 7 日，在国务院联防联控机制新闻发布会上，国家卫健委宣布建立 16 个省支援武汉以外地市的对口支援关系，以"一省包一市"的方式，全力支持湖北省加强对患者的救治工作。

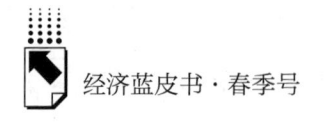

（一）稳就业、保民生是重中之重

从字面上理解，"稳"是减小波动的幅度，"保"则是守住底线。李克强总理在"两会"记者会上说"没有就业就是9亿张吃饭的口，有了就业就是9亿双可创造巨大财富的手"。认清我国发展所处的阶段，特殊时期需要财政政策更加积极有为。建立特殊转移支付机制，把财政2万亿元全部转给地方市县基层、直接惠企利民，通过支持减税降费、减租降息、扩大消费和投资等保就业、保基本民生、保市场主体，继续深化"放管服"改革，"留得青山，赢得未来"。

（二）完成扶贫纾困任务，建成小康社会

脱贫是全面建成小康社会必须完成的硬任务，要坚持现行4000元左右的脱贫标准，增加扶贫投入，扶贫与扶志、扶智相结合，强化"两不愁三保障"扶贫举措落实，确保剩余建档立卡贫困人口全部脱贫。构筑全社会扶贫强大合力，形成中国特色脱贫攻坚制度体系。健全和执行好返贫人口监测帮扶机制，通过多种手段巩固脱贫成果。同时要对因疫情造成影响的城市低收入群体和失业人员予以关注，坚持以人民为中心，同时保护市场主体，把减税降费政策落实到企业，把福利保障落实到每个贫困个体。努力实现决胜全面建成小康社会，增强人民群众获得感、幸福感和安全感。

（三）创新要素市场化配置

从各地受到疫情影响的情况看，越是发展好的地方，受到疫情的影响就越小，恢复得越快。按照《关于构建更加完善的要素市场化配置体制机制的意见》，各级政府要尽快推进包括土地要素合理畅通有序流动在内的要素市场化举措，建立健全城乡统一的建设用地市场，深化产业用地市场化配置改革，鼓励盘活存量建设用地，完善土地管

理体制。使劳动力、资本、技术、数据等要素充分发挥作用，促进要素合理流动，加快要素价格市场化改革，健全要素市场运行机制。

（四）面对新问题，寻找新方向

新冠肺炎疫情席卷全球，疫情在世界范围的持续时间及其最终造成的损失难以预测。目前除中国以及部分亚洲国家逐渐恢复外，美国、欧洲、南美等国家或地区损失惨重。但此时美国政府没有把控制疫情当做首要任务，而是采取了包括"甩锅""退群"在内的一系列措施，意图与中国"脱钩"。面对当前的新问题，中国一方面要加强战略定力，积极扩大开放，力保粮食能源安全，保产业链供应链稳定；另一方面要充分认识国内的整体发展阶段以及东西部地区之间的差异，努力寻找新的增长点，拓展发展的战略纵深。2019年西部12个省份GDP总量约占全国的31%，比2002年翻了一番。除陕西、广西和内蒙古之外，其他省份增速都超过了6.1%，其中贵州、云南和西藏达到了8.1%以上，增速在全国位列前茅。按照《关于新时代推进西部大开发形成新格局的指导意见》，以共建"一带一路"为引领，加大开放力度，深化重点领域改革，推动重大改革举措落实。

（五）发挥中西医结合的体系优势

通过此次疫情可以看到，中国的公共卫生医疗领域还存在巨大的短板，人均医疗资源还有很大的上升空间。现阶段加速提高人民健康医疗水平，一方面努力加大投入，补齐短板，另一方面在现有资源条件下，创造性发挥中西医结合优势，防治结合协调发展。在没有疫苗及特效药的情况下，中国能够在最短时间内控制住疫情，中医药功不可没。要充分认识总结中医药在针对新冠病毒肺炎防疫抗疫中的作用，增强文化自信。通过此次疫情进一步规划中医药中长期发展，加强领导及相关规范建设，促进中医药现代化，推动中医药医疗、保健、科研、教育、产业、文化全面发展。中医药作为中国文化的重要组成部分，要努力让中华传统医学为世界人民服务，为人类卫生健康共同体服务。

疫情暴发以来，中共中央、国务院先后发布《关于构建更加完善的要素市场化配置体制机制的意见》（3月30日）、《关于新时代加快完善社会主义市场经济体制的意见》（5月11日）、《关于新时代推进西部大开发形成新格局的指导意见》（5月17日）等指导意见，密度发布指导意见说明中央对于当前形势的判断。2020年"两会"审议通过《民法典》、6月1日生效的《基本医疗卫生与健康促进法》，让党的"以人为本"执政理念更加清晰。疫情像一面镜子，给了世界各国展示治理体系和治理能力的平台，结合疫情期间的防控举措和复产复工恢复经济的有序推进，也给了"化危为机"的中国智慧一个呈现的机会。

参考文献

中国社会科学院宏观经济研究中心课题组：《应对疫情全球大流行冲击 实施一揽子纾困救助计划》，《财经智库》2020年第2期。

谢伏瞻主编《2020年中国经济形势分析与预测》，社会科学文献出版社，2020。

余泳泽、杨晓章：《官员任期、官员特征与经济增长目标制定——来自230个地级市的经验证据》，《经济学动态》2017年第2期。

孙文凯、刘元春：《政府制定经济目标的影响——来自中国的证据》，《经济理论与经济管理》2016年第3期。

周黎安：《中国地方官员的晋升锦标赛模式研究》，《经济研究》2007年第7期。

国际背景篇

International Background Reports

B.17
疫情蔓延严重冲击中国外部经济环境

徐奇渊　杨盼盼　崔晓敏[*]

摘　要： 截至2020年5月初，全球疫情仍然有较大的不确定性。总体上，东亚主要国家的疫情处于收官阶段，欧洲大陆主要国家的疫情正处于控制状态但相对缓慢，北美国家疫情仍处于平台期且日新增病例数仍然较高，同时疫情在拉美、南亚、非洲等国家或地区正处于上升期。疫情在全球蔓延，将使2020年全球经济陷入负增长，这已经成为各方共识。2020年3月26日，G20首脑特别峰会召开，各国宣布将通过一揽子政策向全球经济注入5万亿美元，以应对疫情冲击。本文基于对

---

[*] 徐奇渊，中国社会科学院世界经济与政治研究所研究员；杨盼盼，中国社会科学院世界经济与政治研究所副研究员；崔晓敏，中国社会科学院世界经济与政治研究所助理研究员。

G20国家尤其是对中国更有借鉴意义的德国政策进行梳理，以期有助于我们得到一些有益的启示。同时，本文也对全球疫情背景下中国经济可能受到的影响进行了判断，具体地，从出口需求、进口供应链、跨境资本流动和汇率等方面进行了评估。

关键词： 新冠肺炎疫情　全球衰退　经济政策　中国经济

一　疫情蔓延严重冲击了全球经济

（一）全球疫情仍存在较大的不确定性

美国约翰斯·霍普金斯大学发布的实时统计数据显示，截至2020年5月2日凌晨，全球累计确诊病例已经超过330万例，累计死亡23.4万例，累计确诊国家和地区数187个。从3月31日到5月1日，全球每日新增病例数在7万~10万例波动，进入平台期已有月余，目前尚没有出现下行态势，甚至在近期还有一定的上升势头。同时，疫情进一步向南亚、南美和非洲国家蔓延，这些国家的检测能力可能无法及时反映疫情的最新进展，另外部分国家疫情经历了缓解之后有所反弹。总体上，全球疫情仍有较大的不确定性。

以G20成员为观察范围，根据每日新增确诊病例数的7日移动平均数，可以将所有国家分为四种类型：（1）处于扩散阶段的国家：俄罗斯、巴西、印度、墨西哥、印尼、南非、沙特。这些国家的新增病例数仍然呈现上升势头。其中前4国上升势头尤为显著，俄罗斯和巴西近期的日新增病例甚至达到了6000例以上。（2）处于平台阶段的国家：美国、英国、加拿大、阿根廷。虽然同处于平台阶段，但美

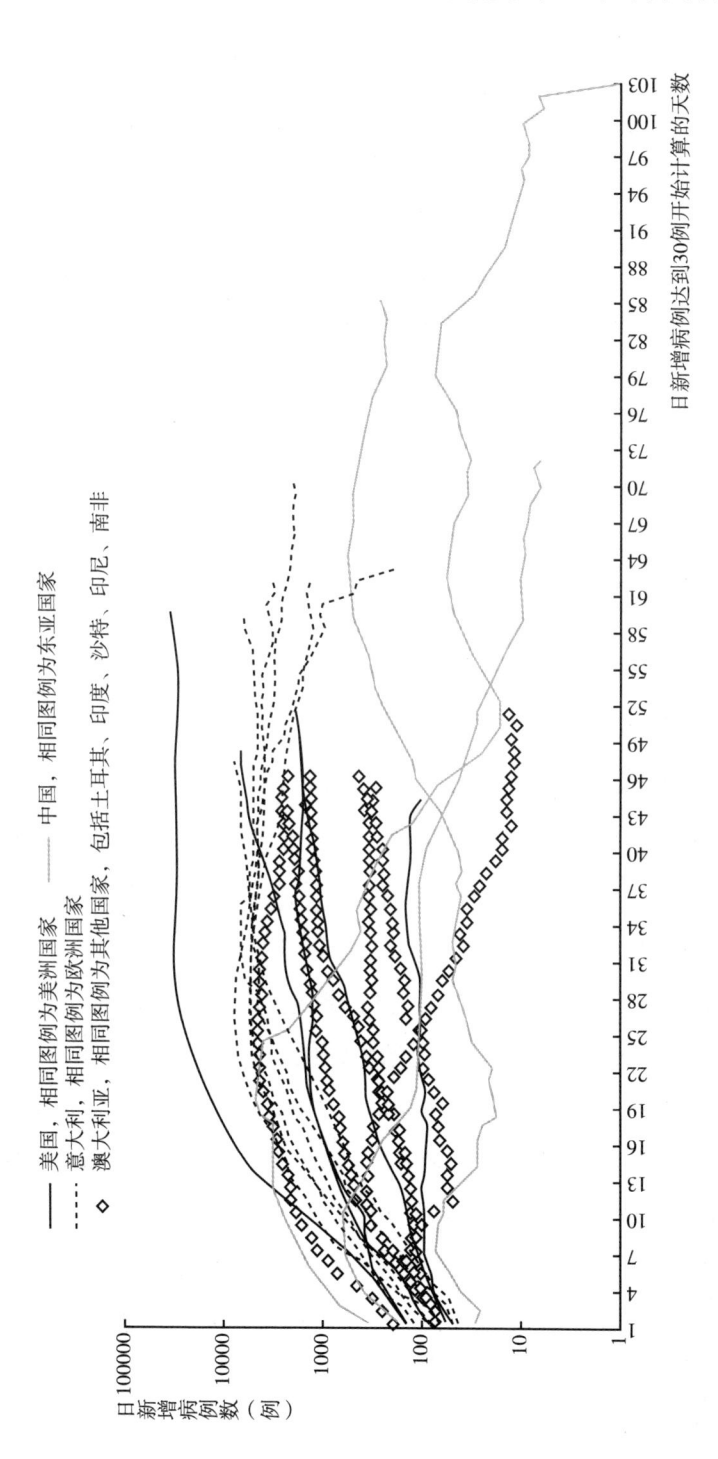

疫情蔓延严重冲击中国外部经济环境

图1 疫情在主要国家的扩散和蔓延

注：所有数据为7日移动平均值，选取的样本为所有G20国家，其中欧盟选取了法国、德国、意大利、西班牙。
资料来源：Wind数据库和笔者的计算。

国的日新增病例已经有一个月在3万例上下波动，英国大体在4000~6000例的状态也超过了一个月。（3）处于控制阶段的国家：西班牙、意大利、德国、法国、日本、土耳其。在经历了平台期之后，这些国家的新增病例数已经开始下降。6国中有4国是欧洲国家，这些欧洲国家虽然处于控制阶段，但新增病例数下降速度相较于中国、韩国的历史表现较为缓慢。（4）处于收官阶段的国家：中国、韩国、澳大利亚。这些国家的日新增病例数均已接近10例，甚至持续为个位数，呈现为个别、零星的病例。

上述国家的四阶段分类，也基本上反映了疫情在空间上的扩散顺序：疫情首先在东亚国家蔓延，随后欧洲大陆主要国家成为疫情中心，之后疫情中心转向英国和北美国家，而目前疫情正在拉美、南亚、非洲等国家蔓延。

（二）疫情将使2020年全球经济陷入负增长

全球经济在一季度受到了疫情冲击。中国从1月下旬开始就全面遭受了冲击，之后欧洲大陆主要国家在3月上旬开始受到冲击，美国则从3月下旬才开始受到疫情影响。因此，上述地区在一季度受到疫情的冲击程度也有显著不同。其中，中国一季度GDP增速为-6.8%，欧元区则同比萎缩3.3%，同期美国经济微弱上升0.32%。美国经济遭受疫情冲击将主要体现在二季度，预计美国二季度将呈现出更大幅度的同比增速下滑。

从全年来看，疫情冲击将导致2020年全球经济陷入负增长。2020年4月14日国际货币基金组织发布的《世界经济展望》（WEO），将全球经济增速下调到-3.0%。在此前发布的5次WEO报告中，IMF不断下调全球经济增速，从2019年1月的3.6%逐步下调至2020年1月的3.3%，但在2020年4月14日则一次性将全球增速下调至-3.0%，落差达到6.3个百分点，可见疫情对全球经济冲击之大。

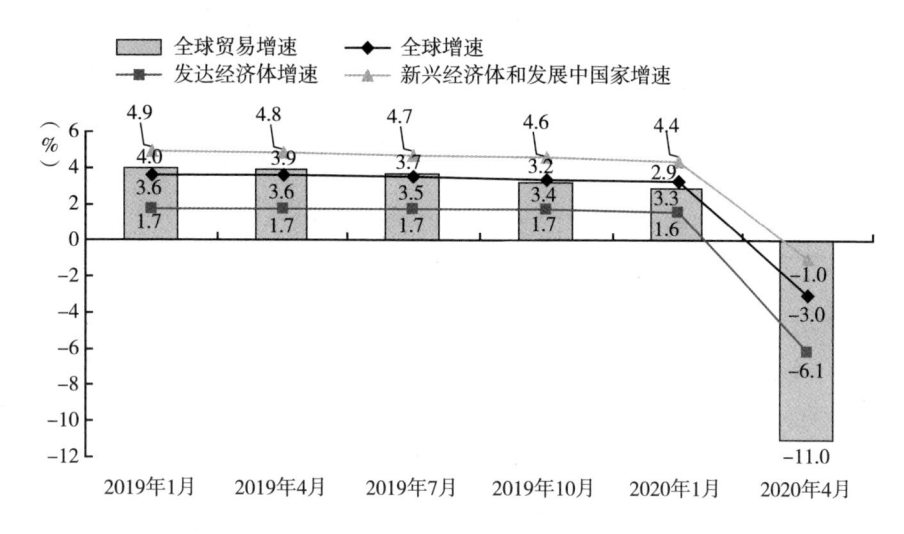

图 2　国际货币基金组织过去 6 次对 2020 年全球经济形势的预测

资料来源：IMF 历次《世界经济展望》（WEO），以及笔者整理。

2019 年全球 GDP 约为 87 万亿美元，GDP 增速遭受 6.3 个百分点的重创，则意味着 5.5 万亿美元产值的损失。此外，疫情冲击还导致了全球金融市场出现大幅动荡，不过由于中国股票市场估值相对合理，中国相对于其他主要经济体的财政、货币政策空间都较为充裕。并且中国疫情率先得到了有效控制，因此中国金融市场目前并没有受到欧美金融市场太大影响。

二　疫情冲击下发达国家政策应对力度较大

疫情在全球蔓延，各国纷纷采取各种措施应对其可能带来的冲击和影响。2020 年 3 月 26 日，G20 首脑特别峰会召开，各国宣布将基于财政政策、各类经济措施和担保计划，向全球经济注入 5 万亿美元应对疫情带来的负面影响。各国应对疫情的具体政策、规模不尽相同。当前，对于应对疫情的经济政策选择也有较多讨论。政策应对不足和准备不充分，可能成为疫情冲击下的一个新的风险点。因此，有必要观察和总结各国政策应对思路，总结国际经验，探索可供借鉴的政策思路。

表1 G20国家应对疫情影响政策一览

区域	为雇员提供收入补助	为患新冠或疑似隔离雇员提供社会保障	为企业提供国家信贷支持	延缴税收或税收优惠	延缴社保或提供补贴	债务延期或减免	为公民发放现金、消费券或食物
发达经济体							
美国	√	√	√	√	√		√
日本	√	√	√	√	√	√	√
德国	√	√	√	√			
英国	√		√	√	√		
法国	√		√	√	√		
意大利	√		√	√	√		
加拿大	√	√	√	√			
澳大利亚			√	√	√		
韩国	√	√	√	√	√		√
新兴经济体							
中国		√		√	√	√	√
印度	√					√	
巴西	√			√			
俄罗斯		√		√			
墨西哥				√			
印度尼西亚	√			√		√	√
土耳其	√			√			
沙特阿拉伯			√	√			
阿根廷	√					√	
南非	√	√	√	√		√	

资料来源：杨盼盼《应对疫情经济冲击的各国政策与借鉴》，中国社会科学院世界经济与政治研究所，中国外部经济环境监测（CEEM）财经评论No.20005，2020年4月3日。截至2020年3月20日进行梳理，并将内容更新为截至4月15日的信息。

表1列出了G20国家应对疫情影响的主要政策和措施。从应对政策来看，主要包括：为雇员提供收入补助，为患新冠或疑似隔离雇员提供社会保障，为企业提供国家信贷支持，延缴税收或税收优惠，延缴社保或提供补贴，债务延期或减免和为公民发放现金、消费券或食物等。从各国的政策数量来看，为企业提供国家信贷支持和延缴税收或税收优惠是采用较多的政策。从政策类别和手段的多样性来看，G20中的发达经济体普遍采用了更多手段以应对疫情冲击，除了为企业提供国家信贷支持和延缴税收或税收优惠外，对家庭部门提供工资收入补助也是普遍的做法。此外，还有较多发达经济体为公民直接发放现金，较多发展中国家则提供了食品或其他实物救助。相较而言，新兴经济体应对疫情经济政策种类相对较少，一些国家的政策尚未出台或正在制定中。这一特征与当前疫情高峰主要集中在欧美国家有关，但随着疫情的蔓延，新兴经济体出台各类应对措施的可能性和必要性增加。

图3整合各方信息总结G20国家的财政承诺规模，与表1反映的信息一致，发达经济体财政承诺规模更大。德国、法国、日本、澳大利亚和美国的规模都接近或超过了GDP的10%，其中美国的绝对规模最大，达2万亿美元，德国的规模占GDP比重最高，约占GDP的30%。从GDP占比排序来看，排序靠前的除中国外，其他多为发达经济体，新兴经济体总体应对疫情的承诺规模仍然较小。

三 德国应对疫情的政策对中国更有借鉴意义

从这次各国采取的政策来看，扩大财政支出规模不是重点，更多的是应对疫情对企业和居民部门的冲击。应对疫情的政策细节值得进一步分析。本部分重点介绍德国的财政政策支持方案。德国经验对于中国而言更具有借鉴意义：第一，德国的制造业对经济很重要，且处

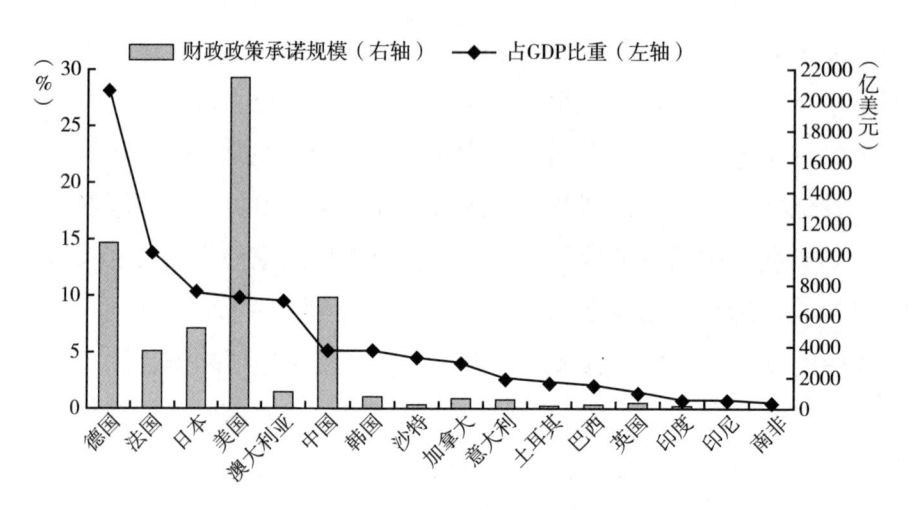

图3　G20财政政策承诺规模

注：数据截至2020年4月3日。

资料来源：天风证券研究所；BofA Global Investment Strategy；IMF Policy Tracker；杨盼盼：《应对疫情经济冲击的各国政策与借鉴》，中国社会科学院世界经济与政治研究所，中国外部经济环境监测（CEEM）财经评论 No.20005，2020年4月3日。

于区域价值链的枢纽；第二，政府对于财政规则的把控较严格；第三，德国的财政状况总体较好，与其他发达经济体有较大区别。德国在全球金融危机之后的政府债务规模曾经上升至GDP的80%，但是后来经过财政整顿又下降到60%左右。有研究表明，财政状况较好的经济体，实施扩张型财政政策的效果更佳。

德国联邦政府在3月8日和23日先后公布了两轮财政支持计划，合计承诺的政策金额在1万亿欧元左右，约占GDP比重为30%，规模为欧盟最大，也是德国史上出台的规模最大支持计划。第二轮计划的实施意味着德国在2020年将出现自2013年以来的首次赤字。支持计划的主要内容如下。

第一，设立5000亿欧元经济稳定基金（WSF），其中包括4000亿欧元用于覆盖企业债务，1000亿欧元用于为企业注资。

第二，通过复兴信贷银行（KfW）的担保，向企业提供大量流动性支持。对企业贷款担保比例从50%大幅提升至80%，年营业额低于20亿欧元的小企业担保达到90%，对年营业额高达50亿欧元的大型公司，国家担保也提高到贷款的70%。3月23日的计划中，为KfW提供了1000亿欧元的额外支持。

第三，增加1560亿欧元紧急预算，包括：建立500亿欧元规模的即时援助计划（Soforthilfe），为自雇者和小企业提供支持3个月运营成本的补助，且不必偿还；为医疗体系注资35亿欧元，并有550亿欧元用于疫情蔓延的灵活应对。

第四，企业更容易获得政府补贴的短期工作计划（Kurzarbeit），企业减少员工工作时间而不是把他们解雇，同时联邦就业局支付净工资损失的60%（有子女的雇员支付67%），临时工也有权获得此项计划保障，因工作时间下降而减少的社会保障金会返还给企业。

第五，直到2024年，新增124亿欧元的公共部门投资，分4年实施，其中80亿欧元用于改善交通基础设施，30亿欧元用于建设经济适用房。

从扩大财政开支赤字的视角来看，第一轮确定的政策支持计划尚不涉及额外的政府财政资金补充，第二轮措施中，新设的基金WSF将从2009年应对上轮危机而建立的SOFFIN重组而来，其应对能力可以覆盖计划的企业债务目标。但是其他部分都涉及政府新的开支。根据EIU的估计，考虑到政府税收收入预期也将大幅下滑，德国联邦政府2020年将增加约3560亿欧元（约占GDP的10.4%）的政府债务，远远高于每年新增债务不超GDP 0.35%的目标。

从德国政府应对疫情的财政政策来看，相关的政策并不致力于将政府开支作为经济增长的替代引擎，例如，从新增的公共部门基础设施和住房相关投资情况来看，其占GDP比重大约为每年0.1%，这与总体规模（约30%的GDP）相去甚远，而是侧重于两方面：第一，向企业提供充足流动性，以降低企业因疫情冲击而上升的破产风险；第二，向劳动者提供收入损失补偿，以对冲因疫情不能工作或失业造成的个人相关风险，这有助于平抑疫情带来的失业率上升风险，并使居民部门收入支撑私人部门消费不至于过快下滑。值得注意的是，对于劳动者收入的保障，也主要通过企业渠道来实现，并非由个人申请。

四 从国际经验来看中国应如何应对疫情

面对疫情冲击，政策应该做些什么？这需要关注疫情是如何冲击经济的。疫情对经济的冲击和过往多次的冲击有所不同，供给侧和需求侧冲击同时出现，实体经济和金融不确定性并存。根据Richard Baldwin和Beatrice Weder di Mauro[①]的总结，从居民、企业、金融、政府和国外五部门资金环流的视角来看，疫情对经济的冲击至少有以下五个渠道。

第一，疫情冲击带来的隔离、闭店、旅行限制、裁员、减少工作时间对居民支出的影响，继而传导至企业部门。第二，对居民部门储蓄的影响，继而传导至银行部门。第三，居民支出中可贸易品的下降部分，传导至国外部门和企业部门，同时由于疫情全球蔓延，国外部门需求下降也会反向影响国内。第四，国内供应链中断、需求冲击带来企业部门破产、金融状况恶化和递延投资。第五，企业部门金融状况恶化和预期恶化，影响金融部门，金融部门流动性的恶化也会影响企业部门的融资情况。

由此可见，在疫情对实体经济的冲击中一国的企业和居民受到的

---

① Richard Baldwin and Beatrice Weder di Mauro, Introduction in "Mitigating the COVID Economic Crisis: Act Fast and Do Whatever It Takes," Edited by Richard Baldwin and Beatrice Weder di Mauro, CEPR Press, 2020.

冲击最大，应对疫情的政策目标就是在上述五个渠道的传染中起到阻断和缓冲（buffer）的作用。这与当前主要经济体采取的应对措施在逻辑上是一致的。

对于当下政策讨论的几个关键问题，国际经验都有一定的借鉴。

第一，应对疫情的扩张型政策是不是刺激政策？并非如此。应对疫情影响的政策思路应重点关注企业和居民所受到的冲击，对于企业部门，采用多种方式提供流动性支持，这既是纾困，也是防止经济陷入恶性循环，产生进一步的下行压力；对于居民部门，受疫情冲击最大的是带来工作的不确定性和工资收入的不确定性，这本质上是与企业联动的，政府稳定就业的思路不应是强制企业留人，而是为工资和社保做出经常转移政策的安排。

第二，要不要担忧财政政策的挤出效应？这取决于财政政策的具体方式，如果政策应对得当，就不需要担心。挤出效应在政策效果中的反映可以通过乘数效应来简单衡量。财政政策的乘数效应是指财政余额的1个单位变动（这里可以是增支、减税、注资、经常转移等）所带来的相应的产出变动。政府进行大规模的支出和减税与经常转移政策的乘数效应并不相同，前者被认为有较大的挤出效应，因此乘数效应相对较小，在0.3~1.1；减税和经常转移政策的挤出效应较小，乘数效应在1~5，经济政策效果更好。同时，研究也多发现危机时期的财政政策乘数效应要大于平时。

第三，能不能短期放弃财政平衡或相关赤字目标？能，并且应该做。扩张型政策除了带来实际效果，还应当具有政策指引功能，明确扩大开支，扩大财政赤字，能够给予市场和企业更多信心。从发达经济体中对扩张型财政政策持较为保守态度的德国来看，如果承诺计划按量执行，那么2020年的赤字规模将远超德国宪法规定的GDP 0.35%的目标。

第四，疫情下的宽松政策，能否仅仅沿用减税降费等常态时扩张型财政政策？不能。对于企业而言，在疫情冲击下面临生死而非多少的考验，在停工停产的情况下，减税降费的作用很小。从国际经验来看，延缴包括增值税在内的税款也在应对疫情政策中，但远非最重要的。帮助企业缓解债务约束、融资压力，为企业提供流动性支持，且将这种政策向中小微企业倾斜，对企业继续雇佣员工进行补贴支持等，才能更好地实现应对疫情冲击的目的。

第五，怎么理解这种大规模、超预期经济政策的逻辑？这次国际政策有一个很重要的特点：政策多有预备（standby）的特征——给出一个很大的额度（甚至如美国量化宽松似的无上限），但是按需申请后再操作并执行，给出的额度并非是最后真正实施的规模。这与疫情冲击存在的不确定性密切相关。金融和实体经济的冲击有过往经验可循，对其传导方式、路径、规模均可预判。但对于疫情冲击来说，每个国家都是摸着石头过河，因此把政策量预备足，对于市场和政府而言都将有更大回旋余地。

五　疫情全球蔓延对中国经济的影响及展望

2020年一季度，中国出口同比增速大幅下降。在周期性因素、中美第一阶段协议达成、英国正式脱欧、不确定性消除等带动下，中国外部需求环境在1月有所好转。然而，2020年1月末新冠肺炎疫情暴发，随着防控措施的不断升级，中国生产中断，跨境贸易成本增加，出口受到较大影响。2020年3月初疫情蔓延导致一季度全球生产活动出现不同程度暂停，出口订单大幅下降。2020年一季度，中国出口（美元）同比下降13.3%，较上季度2.0%的同比增速下降15.3个百分点。中国对14个主要贸易伙伴出口增速均大幅下滑。其中，对美国、欧盟、日本出口增速分别为-25.1%、-28.0%、-16.1%。

当前全球经济陷入衰退，复苏过程需要较长时间，具体来说，有以下原因：第一，疫情仍有较大不确定性，而疫苗研发通常需要12～18个月的时间。在此过程中，疫情在全球范围内仍有可能出现反复。第二，本次疫情的特殊性和反复性，可能导致总需求难以出现快速的"V"形反弹，从而拉长经济复苏时间。第三，疫情冲击之下，一些外债负担水平较高，经济依赖于旅游业和大宗商品的新兴经济体和发展中国家可能出现债务危机。这种影响可能还在一定范围内产生溢出效应。第四，疫情暴发期间，发达国家采取的救助政策是完全有必要的，但这些政策在中长期将产生一定的负作用，并且这些政策的退出也有一定困难。第四，疫情冲击可能从经济的短期停摆转化为长期的供给冲击。一些大型企业尚能够获得国家的全力救助，但更多的中小企业可能被迫关闭、停产。这将使得疫情之后的经济复苏、劳动力再就业变得更为缓慢。第五，在应对疫情过程中，各国的逆全球化倾向抬头。基于医疗卫生产品的供应安全，以及整体供应链的稳定，全球化将面临严峻的考验。跨国企业原本基于效率的投资、贸易选择，将更多转向基于效率与安全性的平衡。这些都将导致一个成本更高的全球化，从而降低全球经济的潜在增速。

在此背景下，中国经济可能将要面临以下挑战。

第一，出口企业的复工复产将同时受到外部供给、需求两方面的冲击，与出口相关的就业也将面临挑战。从外部需求来看，IMF在2020年4月的《世界经济展望》中预测全球贸易增速在2020年将降至-11%。在此背景下，即便中国出口在全球的市场份额保持不变，也将会出现相应的降幅。同时，由于进口供应链的约束，欧美等国家或地区的疫情防控、停产等因素，我国企业的正常生产活动可能也会受到影响。综合考虑以上影响，预计2020年我国出口增速下滑将达到两位数。

第二，国内生产供应面临国际供应链短期断裂的风险。我国需要大量从国外进口中间品以满足国内生产供应。日韩、欧洲、美国是我国最重要的中间品进口地区。日韩疫情控制情况目前朝着好的方向发展，使我国的中间品出口有了基本保障。需要重点关注的、存在供应链断裂风险的包括以下行业：核反应堆、锅炉、机器、机械器具及其零件；车辆及其零件、附件（铁道及电车道车辆除外）；电机、电气设备及其零件；录音机及放声机、电视图像、声音的录制和重放设备及其零件（芯片、半导体产品属于此类项下）；航空器、航天器及其零件；光学、照相、电影、计量、检验、医疗或外科用仪器及设备、精密仪器及设备，以及上述物品的零件、附件。上述产品占到我国从美国、德国进口总额的64.5%。

第三，疫情在全球蔓延，全球金融市场风险厌恶情绪上升，中国金融市场也将受到冲击，但程度相对较弱。在疫情形势缓和后，中国可能将面临资本流入和人民币升值压力。

当前，疫情的发展还存在较大不确定性，资本市场的避险需求仍然较强，美国开放式宽松政策尽管使得美元指数在较高峰时期回落，但仍处在高位。因而，当前美元流动性增加并没有马上带来人民币汇率升值。然而，如果未来疫情发展逐步得到控制，而美国的货币政策依然维持宽松，资本流入和人民币升值的压力将快速显现。

目前，中国已经度过了疫情的高峰期，同时中国的财政、货币政策空间在主要经济体中最大。尤其在西方七国集团（G7）普遍陷入零利率、负利率的情况下，中国的货币政策仍然在正常区间。此外，中国资产估值合理，中美利差（10年期国债）处于历史高位，近期国外投资机构普遍推荐增持中国资产。因此在全球疫情得到控制后，中国可能转而面临资本流入的压力。

以上一轮金融危机为例，2008年11月人民币贬值压力较大，人民币汇率重新盯住美元（2008年7月至2010年6月）。随着中国及其外部经济的逐步恢复，2010年6月人民币汇率重启浮动，但此时美联储依然维持宽松型货币政策,这导致人民币兑美元汇率从2010年6月21日的6.83持续升到2014年3月美联储退出量化宽松政策之前的6.1以下,累计升值11.2%。其他国家货币总体情况类似。以金融危机后人民币汇率和跨境资本流动变化为参考,预计随着海外疫情逐步得到控制,中国将出现人民币升值和资本流入的压力。

参考文献

Richard Baldwin and Beatrice Weder di Mauro, Introduction in "Mitigating the COVID Economic Crisis: Act Fast and Do Whatever It Takes," Edited by Richard Baldwin and Beatrice Weder di Mauro, CEPR Press, 2020.

徐奇渊:《双重冲击下的全球化:中美贸易冲突、新冠肺炎疫情》,《学术前沿》2020年第5期。

杨盼盼:《应对疫情经济冲击的各国政策与借鉴》,中国社会科学院世界经济与政治研究所,中国外部经济环境监测(CEEM)财经评论 No.20005,2020年4月3日。

B.18 新冠肺炎疫情对美国经济及中美经贸关系的影响

罗振兴[*]

摘　要： 新冠肺炎疫情是自1918~1919年西班牙流感以来全球最大的公共卫生危机，而美国则是本轮疫情最为严重的国家。受疫情的严重冲击，预计全球经济2020年陷入衰退，美国也将陷入自大萧条以来最严重的经济衰退，二季度的个人消费支出、私人投资、出口、进口的下降以及政府消费和投资的增长大部分都将创下历史新低，一季度GDP增速下降4.8%之后，二季度GDP增速将继续下降29.6%~38.6%，即美国经济连续两个季度出现收缩，标志着经济陷入衰退，2020年美国GDP增速为-10.2%~-4.6%。受疫情影响，预计二季度美国失业率将达到16.72%，三季度失业率可能为13.23%~14.5%，四季度失业率可能为9.81%~10.38%，失业率上升之快、幅度之大，将超过大萧条时期。在应对疫情方面，美联储的货币政策防止了金融危机的发生，财政政策防止了短期内出现经济和社会危机，而随着各州重启经济，预计美国经济将于8月或10月开始复苏，但复苏前景不确定，"W"形复

---

[*] 罗振兴，中国社会科学院美国研究所经济研究室主任、副研究员，上海研究院兼职研究员。

苏可能性较大。在经济陷入严重衰退、"W"形复苏的情形下,疫情将进一步恶化中美经贸关系,加快中美经济从失衡向平衡转变。

关键词: 新冠肺炎疫情 美国经济 中美关系

新冠肺炎疫情是自 1918～1919 年西班牙流感以来全球最大的公共卫生危机。自 2020 年 3 月 11 日世界卫生组织将疫情定性为"全球大流行病(pandemic)"以来,美国成为新的疫情中心。截至 5 月 8 日,按美国疾病控制与预防中心(CDC)的数据,美国新冠肺炎确诊病例和死亡病例分别接近 125 万例和超过 7.5 万例,[①] 而按世界卫生组织的数据,全球确诊病例和死亡病例分别接近 376 万例和 26 万例。[②] 紧随疫情而来的是全球经济将陷入深度衰退,其严重程度是自大萧条以来从未见过的,美国作为全球疫情最严重的国家,也将陷入严重衰退。按照国际货币基金组织的预测,在基准情形下,2020 年全球 GDP 增速将急剧下跌 3%,远超 2008～2009 年金融危机的降幅,美国 GDP 增速下降幅度将达到 5.9%,是自大萧条以来最大的下降幅度。[③] 疫情对美国经济短期的影响如何,美国经济何时以何种形态复苏,疫情对中美经贸关系有何影响,将是本文拟回答的问题。

[①] CDC, "Cases in the U. S.," https: //www. cdc. gov/coronavirus/2019 – ncov/cases – updates/cases – in – us. html, May 8, 2020.

[②] WHO, "Coronavirus disease (COVID – 19) Situation Report – 109," https: //www. who. int/docs/default – source/coronaviruse/situation – reports/20200508covid – 19 – sitrep – 109. pdf?sfvrsn = 68f2c632_ 6、8 May, 2020.

[③] IMF, " World Economic Outlook, April 2020: The Great Lockdown," https: //www. imf. org/ ~ /media/Files/Publications/WEO/2020/April/English/text. ashx, April 14, 2020.

一 疫情对美国经济短期影响巨大，2020年美国经济陷入衰退已成定局

（一）二季度美国GDP增速将大幅下滑，美国经济将陷入严重衰退

2020年1月21日，美国确诊第一例新冠肺炎病例。此后，疫情在美国蔓延的速度、范围和严重性大大超出了预期。疫情蔓延至50个州，美国成为全球确诊人数和死亡病例最多的国家，纽约等部分地区曾一度出现医疗资源遭到挤兑的情况。为了最大程度上遏制疫情的蔓延，美国总统特朗普于3月13日宣布进入"国家紧急状态"（National Emergency）。所有州都宣布并被特朗普批准进入"重大灾难状态"（Major Disaster Declaration），[①] 并且大部分州都发布了"居家令"，并暂停了非必需行业的生产。

疫情对美国经济短期影响巨大，如表1所示，继一季度GDP增速下降4.8%之后，二季度预计将继续大幅下滑，幅度可能在29.6%～38.6%。短期内，疫情从供给和需求两端对经济造成巨大的负面冲击。就供给端而言，一方面是劳动力供给大幅下降，包括大量患者以及疑似患者因治疗或隔离而短期内不能参与工作、病死者则直接导致劳动力损失、居家隔离和因照顾病人或小孩等请假者将短暂离开工作岗位，更不用说因疫情企业倒闭、减产而被裁员的失业者。另一方面是生产或服务暂停，如因供应链中断或因抗疫而不得不暂停生产或服务，前者如汽车、电子等极度依赖全球供应链的行业，后者如包括航空在内的交通运输、旅游、酒店住宿、餐饮、娱乐、会展、零售等行业。就需求端而言，疫情对美国内需和外需都造成极大的影响。疫情从以

---

① COVID－19 Disaster Declarations，https：//www.fema.gov/coronavirus/disaster－declarations.

下三个方面影响着需求：一是严重的疫情及其不确定性将影响消费者信心，消费者倾向于减少不必要的消费、增加储蓄来应对不确定性或危机。密歇根大学消费者信心指数（Index of Consumer Sentiment）终值从2月的101下降到3月的89.1，4月进一步下降到71，单月下降18.1点，创下有记录以来的单月最大下降量；[①] 世界大型企业联合会消费者信心指数（The Conference Board Consumer Confidence Index）从2月的132.6急剧下降到3月的120，下降了12.6点。[②] 二是受失业率增加、预期收入降低、股票和住房价格下跌导致财富减少、消费信贷紧缩等影响，消费需求急剧下降，尤其是汽车等耐用品消费下降尤甚。一季度美国耐用品消费增长-16.1%，创下自2008年四季度以来的最大降幅，预计二季度耐用品消费增速为-68.4%~-59%，将超过1951年二季度-46.2%的最低纪录，创下自1947年有季度统计以来的新低。三是因"居家隔离令""封城"或暂停非必需品等的生产或服务而导致的非必需品需求、必须面对面接触而提供的服务需求、非必需的出行需求等出现断崖式下降。这种情况即使在大萧条时期也未出现过。一季度美国服务消费增速为-10.2%，创下历史之最；二季度增速可能在-42.7%~-34.4%，将继续改写历史。尽管新增抗疫物资需求和囤积导致必需品的短期增长，如一季度非耐用品消费增长6.9%，部分抵消了耐用品和服务消费的下降损失，但美国消费需求超过75%的集中在服务和耐用品领域，因此一季度美国个人消费支出增速仍为-7.6%，是自1980年第二季度以来最低的，二季度美国个人消费支出增速预计可能在-42.6%~-34.8%，创下历史新低。

[①] Preliminary Results for April 2020, http://www.sca.isr.umich.edu/.
[②] The Conference Board Consumer Confidence Index Declined Sharply in March, https://conference-board.org/data/consumerconfidence.cfm, 31 Mar. 2020.

表1 2020年美国二季度GDP年化增长率和全年增长率预测

单位：%

项目	一季度增长率	情景一 二季度增长率	情景一 全年增长率	情景二 二季度增长率	情景二 全年增长率
GDP	-4.8	-29.6	-4.6	-38.6	-10.2
个人消费支出	-7.6	-34.8	-7.0	-42.6	-12.2
商品消费	-1.3	-35.5	-6.5	-42.3	-12.0
耐用品消费	-16.1	-59.0	-15.6	-68.4	-28.9
非耐用品消费	6.9	-18.5	-1.5	-21.9	-2.5
服务消费	-10.2	-34.4	-7.1	-42.7	-12.2
私人投资	-5.6	-59.0	-25.5	-68.4	-30.9
出口	-8.7	-42.7	-17.6	-47.8	-21.5
进口	-15.3	-54.8	-24.3	-59.0	-28.2
政府消费和投资	0.7	17.0	8.4	17.0	11.6

注：①情景一，假设二季度之后美国新冠肺炎疫情基本得到控制，5月（含4月中下旬已开始的）绝大部分州逐步重启经济，7月所有限制措施全部取消，8月美国经济开始复苏；②情景二，假设二季度疫情控制的情况不理想，有30%的州（包括加州、纽约州、佛罗里达州、得克萨斯州等在内）疫情出现反复，恢复部分限制措施，但全美疫情没有失控，未出现医疗资源挤兑的情况，9月所有限制措施全部取消，美国经济于10月开始复苏。全年增长率为四季度同比增长率。

资料来源：BEA和本文笔者测算。

疫情也使本来就非常疲软的投资需求锐减。受贸易摩擦等的影响，自2019年二季度开始，美国私人投资连续三个季度出现负增长（二、三和四季度分别为-6.3%、-1%和-6%）。疫情这一个"黑天鹅"事件，加上2020年大选和贸易摩擦的不确定性，将对投资需求产生极大的负面影响。一方面，疫情、大选和贸易摩擦都存在不确定性，加剧悲观预期，这将严重影响企业投资信心。世界大型企业联合会CEO信心指数从2019年四季度的43急剧下降到2020年一季度的36，自3月底到4月初进一步下跌到34，这是自大衰退以来的最低值，反映了企业对前景非常悲观。① 另一方面，疫情导致市场需求疲软、价格下跌和利润减少，企业不仅会停止扩产甚至减产，而且会停止、推迟或减少投资。疫情导致的供应链中断则会导致企业不得不停产，从而使收入和现金流减少，以自有资金投资的计划可能不得不终止。供应链中断的风险也可能使企业变更或推迟投资计划。金融市场动荡和信贷紧缩使得企业筹资面临困难从而被迫放弃投资。这些因素最终会导致投资需求大幅降低。尽管疫情也会促使部分企业加大在抗疫物资方面的生产和投资力度，有部分企业为化解供应链中断风险而增加在美国国内的投资，但这些投资相比油气等行业推迟或停止投资，基本可以忽略不计，因此，总体上疫情将导致投资需求锐减。2020 年一季度美国私人投资增长 -5.6%，二季度预计为 -68.4% ~ -59%，将创下 1947 年以来的新低。

但疫情导致政府消费和投资急剧上升，这在一定程度上能减小私人消费、投资和出口需求下降的负面影响。疫情在美国开始蔓延之后，美国国会先后通过了 4 个紧急财政救助法案。其中，疫情准备和响应补充法案（Coronavirus Preparedness and Response Supplemental Appropriations Act）的财政救助总额为 83 亿美元；家庭优先新冠病毒应对法案（Families First Coronavirus Response Act）的财政救助总额为 1040 亿美元；新冠病毒援助、救济和经济安全法案［the Coronavirus Aid, Relief, and Economic Security (CARES) Act］的财政救助总额为 2 万亿美元（按照国会预算局的计算，总额实际为 2.35 万亿美元左右）；薪资保护计划和卫生保健改进法案（Paycheck Protection Program and Health Care Enhancement Act）的拟拨款为 4840 亿美元。这四个法案已由特朗普总统分别在 3 月 6 日、18 日、27 日

---

① CEO Confidence Declines Sharply, https://www.conference-board.org/data/ceoconfidence.cfm, 9 Apr. 2020.

和4月24日签署生效。这四轮财政救济方案的总额近2.6万亿美元，相当于2019年美国GDP的12.12%。但由于部分支出或税收优惠是跨年度的，2020年财政救助总额要小于2.6万亿美元。根据国会预算局的测算，2020财年实际救助总额预计为2.178万亿美元。2020~2030年，将增加联邦赤字2.44万亿美元。这些救助方案主要从4月开始实施，因此，二季度政府支出会快速增加。一季度政府消费和投资增长0.7%，预计二季度政府消费和投资可能增长17%左右，创下朝鲜战争以来，或者说和平时期美国政府支出增长最快纪录。

美国贸易将受到疫情的严重冲击。疫情将对全球贸易造成极大的负面影响，美国也不例外。按照WTO的估计，疫情将导致2020年全球商品贸易量下降13%~32%，北美商品出口量下降17.1%，进口量下降14.5%，下降幅度超过2008~2009年全球金融危机和大衰退时期。[1]但通常在衰退时期，美国进口的下降幅度要大于出口的下降幅度，且美国进口额远远大于出口额，因此，贸易逆差通常会缩小，净出口的变化对GDP的贡献反而是正向的。就出口而言，一方面，疫情导致全球经济大衰退，美国作为出口大国，其海外需求随之锐减；并且美国是最大的服务出口国，服务出口占世界服务总出口的14%左右，占美国总出口的34%左右，因此，禁航和禁止出行等抗疫措施对美国交通运输、旅游和教育等服务的出口打击尤其严重，美国服务贸易出口面临的挑战是前所未有的。2020年3月，美国服务出口额同比下降14.8%，商品出口额同比下降9%，这种情况在以往的衰退期是很少出现的，因为通常在衰退期美国服务出口下降幅度都要小于商品出口下降幅度。比如，2001年3~11月商品和服务出口额分别同比下降8.6%和6.7%，2009年1~6月商品和服务出

---

[1] WTO, "Trade Set to Plunge as COVID-19 Pandemic Upends Global Economy," https://www.wto.org/english/news_e/pres20_e/pr855_e.htm, 8 April 2020.

口额分别同比下降23.8%和6.5%。另一方面,疫情导致全球供应链紧张甚至面临中断的风险,依靠进口零部件或其他中间品的美国厂商的生产和出口也受到影响,不得不推迟交货;疫情导致美国的停工停产也迫使生产和出口推迟;同时,疫情导致通关程序更为复杂、费时,国际运输受到疫情的影响,成本大幅提高,交货效率降低。从一季度数据来看,美国出口增速为-8.7%,其中,商品出口增速为-1.2%,服务出口增速为-21.5%,服务出口增速是自1975年三季度(-48.4%)以来最低的。预计二季度美国出口增速将在-47.8%~-42.7%,将创下自1949年三季度(-43.8%)以来的新低。就进口而言,美国经济急剧衰退将导致进口需求大幅减少,特别地,由于美国进口的最终用品占比较大,那些非必需品的进口将面临较大的冲击,同时,受禁航和出行不便的影响,美国的服务进口也将大幅下降。不过,对抗疫物资进口需求的迅猛增长将在一定程度上缓和商品进口下降速度。一季度,美国进口增速为-15.3%,其中,商品进口增速为-11.4%,服务进口增速为-29.8%;进口增速为2009年二季度(-15.6%)以来的新低,而服务进口增速则创下了自1957年四季度(-30.2%)以来的新低,预计二季度进口增速在-59%~-54.8%,将创下自1947年以来的新低。

综合以上情况来看,美国二季度的个人消费支出、私人投资和出口的下降都将创下历史纪录,导致二季度GDP增速大幅下降,而进口也将大幅下降,政府消费和投资的增长创新高,将部分缓和二季度GDP的下降速度。二季度GDP增速预计为-38.6%~-29.6%,加上一季度GDP也出现收缩,美国GDP将连续两个二季度出现收缩,标志着经济陷入衰退。从全年来看,随着美国国内绝大部分州从5月开始逐步解除限制措施,重启经济,以及全球其他地方也逐步解除限制,经济生产逐步恢复,加上美国政府支出继续扩大,美国国内需求和外部需求将逐步回升,但私人投资可能会继续保持疲软状态,特别地，如果中美贸易第一阶段协议的采购金额顺利履行或大部分履行的话，将极大缓和2020年美国的出口下降速度。预计2020年美国GDP增速为 -10.2% ~ -4.6%，商品消费增速为 -12.2% ~ -7.0%，私人投资增速为 -30.9% ~ -25.5%，出口增速为 -21.5% ~ -17.6%，进口增速为 -28.2% ~ -24.3%，政府消费和投资增速为8.4% ~ 11.6%。其中大部分指标都将创下自大萧条和朝鲜战争以来的新纪录。

（二）二季度的失业率将创下历史之最

疫情从供给和需求两端对美国经济和就业同时造成严重冲击，需求和供给通过负反馈增强型循环相互作用，直至在需求严重不足的情形下达成低水平均衡为止。这一过程中，最关键的就是存在大规模失业的机制。就疫情对美国就业的影响而言，明显不同于以往经济衰退或经济危机。一是疫情通过影响人体健康，导致部分就业者因为患病或死亡，甚至担心被感染而成为失业者，暂时不就业或者不再属于劳动力的范畴；二是，政府为抗疫而直接强制或要求大部分企业短期内停工，导致短期内失业人数激增；三是，美国政府采取的救济措施增加了失业补助金的发放额度，导致不少州失业者领到的补助金额甚至超过了其疫情前工资，这反而在一定程度上鼓励企业短期内解聘员工或员工自愿失业；四是，疫情导致供应链中断而对企业的生产和经营造成负面影响，进而影响就业，这种情况也是比较罕见的。由此，除了必需品行业、公共服务、医疗和物流等领域之外，其他所有行业都被按下"暂停键"，造成短期内大规模失业，这是史无前例的，即使是大萧条时期也没有出现过。除了以上四种情况外，疫情导致经济危机和经济衰退，进而影响就业，这种机制则与以往没有什么区别，即企业破产倒闭、停工减产、裁员等导致大规模失业出现，进而造成收入急剧减少，使得需求大规模减少，这反过来导致破产倒闭、停工减产、裁员的企业增多,如果没有外部干预,此负反馈将不断强化,直至达到低水平均衡为止。即使疫情控制住了,但由于对经济和就业造成了极大的影响,恢复起来也需要一段时间。

短期来看,疫情对美国就业带来了前所未有的挑战,甚至超过大萧条时期。3月,受疫情影响,美国失业人数新增135万左右,达到710万左右,失业率从3.5%上升到4.4%,上升0.9个百分点。4月,美国失业人数新增1590万左右,达到2310万左右,失业率骤升10.3个百分点,达到14.7%。这是自1948年1月有记录以来最大的单月增幅和最高的水平。[①]

需要面对面接触提供服务或需要紧密的团队合作进行生产的行业受到疫情的冲击比其他行业更为严重。通常,必需强制关门或暂停营业以及破产、停产、减产的企业比例越大,裁员比例就越大;同时,企业规模越小,抵御疫情负面影响及经济衰退的能力越弱,越容易面临破产倒闭或停产、减产等,裁员比例就越大。按照这两个标准,表2对受疫情影响严重的行业与其他行业予以区分,行业内按企业规模进行划分,据此测算二季度美国所有行业和不同规模企业的失业人数,并根据表1情景一和情景二的假设对三季度和四季度的失业人数与失业率进行测算。如表2所示,二季度受疫情影响最严重的行业包括餐饮酒吧、旅行交通、娱乐、个人服务、其他敏感性零售和敏感性制造业等,预计这些行业的失业人数将超过823万,总失业人数将超过2724万,失业率为16.72%。在情景一下,三季度和四季度的失业率分别为13.23%和9.81%;在情景二下,三季度和四季度的失业率分别为14.5%和10.38%。

疫情导致美国失业率上升之快,远超大萧条时期。1929年美国

---

① BLS, "The Employment Situation—April 2020," https://www.bls.gov/news.release/pdf/empsit.pdf, May 8, 2020.

失业率为3.2%，1930年为8.7%，1931年为15.9%，[①] 也就是说，在大萧条最初的1929~1931年两年里，失业率上升了12.7个百分点，而疫情期间仅2个月失业率2~4月就上升了11.2个百分点，可见问题之严重。

表2 二季度受疫情影响最严重行业的失业人数及失业率

单位：千人，%

企业规模（雇员人数）	受疫情影响最严重的行业							其他行业（不含政府）
	餐饮酒吧	旅行交通	娱乐	个人服务	其他敏感性零售	敏感性制造业	合计	
≤10	562.30	70.05	104.60	422.85	389.90	113.55	1663.25	2162.68
11~50	1608.80	218.08	216.44	297.40	384.56	179.96	2905.24	2249.19
51~100	460.14	59.55	88.41	30.27	166.95	73.14	878.46	764.42
101~500	333.60	111.78	128.40	29.24	166.18	148.80	918.00	8045.93
>500	588.77	307.59	143.55	37.49	512.99	277.43	1867.80	
合计	3553.61	767.05	681.40	817.25	1620.58	792.88	8232.75	13222.22
情景一	劳动力	162913	二季度失业人数			27241.97	失业率	16.72
	劳动力	162913	三季度失业人数			21560.92	失业率	13.23
	劳动力	162913	四季度失业人数			15984.22	失业率	9.81
情景二	劳动力	162913	三季度失业人数			23629.53	失业率	14.50
	劳动力	162913	四季度失业人数			16917.50	失业率	10.38

注：①劳动力为3月数据，二季度失业人数为受疫情影响严重的行业的失业人数（含3月失业人数）、其他行业失业人数（含3月失业人数）与2月失业人数之和。②情景一与情景二的其他假设同表1。

资料来源：笔者根据Matthew Dey和Mark A. Loewenstein文中的数据测算，该文基础数据来自美国劳工统计局2019年二季度就业和工资季度普查（Quarterly Census of Employment and Wages），参见Matthew Dey and Mark A. Loewenstein, "How Many Workers are Employed in Sectors Directly Affected by COVID - 19 Shutdowns, Where do They Work, and how Much do They Earn?" *Monthly Labor Review*, U. S. Bureau of Labor Statistics, https：//doi.org/10.21916/mlr.2020.6, April 2020。

---

① Robert A. Margo, "Employment and Unemployment in the 1930s," *Journal of Economic Perspectives*, Volume 7, Number 2, Spring 1993.

此外，美国近期出现罕见的金融风暴。道琼斯工业平均指数曾在10日内四次触发熔断机制，从年初到3月19日收盘，该指数下跌29.16%，一度进入技术熊市，3月23日下探18263点；3月期国债收益率从3月11日的0.41%下降到3月17日的0.19%；10年期国债收益率从3月3日的1.02%下降到3月9日的0.54%；银行基准利率（primate rate）从3月16日的4.25%下降到3.25%，已经与2009年的3.25%持平；美国原油5月期货合约在4月20日出现史无前例的负价格，最低达到每桶-40.32美元；市场波动指数（VIX）在3月18日触及80.85点的历史新高。2月初美联储发布了对大型金融机构进行压力测试的前景假设，在严重恶化情形（Severely Adverse Scenario）下，美国经济陷入严重衰退，发生债务大面积违约的情况，具体假设2020年严重恶化情形下一季度和二季度的部分指标水平如下：实际GDP增速分别为-5.3%和-9.9%，失业率分别为4.5%和6.1%，3月期国债收益率均为0.1%，10年期国债收益率分别为0.7%和0.9%，银行基准利率（primate rate）均为3.4%，道琼斯工业平均指数分别为22262点和18623点，市场波动指数（VIX）分别为69.1和70点。[①] 目前，实际情况比美联储假设的极端情形还要严重，意味着疫情对美国经济的短期冲击确实是前所未有的，为二战以来最大的"黑天鹅"事件。

二 美国经济"复苏"前景不确定，"W"形复苏可能性较大

受疫情这一"黑天鹅"事件的冲击，长达11年的史上最长经济

---

① The Federal Reserve Board, "2020 Supervisory Scenarios for Annual Stress Tests Required under the Dodd-Frank Act Stress Testing Rules and the Capital Plan Rule," https://www.federalreserve.gov/newsevents/pressreleases/files/bcreg20200206a1.pdf, February 2020.

复苏和扩张期将于2020年终结,并且二季度的美国经济衰退将改写大萧条以来的历史。为了应对新冠疫情及其造成的经济衰退,特朗普政府采取了前所未有的抗疫措施和财政刺激政策,美联储也采取了罕见的货币政策。与2008~2009年金融危机和大衰退时期的应对政策相比,美国的财政刺激规模以及货币政策工具的使用和影响范围前所未有。那么,美国政府采取的这些政策能否有效应对疫情和经济危机?美国经济将以何种形态复苏?

总的来看,美联储的货币政策防止了金融危机的发生,特朗普政府的财政政策防止了经济和社会危机的发生。自疫情在美国暴发以来,美联储迅速采取了一系列紧急而大胆的举措,总体上有效防范了金融危机的发生。尽管一开始由于美国疫情的不确定性和信息不对称,美联储初期的政策在一定程度上加剧了市场的恐惧,使金融市场出现混乱,但随着疫情的发展及信息透明化,事实表明,美联储货币政策的效果是比较显著的,基本切断了疫情通过金融渠道伤害实体经济的可能。目前,除了垃圾债券和BBB级债券的潜在风险尚未解决、对冲基金等部分机构未获支持之外,其他金融市场的流动性需求基本都得到缓解,金融市场基本稳定,金融危机发生的可能性微乎其微。同时,除了支持金融机构、家庭和消费者外,和2007~2009年金融危机不同的是,美联储新设立的紧急借贷工具,包括一级市场公司贷款工具(PMCCF)、二级市场公司贷款工具(SMCCF)、主街新贷款工具(MSNLF)、主街扩大贷款工具(MSELF)和市政流动性工具(Municipal Liquidity Facility)以及薪资保护计划贷款工具(PPPLF)等,不仅有助于给大企业维持运营和保持产能提供信贷,而且有助于给中小企业提供支持,[1] 还为州和市政府贷款提

---

[1] Michael Fleming, Asani Sarkar, and Peter Van Tassel, "The COVID-19 Pandemic and the Fed's Response," https://libertystreeteconomics.newyorkfed.org/2020/04/the-covid-19-pandemic-and-the-feds-response.html, April 15, 2020.

供支持。① 从长期来看，零利率等政策也有利于刺激投资和耐用品消费，特别是汽车消费和住房消费等。在大规模财政刺激政策方面，主要是加大抗疫资金投入、救济消费者和家庭、救助企业及受到严重影响的行业、为州和地方政府提供财政援助、增加联邦政府各部门的临时支出或补充政府基金等，方式包括直接发放补贴、增加失业补助金、加大税收返还力度、提供贷款或贷款担保以及加大抗疫资金投入和直接增加政府支出等。这些举措为抗击疫情提供了资金保障，初步缓解了因居家隔离、请假或失业而造成的居民收入减少，大大减轻困难行业短期的资金难题。总的来看，财政政策起到了"托底"的作用，防止了经济和社会危机的发生。但部分州发放的居民失业补助金甚至超过其在疫情发生前的工资，这在一定程度上反而会促进企业短期内解雇员工或"自愿失业"。

不过，货币政策和财政政策都无法从根本上解决疫情这一公共卫生危机，因为后者主要取决于政府的抗疫措施、疫苗或特效药的发明。疫苗上市至少要1年，特效药目前也遥遥无期，而根据流行病专家的预测，"保持社交距离"的抗疫政策还需持续12~18个月。鉴于疫情得到控制，部分州开始逐步重启经济，特朗普政府公布了各州分三阶段重启经济的指导方针，由各州自行决定重启时间和路径。乐观估计，二季度之后美国疫情基本得到控制，5月（含4月中下旬已开始的）绝大部分州开始逐步重启经济，7月所有限制措施全部取消，8月美国经济开始复苏；但不排除二季度疫情控制的情况不理想、部分州疫情出现反复的情况，预计在这种情形下，将恢复部分限制措施，但美国疫情不会失控，不也发生医疗资源挤兑的情况，估计9月所有限制措施将全部取消，美国经济从10月开始复苏。

---

① Jeffrey Cheng, Dave Skidmore, and David Wessel, "What's the Fed doing in Response to the COVID – 19 Crisis? What more could It Do?" https：//www.brookings.edu/research/fed – response – to – covid19/, April 30, 2020.

美国经济将以何种形态复苏？是较为乐观的"Z"形、"V"形，还是较为悲观的"U"形、耐克钩形（Nike Swoosh）或"W"形，或者是极为悲观的"L"形？① 目前，"Z"形复苏和"L"形复苏可能性极小，但"V"形、"U"形、耐克钩形或"W"形复苏皆有可能。在同时应对严重的全球大流行病等公共卫生危机和经济危机的时候，政府实际上面临两难选择：长期采取"居家令""停工""封城"等措施确实可以有效应对公共卫生危机，但可能进一步恶化经济；尽快放宽这些措施确实可以尽早促进经济复苏，但如果再发生二次流行则经济可能会更糟糕。换句话说，财政政策和货币政策不是应对全球大流行病的根本药方，这种困境的根源主要包括以下三个方面：一是病毒及其传播的特性（如病毒潜伏期、变异性、易感人群数量、病毒感染率、致死率、病愈者的后遗症、持续时间和范围等），二是多长时间才能发明有效的治疗方法、药物或者疫苗以及相关医疗资源是否充裕，三是政府应对疫情举措以及相关经济政策的有效性。

目前，美国"W"形复苏的可能性较大。一是因为现有财政政策和货币政策起到了托底的作用，并且随着美国各州重启经济，美国经济继续大幅下滑的可能性不大。二是随着疫情传播高峰的过去以及抗疫物资的生产和储备力度加大，医疗资源再次发生挤兑的可能性极小，在疫苗上市之前，民众将逐渐习惯与病毒共存，同时，随着检测技术的改进和检测数量的增多，加上疫情跟踪监测、隔离等疫情管理日常化和制度化，民众的恐慌情绪将逐渐消除，正常的生产和生活秩序将得以恢复。三是和传统的自然灾害不同，疫情尚未对美国物质资本和人力资本造成根本性损害，如果在相对较短的时间内重启经济的

---

① Louise Sheiner and Kadija Yilla, "The ABCs of the Post-COVID Economic Recovery," https://www.brookings.edu/blog/up-front/2020/05/04/the-abcs-of-the-post-covid-economic-recovery/, Monday, May 4, 2020.

话，短期内经济应能以较快的速度恢复。四是这种恢复性增长很难持续，原因有：第一，全球经济陷入衰退，美国出口面临外部需求不振、美元升值和贸易争端升级的多重打击，形势不容乐观。第二，"保持社交距离"措施的持续时间较长，美国部分行业，特别是必须面对面接触提供服务的行业仍将受到影响，而这方面的需求在疫情没有彻底结束之前或疫苗没有上市之前很难完全恢复。第三，美国经济的深层次问题，如劳动参与率下降、劳动生产率增长极其缓慢、制造业产能利用率过低、国债规模庞大、不断扩大的财政赤字以及不断增加的公共债务占 GDP 的比例等难以得到根本解决。第四，由于短时间内密集出台了大量的货币政策和财政政策，未来可以实施新政策的空间越来越小。疫情导致的经济衰退，并没有完全释放美国经济在 11 年复苏和扩张过程中积累的风险，这意味着经济在经历短暂的回升之后，未来仍有可能再次衰退。

三 疫情进一步恶化中美经贸关系，加快中美经济从失衡向平衡转变

疫情重创美国经济，2020 年二季度美国经济将出现史无前例的衰退，失业率将创下大萧条以来的新高，且复苏前景较为悲观，这无疑为中美经贸关系增添了新的动能。特朗普政府出于竞选需要，转嫁抗疫不力的责任，恶意甩锅中国，外加全球经济陷入衰退的影响，中美经贸关系面临进一步恶化的风险，具体来看，可能有以下四个方面。

一是疫情放大了非经济因素对中美经贸摩擦的影响。自特朗普政府执政以来，非经济因素对中美经贸关系的负面影响不断加大，而疫情则成为新的推手。首先，选举因素成为短期内左右中美经贸摩擦的重要变量。随着下半年选举的白热化，疫情成为影响特朗普继续当选

的重要因素之一,将疫情的责任推卸给中国、保持对华强硬姿态已成为特朗普竞选策略之一,而此举将明显恶化中美经贸关系。其次,疫情促使特朗普政府将抗疫物资,特别是医药行业对华依赖度提升到国家安全的高度予以重视,意味着基于国家安全的考虑而引发的中美经贸摩擦将日益增多。最后,疫情将放大中美贸易摩擦的体制性因素。由于特朗普政府错误地将美中贸易逆差归因于中国政府干预经济的模式,且断言其与WTO体系不相容,从而将单纯的贸易逆差问题扩展为经济体制、制度竞争、意识形态的问题。而特朗普政府恶意将疫情的全球蔓延归因于中国政治制度、意识形态和信息不透明等,[1] 无疑将强化这一趋势。

二是疫情可能进一步刺激美国对华采取更多恶化中美经贸关系的举措。首先,疫情让中美经贸第一阶段协议采购的执行困难重重,一方面是中国需求下降,另一方面是农产品和原油等能源价格大幅下降导致采购金额无法达到原定目标,以及因疫情和供应链中断而导致停工、减产使得美国无法足额供应。如果执行不及预期,特朗普政府极有可能以此为由重启贸易谈判。其次,严重的衰退和失业,无疑将强化美国国内的经济民粹主义和经济民族主义,给特朗普政府加强贸易保护主义提供民意基础。[2] 美国个别律所、部分州政府借口疫情起诉中国,要求中国政府赔偿,部分议员也提出剥夺中国主权豁免或者调查中国疫情的议案,特朗普政府也在考虑各种"向中国索赔"的方案,包括制裁、实施新一轮关税、撤销中国的主权豁免、取消对国债履行义务等,尽管这些都是政治闹剧,也只是个别现象,但无疑让特

---

[1] Minxin Pei, "Covid – 19 is Finishing off the Sino-American Relationship," https://www.aspistrategist.org.au/covid – 19 – is – finishing – off – the – sino – american – relationship/, April 2020.

[2] Minxin Pei, "Covid – 19 is Finishing off the Sino-American Relationship," https://www.aspistrategist.org.au/covid – 19 – is – finishing – off – the – sino – american – relationship/, April 2020.

朗普政府采取恶化中美经贸关系举措时更加无所顾忌，加剧中美经贸摩擦常态化、复杂化、长期化。

三是疫情加剧了中美经贸摩擦结盟对抗的趋势。自中美贸易摩擦以来，美方越来越清晰地认识到国有企业、补贴、产业政策、数据流动和数据本地化、过剩产能等问题，仅凭美中双边谈判很难解决，因为这些问题本质上是多边或诸边框架下才能解决的问题。接下来，特朗普政府将与英国、欧盟、日本等展开贸易谈判，正如在美国、墨西哥和加拿大谈判中所反映出来的，这些价值观相同、经济制度相似的经济体更有可能在谈判中被美国逐一拉拢或施压，集体反对中国经济模式。美国作为本轮疫情最严重的国家之一，在西方各国要求调查疫情、追责中国的呼声中发挥了领头的作用，而这些国家的立场日益趋近也是一个信号，意味着中美经贸摩擦结盟对抗的趋势可能加剧。

四是疫情促使中美产业链重构加速。自2008~2009年国际金融危机以来，全球价值链的增长已经放缓；在以新的数字技术（物联网、人工智能、自动驾驶、大数据、区块链等）、机器人和3D打印等为代表的新一轮技术革命的冲击下，全球产业链、供应链和价值链正在快速地重组，以化解供应链的关键环节过于集中在某一个地方的风险。运用新技术缩短供应链，实现供应链的全球均衡布局，重构敏捷、稳健、弹性的供应链，在提升价值链的同时，必须兼顾国家安全和社会安全等目标，这可能会成为一种趋势。疫情凸显了经济相互依赖和全球供应链的脆弱性，如果美国政府未来出台鼓励美国跨国公司撤离中国的相关政策，中美产业链的重构可能会加速，进而加快双方在核心技术、涉及国家安全和医疗行业等方面的部分脱钩趋势。

但客观上疫情也打乱了美国国内政治和对华经贸政策实施的节奏，如原定很快就开始的中美第二阶段贸易谈判不得不推迟等，同

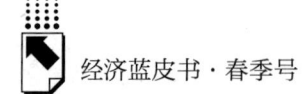

时，疫情还突出了中美经贸第一阶段协议顺利执行对特朗普竞选的重要性。① 而随着中美经贸第一阶段协议的执行和中美产业链重构的加速，中美贸易逆差将大幅缩小，中美双向投资也将进一步发生变化，中美经济预计也会加快从失衡向平衡的转变。

---

① Ana Swanson and Keith Bradsher, "Trump Says He's 'Torn' on China Deal as Advisers Signal Harmony on Trade," https：//www.nytimes.com/2020/05/08/business/us－china－trade－coronavirus.html, May 8, 2020.

Abstract

In 2020, the novelcoronavirus pneumonia epidemic affected the world. Due to the "closed door" of the epidemic, countries in the world were seriously affected by the global economic downturn. Due to China's proper measures to control the epidemic and the steady pace of resumption of production and work, China's economy was the first to rebound to the bottom. But the epidemic situation and other factors lead to the "hard decoupling" of global industrial chain and supply chain, and China will face many difficulties.

In 2020, China's economy will maintain overall growth, its economic structure will continue to be optimized, and employment will remain basically stable. It is estimated that the growth rate of China's economy in 2020 will be lower than that of the previous year, but it is still the most important engine of the world economy compared with other countries. Novelcoronavirus pneumonia and complex international economic and political factors are the common causes of China's economic downturn, rather than endogenous growth momentum. Although the epidemic hit a lot, the temporary phenomenon did not change the basic trend of China's economic development. As the global epidemic continues to improve, various response measures have been implemented, and the pneumonia vaccine has been successfully developed, China's investment, consumption and international trade will gradually return to normal growth.

It is expected that in 2020, the investment structure will be further improved, the growth rate of consumption will be generally stable, the growth rate of import and export will decline, the trade surplus will be basically stable, and the income of residents will continue to grow steadily.

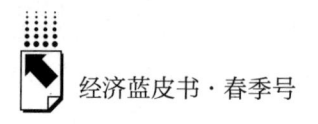

In terms of the impact of the current global epidemic, compared with the global economic growth, China's economy can still maintain a certain growth rate in 2020, actively adjust its structure, maintain employment and price stability, and China's economy will not have a hard landing. Under the guidance of the "six stability and six guarantee" policy, we will increase support for small and medium-sized enterprises, stabilize employment, ensure people's livelihood, and boost high-quality economic development; optimize fiscal policies, promote enterprise efficiency and stimulate potential market vitality; implement positive fiscal policies, appropriately increase the fiscal deficit rate, and strengthen the counter cyclical adjustment role of macro prudential policies.

Keywords: The Novel Coronavirus Pneumonia Epidemic; Economic Growth; Ensure People's Livelihood; Maintain Employment; State Governance

Contents

Prepare for a New Long-term Recession　　　　　　　Li Yang / 001

Ⅰ　General Reports

B. 1　Analysis and Forecast of China's Economic Situation:
　　　Spring Report 2020　　　　　　　　　Research Group / 001

B. 2　"Epidemic Situation Influence and Counter Measure" Economic
　　　Situation Analysis and Forecast Forum Summary
　　　　　　　　　　　　Edit Group of Compilation This Book / 028

Ⅱ　Macroeconomy Operation Reports

B. 3　China's Economic Trend and Suggestions under the
　　　Impact of the COVID-19 Epidemic　　　Zhu Baoliang / 041

Abstract: The outbreak of novelcoronavirus pneumonia has seriously affected China's economy and the world economy. China's economy dropped by 6.8% in the first quarter of 2020. The International Monetary Fund April optimistic scenario estimated that the world economy will have a-3% recession this year. There is still uncertainty about how the new crown epidemic will develop. While continuing to prevent and control the epidemic, China should adopt more active fiscal policy and flexible and appropriate monetary policy to relieve the difficulties of enterprises and families, expand domestic demand and stabilize employment. At the same time, we should deepen reform and opening up, protect the productive forces, and strive to maintain healthy economic development. The macro-control policy should be more proactive, maintain the necessary strength, focus on stimulating consumption demand, stabilize employment, investment, foreign trade and foreign investment.

Keywords: Epidemic Situation; Economic Policy; Obtain Employment

B.4 The Analysis and Forecasting of Economic Situations and Inflation in 2020

Chen Lei, Wang Linlin and Meng Yonggang / 051

Abstract: The outbreak of Covid-19 epidemic brought unprecedented impact to the economy and society in the 2020Q1, resulting in a precipitous drop in economy. The warning index rarely issued "very cold". Preliminary judgment, this round of economic short-term cycle has formed the lowest contraction trough since the reform and opening up in in February 2020, and the economy will enter the expansion period of a new cycle from march. Under the uncertainty of global epidemic prevention and control and economic recession, it is predicted that the GDP growth rate in 2020 will be about 2.3% ~ 3.1% (the median 2.7%), the annual inflation rate will be about 3.5%. We suggest that macro policies should be adjusted in an extraordinary manner to cope with the epidemic crisis at the right time, and more efforts should be made in a timely manner to ensure employment, people's well-being, consumption and investment stability, so as to bring economic growth back to its potential growth rate as far as possible.

Keywords: Business Cycle; Economic Situations; Inflation; Monitoring and Early Warning

B. 5 Strengthen the Income Base of Residents and Open
the Door of Efficiency　　　　　　　　　　Yu Ying / 076

Abstract: the overall trend of China's economic development is good. At the beginning of 2020, affected by the new crown epidemic, China's economy declined, posing new challenges to China's economic development. Starting from the income of residents, this paper analyzes the structural weakness of China's economy, and finds that both the developed countries and several countries trapped in the middle-income trap have experienced 10 - 20 years of double-digit growth in their development history, but the final results are quite different. By analyzing the relationship between factors of production and GDP in the period of rapid development, we can see that economic growth mainly comes from the sustained growth of population, steady consumption, strong output of science and technology, and service industry. At present, the growth rate of per capita disposable income is weak, which restricts the economic development. Compared with the process of economic development at home and abroad, the paper points out that there are efficiency depressions in economic development. Replenishing the low-lying areas of efficiency will boost the economy to a higher speed.

Keywords: Residents' Income; Economy Structural; Economy Growth; Economy Policy

307

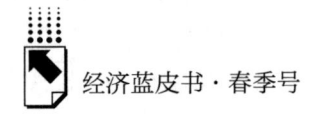

B.6 Review of Price Operation Characteristics in 2019 and Analysis Prospect in 2020　　*Guo Lu, Ma min and Chen Yuxin* / 107

Abstract: in 2019, China's CPI showed an overall upward trend, still in a moderate range, with PPI rising high before and low after, and once again entered a negative range under the combined action of tail raising factors falling and new price rising factors running low. In 2020, under the comprehensive influence of the new crown epidemic prevention and control and macroeconomic policies, the global economy is rapidly declining, the demand for bulk commodities is falling, and the price is falling. The influence of different areas of price is structural difference. The epidemic interferes with the pig cycle, and the inflection point of pork price may be delayed. Some countries have tightened their grain exports, and the prices of some agricultural products in China have increased, but there are still conditions to maintain stability in general. Combined with tail raising factors, it is expected that CPI growth will further expand to 3.5% in the whole year, and PPI will continue the weak trend of operation, with the decline expanding to 1.2%.

Keywords: Price; Tail-raising Factor; COVID-19; Macro Economy

B.7 Evaluation of the Impact of Epidemic Factors on the Development of China's Consumer Market　　*Liu Yanfang* / 117

Abstract: novelcoronavirus pneumonia outbreak in China in early 2020 is an acute respiratory infectious disease. The new crown virus is characterized by strong infectious, susceptible population, diverse transmission routes, difficult treatment of severe patients and relatively high lethality rate. On January 23, Wuhan, the worst hit area of the epidemic, began to "close the city", opening the most stringent epidemic prevention and control mode in history at the cost of stagnant national personnel flow and economic shutdown. The novel coronavirus pneumonia epidemic has a huge impact on China's consumer market, and on the one hand, it has caused a stop effect on travel, catering, entertainment and other industries. On the other hand, online education, remote office, online fresh food and other industries are developing rapidly. To evaluate the impact of epidemic factors on China's consumer market can provide a better basis for macro policy adjustment.

Keywords: Epidemic Situation; Consumption; Demand; Increase

B. 8 Prospect of China's Foreign Trade Situation in 2020

Liu Jianying, Jin Baisong / 134

Abstract: China has achieved major strategic results in the prevention and control of the epidemic, but the momentum of the spread of the epidemic overseas has not been effectively controlled currently. The huge impact of the epidemic on the world economy and trade and the global supply chain is still in the process of complex development and evolution. Unstable factors have increased significantly, and the risks and challenges faced by China's foreign trade development are still very severe. The downward pressure is increasing in 2020, especially for small and medium-sized foreign trade enterprises and labor-intensive industries.

Keywords: GoodsTtrade; Service Ttrade; Industry Chain; Supply Chain

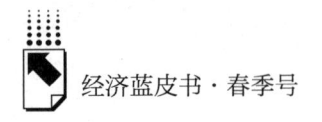

Ⅲ Industry Reports

B. 9 Outlook on China's Agricultural Economy and Farmer
Income in 2020   *Li Guoxiang* / 148

Abstract: China's agricultural supply and prices, and farmer income were affected by COVID-19 in the first quarter of 2020. Adverse impacts on agriculture will be eliminated and the grain production is estimated to 670 million tons in the whole year of 2020. Grain prices will keep stable. Hog productivity is recovering rapidly and pigmeat production is estimated to more than 45 million tons in the whole year of 2020. Higher and higher prices of pig meat will turn. Famer income will increase by ￥1000 and farmer income in the poor areas will increase by more than 1000.

Keywords: Grain Supply and Demand; Hog Productivity; Food Price; Famer Income

B. 10 Analysis of Iindustrial Operation in the First Quarter
of 2020 and Forecast of Industry in the Whole Year
Jie Sanming, Zhang Yali / 160

Abstract: affected by the new crown epidemic, China's economic operation declined in the first quarter of 2020. In terms of current favorable factors for economic development, the rapid growth of medical epidemic prevention, necessities and basic materials and products, the strong guarantee of epidemic prevention and control and stable economic and social operation, the obvious recovery of production in high-tech and equipment manufacturing industry, and the sustained and rapid growth of emerging products. In terms of adverse factors, the global spread of the epidemic situation expanded, and the manufacturing industry suffered the third wave of shocks. The continuous decline of enterprise benefit affects investment confidence. With the effective control of the epidemic situation in China, the rate of return to work and production has increased rapidly since March 2020, the downward trend of the economy has been narrowed obviously, and the economic situation has been getting better. At the same time, we should further promote the resumption of work and production, solve "breakpoints, blocking points, and sticking points", and formulate plans to deal with the interruption of the international supply chain.

Keywords: Epidemic Ssituation; Industry; Expect

B.11 The Development Trend of China's Real Estate Market and the Pprediction of Its Main Indicators in 2020

Wang Yeqiang, Zhang Zhi / 167

Abstract: since the 19th National Congress of the Communist Party of China, China's real estate market is gradually entering a new period of development. The main performances are: first, the transformation from manufacturing to service; second, the transformation from increment to stock; third, the transformation from purchase to lease; fourth, the regression from market function to security function. In 2019, China's real estate market as a whole shows a steady downward trend. Looking forward to 2020, with the gradual control of domestic epidemic situation, the improvement of macro policy environment, the centralized release of over suppressed market demand, the market will recover rapidly, and the market sales and investment will be gradually repaired. It is expected that the annual market sales will fall further, about 15 trillion square meters, down by about 10%; the growth rate of land acquisition area may turn from negative to positive at the end of the year; the growth rate of real estate development investment may fall sharply to about 3%; the market price is expected to maintain a small and stable downward trend.

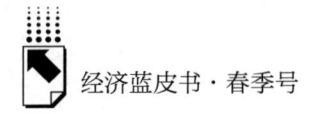

Keywords: Rreal Etate; New Crown Epidemic; Index Prediction

B.12　2020 Energy Economy: Global Economic Crisis and Oil Price Fluctuation under the Epidemic Crisis and the Impact of China's Economy　　　　Liu Qiang / 194

Abstract: under the impact of the new crown epidemic, the world economy will face great challenges in 2020. European and American countries respond slowly to the epidemic prevention and control, while developing countries' response capacity is obviously insufficient, which will have a significant impact on the world economy and China's economy. Judging from the spread speed and impact of the epidemic, the world economic crisis has emerged. At present, although China's epidemic is under control, there are still many uncertainties in the control of the global epidemic, and the impact of the epidemic on the global economy needs to be observed. At the same time, oil export related countries and organizations failed to reach an agreement on production, and the international oil price fluctuated greatly. The impact of the economic crisis on the world economic pattern, the international oil price and China's economy deserves our in-depth study.

Keywords: Eidemic Situation; Crisis; Oil Price; Economy

Contents

IV Comprehensive Analysis Reports

B. 13 The Impact of Public Health Crisis on Economy:
Logic and Prediction *Chen Qiulin, Tan Jiahui* / 208

Abstract: at the beginning of 2020, the sudden new crown epidemic has brought great impact on the global economy, society and life. Although the major public health crisis has become the biggest threat to the world economic growth, the infectiousdisease crisis is still a neglected aspect of the global security framework. We are not only lack of necessary response plan and effective early warning mechanism for the uncertainty brought about by the epidemic, but also lack of scientific assessment and judgment ability for the economic risks caused by it. Even up to now, there is still no mainstream economic growth model to take the sudden infectious disease crisis into formal consideration. With the development of the epidemic situation and the promotion of national prevention and control measures, it has become more and more obvious that coping with the public health crisis is the difficulty and shortage faced by all countries in the world, and also exposed the short board and structural problems in the economic system of all countries. In this paper, the influence logic of public health crisis is judged and the development situation of economy is predicted.

Keywords: Epidemic; Public Health Crisis; Economy

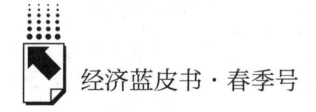

B. 14 Challenges and Opportunities of China's Digital Economy under the Impact of the Epidemic and the Prediction of the Scale of the 14th Five Year Plan　　*Cai Yuezhou* / 224

Abstract: since 1996, the average annual growth rate of China's digital economy has reached 15.7%, which is far higher than the average annual growth rate of 9.3% of GDP in the same period. In 2019, the scale of added value is estimated to be over 17 trillion, accounting for about 17.2% of GDP. It has become an important engine of China's economic growth, but there is still much room for improvement in the development quality of digital economy. The epidemic has brought many impacts on the development of China's digital economy. However, the positive role of digitalization in the fight against the epidemic, the new infrastructure layout led by the government and so on all breed the potential of "Turning Crisis into opportunity". This year and during the 14th five year plan, the basic trend of China's rapid development of the digital economy will not change. It is expected that the scale of China's digital economy will reach 19 trillionyuan in 2020, accounting for 19% of GDP. By 2025, the added value scale of China's digital economy will reach 34429.19 billion yuan (based on the constant price in 2019). In the future, we should try our best to ease Sino US relations, maintain scientific and trade exchanges and cooperation with major developed economies such as the United States, Japan, the European Union and the United Kingdom, and strive for international space for the development of China's digital economy after the outbreak.

Keywords: Digital Economy; Digital Industrialization; Industrial Digitalization

B. 15　Win the People's Livelihood Defense War and Economic
　　　　Development War in Hubei Province with Crisis Thinking
　　　　　　　　　　　　　　　　　　　　　　　Luo Zhi / 242

Abstract: China's novelcoronavirus outbreak occurred in January 2020, of which the most serious epidemic in Hubei was one of the most serious epidemic in the world in recent 50 years, and the first time in the history of new China. Under the strong leadership of the Party Central Committee with Comrade Xi Jinping as the core, the Hubei municipal government and the people of Hubei have made great efforts and sacrifices, and the epidemic situation has been effectively controlled. Wuhan also began to resume production and resumed work in April 8, 2020, and the economy and society began to take the right track. But in general, the epidemic has led to a large-scale and long-term shutdown in Hubei Province, especially in Wuhan city. In addition, the demand at home and abroad has declined sharply due to the epidemic, which makes Hubei economy face a very large downward pressure, especially the risk of large-scale bankruptcy and bankruptcy of private economy. Only when Hubei has to think of crisis can it win the battle of protecting people's livelihood and economic development.

Keywords: Crisis; Epidemic Situation; Hubei; Wuhan

B. 16　The Influence of Epidemic Situation and the
　　　　Adjustment of Macro Policy　　　　　　*Peng Zhan* / 254

Abstract: 2020 is the year of finishing the building of a well-off society in an all-round way and the 13th five year plan, as well as the year of decisive victory in precision poverty alleviation. According to the actual situation of each province, district and city, the growth target for 2020 has been set. However, affected by the epidemic, the data of the first quarter nationwide has declined significantly compared with previous years. According to the situation of affected by the epidemic situation in each province, this paper analyzes the objectives and supporting measures formulated in the government work report of each province, combining with the situation of resumption of production and life order in each region, and puts forward suggestions for promoting economic development in the post epidemic era on the basis of "six stabilities and six guarantees" in order to eliminate the impact of the epidemic situation.

Keywords: Novel Coronavirus Pneumonia; Regional Development; Governance System; "Six Guarantees and Six Guarantees"

Ⅴ International Background Reports

B.17 The Spread of the Epidemic has Seriously Impacted the External Economic Environment of China
Xu Qiyuan, Yang Panpan and Cui Xiaomin / 269

Abstract: up to the beginning of May 2020, the global epidemic situation is still uncertain. On the whole, the epidemic situation in the major countries in East Asia is in the final stage, the epidemic situation in the major countries in the European continent is under control, but the decline is relatively slow, the epidemic situation in the North America is still in the platform stage, and the number of new cases per day in the platform stage is still high, while the epidemic situation in Latin America, South Asia, Africa and other countries is in the rising stage. The spread of the epidemic in the world will make the global economy fall into negative growth in 2020, which has become the consensus of all parties. On March 26, 2020, the G20 special summit was held, and countries announced a package of policies to inject $5 trillion into the global economy to cope with the impact of the epidemic. Based on the analysis of G20 countries, especially Germany's policies which are more meaningful for China, this paper may help us to get some useful references. At the same time, this paper also looks forward to the possible impact on China's economy in the context of the global epidemic. Specifically, we conducted an assessment from the aspects of export demand, import supply chain, cross-border capital flow and exchange rate.

Keywords: New Crown Epidemic; Global Recession; Economy Policy; Policy Economy

B.18 The Impact of the New Crown Epidemic on the US Economy and Sino US Economic and Ttrade Relations

Luo Zhenxing / 284

Abstract: The new crown epidemic is the biggest public health crisis in the world since the Spanish influenza in 1918 −1919, while the United States is the country with the most serious epidemic. Under the severe impact of the epidemic, it is predicted that the global economy will fall into recession this year, and the United States will also fall into the worst recession since the great depression. It is predicted that the decline of personal consumption expenditure, private investment, export and import as well as the growth of government consumption and investment in the second quarter will mostly set a historical record. After the decline of GDP in the first quarter of 4.8%, it is predicted that the decline of GDP in the second quarter will continue The decline is between 29.6% and 38.6%, which means that the U. S. economy contracted for two consecutive quarters, marking a recession, while the U. S. GDP growth is expected to be between -4.6% and -10.2% in 2020. Affected by the epidemic, the U. S. unemployment rate is expected to reach 16.72% in the second quarter, between 13.23% and 14.5% in the third quarter, and between 9.81% and 10.38% in the fourth quarter. The unemployment rate has risen faster and by more than during the great depression. In response to the epidemic, the Federal Reserve's monetary policy prevented the occurrence of financial crisis and property policy prevented the occurrence of economic and social crisis in the short term. As the epidemic gradually eased down, the States began to restart the economy. It is expected that the U. S. economy will start to recover in August or October, but the recovery prospects are uncertain, and W-type recovery is more likely. In the case of serious recession and W-shaped recovery, the epidemic will further worsen China US economic and trade relations and accelerate the transformation of China US economy from imbalance to balance.

Keywords: New Crown Epidemic; U. S. Economic; Sino American Relations

权威报告·一手数据·特色资源

皮书数据库
ANNUAL REPORT(YEARBOOK)
DATABASE

分析解读当下中国发展变迁的高端智库平台

所获荣誉

- 2019年，入围国家新闻出版署数字出版精品遴选推荐计划项目
- 2016年，入选"'十三五'国家重点电子出版物出版规划骨干工程"
- 2015年，荣获"搜索中国正能量 点赞2015""创新中国科技创新奖"
- 2013年，荣获"中国出版政府奖·网络出版物奖"提名奖
- 连续多年荣获中国数字出版博览会"数字出版·优秀品牌"奖

成为会员

通过网址www.pishu.com.cn访问皮书数据库网站或下载皮书数据库APP，进行手机号码验证或邮箱验证即可成为皮书数据库会员。

会员福利

- 已注册用户购书后可免费获赠100元皮书数据库充值卡。刮开充值卡涂层获取充值密码，登录并进入"会员中心"—"在线充值"—"充值卡充值"，充值成功即可购买和查看数据库内容。
- 会员福利最终解释权归社会科学文献出版社所有。

数据库服务热线：400-008-6695
数据库服务QQ：2475522410
数据库服务邮箱：database@ssap.cn
图书销售热线：010-59367070/7028
图书服务QQ：1265056568
图书服务邮箱：duzhe@ssap.cn

社会科学文献出版社 皮书系列
SOCIAL SCIENCES ACADEMIC PRESS (CHINA)
卡号：613475753697
密码：

S 基本子库
SUB DATABASE

中国社会发展数据库（下设 12 个子库）

整合国内外中国社会发展研究成果，汇聚独家统计数据、深度分析报告，涉及社会、人口、政治、教育、法律等 12 个领域，为了解中国社会发展动态、跟踪社会核心热点、分析社会发展趋势提供一站式资源搜索和数据服务。

中国经济发展数据库（下设 12 个子库）

围绕国内外中国经济发展主题研究报告、学术资讯、基础数据等资料构建，内容涵盖宏观经济、农业经济、工业经济、产业经济等 12 个重点经济领域，为实时掌控经济运行态势、把握经济发展规律、洞察经济形势、进行经济决策提供参考和依据。

中国行业发展数据库（下设 17 个子库）

以中国国民经济行业分类为依据，覆盖金融业、旅游、医疗卫生、交通运输、能源矿产等 100 多个行业，跟踪分析国民经济相关行业市场运行状况和政策导向，汇集行业发展前沿资讯，为投资、从业及各种经济决策提供理论基础和实践指导。

中国区域发展数据库（下设 6 个子库）

对中国特定区域内的经济、社会、文化等领域现状与发展情况进行深度分析和预测，研究层级至县及县以下行政区，涉及地区、区域经济体、城市、农村等不同维度，为地方经济社会宏观态势研究、发展经验研究、案例分析提供数据服务。

中国文化传媒数据库（下设 18 个子库）

汇聚文化传媒领域专家观点、热点资讯，梳理国内外中国文化发展相关学术研究成果、一手统计数据，涵盖文化产业、新闻传播、电影娱乐、文学艺术、群众文化等 18 个重点研究领域。为文化传媒研究提供相关数据、研究报告和综合分析服务。

世界经济与国际关系数据库（下设 6 个子库）

立足"皮书系列"世界经济、国际关系相关学术资源，整合世界经济、国际政治、世界文化与科技、全球性问题、国际组织与国际法、区域研究 6 大领域研究成果，为世界经济与国际关系研究提供全方位数据分析，为决策和形势研判提供参考。

法律声明

"皮书系列"(含蓝皮书、绿皮书、黄皮书)之品牌由社会科学文献出版社最早使用并持续至今,现已被中国图书市场所熟知。"皮书系列"的相关商标已在中华人民共和国国家工商行政管理总局商标局注册,如LOGO( )、皮书、Pishu、经济蓝皮书、社会蓝皮书等。"皮书系列"图书的注册商标专用权及封面设计、版式设计的著作权均为社会科学文献出版社所有。未经社会科学文献出版社书面授权许可,任何使用与"皮书系列"图书注册商标、封面设计、版式设计相同或者近似的文字、图形或其组合的行为均系侵权行为。

经作者授权,本书的专有出版权及信息网络传播权等为社会科学文献出版社享有。未经社会科学文献出版社书面授权许可,任何就本书内容的复制、发行或以数字形式进行网络传播的行为均系侵权行为。

社会科学文献出版社将通过法律途径追究上述侵权行为的法律责任,维护自身合法权益。

欢迎社会各界人士对侵犯社会科学文献出版社上述权利的侵权行为进行举报。电话:010-59367121,电子邮箱:fawubu@ssap.cn。

社会科学文献出版社